A MAGENTA.

Lisieux. — Imprimerie Vᵉ Lajoye-Tissot.

DE PARIS
A MAGENTA

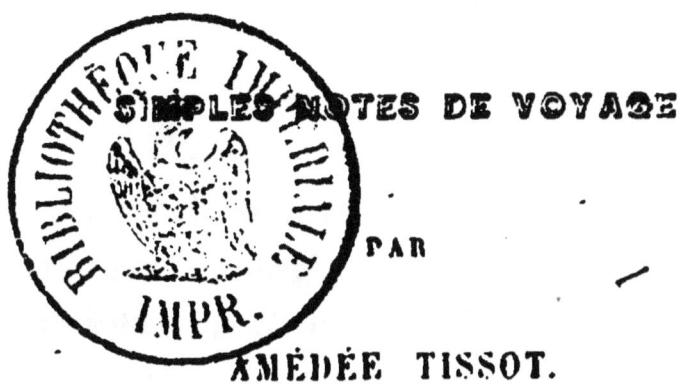

SIMPLES NOTES DE VOYAGE

PAR

AMÉDÉE TISSOT.

PARIS :
DENTU, Libraire, Palais-Royal.

LISIEUX :
RENAULT, Libraire, Grande-Rue

1865
1866

Spécialement écrites pour un journal de province (1) que nous rédigeons depuis un certain nombre d'années déjà, ces notes de voyage n'étaient pas tout d'abord destinées à former un livre.

L'accueil sympathique qu'elles ont reçu le désir qui nous a été formellement exprimé de les posséder réunies, nous ont décidé à effectuer cette transformation. Nous avons, en conséquence, rassemblé les articles disséminés dans les divers numéros de la feuille hebdomadaire,

Et ce volume est ainsi venu au jour.

(1) Le *Lexovien*, journal de Lisieux.

Aussi conserve-t-il de cette origine certaines traces que les lecteurs étrangers au lieu de sa naissance ne manqueront pas de reconnaître; mais en les rencontrant sous forme d'allusions et de réminiscences purement locales, ils comprendront que nous devions les laisser subsister par déférence pour nos premiers lecteurs, dont la bienveillance nous a constamment soutenu et encouragé pendant toute la durée de la publication périodique.

A cette déclaration nous croyons utile d'en ajouter une autre : c'est que ce volume n'est point un livre politique.

Nous tenons à ce qu'il ne paraisse pas avoir une importance que la lecture démentirait bien vite, et, dans la crainte que le titre que nous lui donnons ne soit pas une indication suffisante pour prévenir tout mécompte à cet égard, nous le complétons par cette mention plus explicite : *Simples notes de voyage*, qui détermine le véritable caractère de notre travail et en précise la portée modeste.

Ce livre, en effet, n'est rien de plus que la simple relation d'une excursion rapidement accomplie dans une partie du Piémont et de la Lombardie. Mais les contrées que nous avons parcourues, les routes que nous avons suivies sont jalonnées de souvenirs historiques, et ces souvenirs nous les avons évoqués à notre passage avec d'autant plus de complaisance et de bonheur, que ces traces d'un passé plus ou moins éloigné sont, pour la plupart du moins, glorieuses pour notre France, et qu'à ce titre elles ne pouvaient manquer de provoquer l'intérêt.

Toutefois, si nous nous sommes abstenu de pénétrer dans le domaine réservé de la politique, nous n'avons point dissimulé nos sentiments pour la nation italienne. Nous avons saisi, au contraire, avec l'entraînement que communique une conviction sincère, chaque occasion qui s'est offerte à nous d'exprimer nos vives sympathies pour ce beau pays si longtemps opprimé, et de nos respectueuses acclamations nous avons salué dans le Roi galant-homme l'intrépide champion de son indépendance, le loyal représentant de son unité reconquise.

Tel est ce livre.

Et maintenant que nous avons dit les conditions modestes dans lesquelles il a été écrit et publié, nous sollicitons en sa faveur l'indulgence du public auquel nous l'offrons.

Amédée TISSOT.

DE PARIS A MAGENTA

SIMPLES NOTES DE VOYAGE

I.

Avant d'entreprendre sa première excursion, si le voyageur novice avait, — par impossible, — la velléité de demander conseil à MM. les vaudevillistes, comme avant d'ouvrir une campagne judiciaire le plaideur inexpérimenté consulte son notaire, son avocat et son avoué, les avis contradictoires qui lui seraient donnés avec une fastueuse prodigalité le jetteraient assurément dans un grand embarras; et il est parfaitement permis d'admettre qu'assailli par le doute et les perplexités, cédant au sage précepte du vieux Zoroastre, il se resoudrait, de guerre lasse, à abandonner ses projets longtemps et voluptueusement caressés, et se résignerait, n'osant plus faire le tour du monde, à faire le tour de son appartement, le guide Xavier de Maistre à la main.

Il n'est guère, en effet, de question plus controversée, du moins par MM. les docteurs ès-flon-flon, que cette question de l'utilité et de l'agrément des voyages.

Si l'un soutient avec une certaine autorité que les voyages forment la jeunesse et doivent être le complément de toute bonne éducation, un autre, qui n'a sans doute rencontré que d'amères déceptions dans ses tentatives de pérégrination, réplique immédiatement d'une voix aussi rauque que courroucée :

> Voyage, voyage
> Désormais qui voudra ;
> Pour moi, cette rage
> Jamais ne me prendra !

Un librettiste allègre, dont la mémoire est pleine de galantes aventures, et l'imagination rassérénée par de douces et fraîches impressions, prend-il sa voix la plus flûtée et la plus carressante pour murmurer langoureusement à votre oreille :

> Qu'il est beau de courir le monde,
> Ah ! qu'il est doux de voyager !

que tout aussitôt un confrère podagre et rancunier, auquel le mal de mer a laissé des souvenirs cruellement persistants, vous crie d'un ton piteux, sur une mélopée traînante, entrecoupée de soupirs et de hoquets expressifs, cet avis sibyllin que feu M. de la Palisse n'eût certes pas dédaigné de signer :

> Ah ! sur la mer si belle,
> N'allez pas voyager ;
> La mer est infidèle,
> Et le temps peut changer !

On pourrait multiplier à l'infini les citations rimées, autrement dit les *Pont-Neufs*, sur ce double thème ; celles qui précèdent doivent suffire pour donner une idée de la controverse et démontrer que l'apprenti touriste qui tenterait de puiser ses inspirations à pareille source se trouverait, à peu de chose près, dans la même situation que l'âne de Buridan entre ses picotins.

Mais les consultations ainsi prodiguées chaque soir, aux feux de la rampe et avec accompagnement d'orchestre, ne sont guère suivies à la lettre : on en prend ce qu'on veut, le moins possible ; on laisse le reste. La morale des *Pont-Neufs* rencontre beaucoup d'incrédules et pas mal de sceptiques ; et, tel qui, le soir, s'est ébaudi au récit des tribulations d'un voyageur pressuré, s'empresse, dès le lendemain, de courir prendre un billet à l'embarcadère le plus voisin.

C'est que les chemins de fer, fort heureusement pour les actionnaires, ont des pourvoyeurs autrement persuasifs et entraînants que MM. les vaudevillistes : la mode, la curiosité, l'amour de la science, la passion du jeu, la foi et par dessus tout l'appât du gain, sont des conseillers impérieux qui n'admettent ni objections ni répliques, et prennent peu ou point de souci du vide qu'ils font dans les porte-monnaie.

En cette bienheureuse année 1862, dont nous avons déjà traversé la moitié, un parapluie à la main, la mode entraîne ses fidèles à Vichy, à Plombières, à Trouville, à Biarritz ; la science et la curiosité attirent leurs adeptes à Londres ; le jeu pousse ses fanatiques adorateurs à Bade et à Hombourg ; la foi conduit par tous les chemins, à Rome et à Lucerne ; l'espoir du lucre mène partout.

Bon voyage et fouette cocher !

Est-ce à l'un de ces puissants mobiles que j'ai moi-même obéi, en me présentant récemment au guichet du chemin de fer du Midi, et en prenant un billet pour Turin, la capitale du jeune royaume d'Italie !

C'est ce que je ne saurais dire, et il importe peu d'ailleurs ; car vous n'exigez pas de moi une confession complète sur ce point, n'est-il pas vrai, mon cher directeur ?

Ce que vous désirez surtout, c'est le récit de cette excursion que je viens d'accomplir, et votre invitation, bien que trop flatteuse assurément, est exprimée avec une si franche cordialité que j'aurais mauvaise grâce de la refuser.

Je satisfais donc à votre désir. Mais le récit que je vous adresse sera-t-il, comme vous l'avancez, — pour mieux me séduire, serpent, — une bonne aubaine pour vos lecteurs ? C'est ce dont il m'est permis de douter, modestie à part, et j'use de la permission.

Réfléchissez donc que je n'arrive ni de Londres, ni de Rome ; que je n'ai par conséquent ni à décrire les merveilles industrielles de l'exposition, ni à raconter les pompeuses cérémonies qui ont précédé, accompagné ou suivi la canonisation des martyrs japonais. Songez que je ne suis qu'un pauvre hère, un vulgaire touriste, sans mission officielle, sans autre titre authentique qu'un simple passeport ; que je n'ai accès ni dans les palais des rois, ni dans les antichambres des ministres, ni dans les conciles ou dans les clubs; que je n'ai, par suite, ni indiscrétion à commettre, ni intrigues à éventer, ni complots à propager, et vous reconnaîtrez avec moi que les notes que je vous transmets paraîtront bien pâles et bien froides auprès de ces articles si brillants, si intéressants qu'écrivent chaque jour de Londres les doctes correspondants de la presse parisienne, auprès de ces brûlantes amplifications, de ces narrations émouvantes dont retentissent en ce moment les voûtes plus ou moins sonores de nos églises, grandes et petites.

Que voulez-vous? *Non licet omnibus adire Corinthum*, comme dit le proverbe latin; il n'est pas donné à tout le monde d'aller à..... Rome, et de voir, au retour, une foule enthousiaste se presser à votre rencontre en jetant sous vos pas des palmes et des fleurs.

Je n'aurai pas, hélas! à raconter de semblables ovations, car je n'ai trouvé partout, à l'arrivée, que des commissionnaires avides ou des cochers impatients se disputant la faveur, par moi chèrement payée, de transporter à l'hôtel ma malle ou mon humble personne.

Mais si je n'ai pas vu les merveilles de l'exposition de Londres, la nature m'a offert dans les Alpes un spectacle grandiose dont le souvenir ne me quittera plus; si je n'ai pas assisté aux fêtes splendides de la canonisation des martyrs du Japon, je m'en suis consolé en visitant, non sans une respectueuse émotion, quelques-uns de ces endroits fameux où se sont accomplis ces terribles hétacombes humaine qu'on appelle des batailles, où le sang généreux de nos soldats, je veux dire de nos aïeux, de nos pères, de nos frères, de nos fils même, a si abondamment coulé. Moins favorisés, il est vrai, que le bienheureux Labre, ces héroïques enfants de la France, apôtres de la civilisation, missionnaires de la liberté, victimes du devoir et du dévouement, n'ont point part aux saints honneurs du calendrier romain ; leurs noms sont tout simplement inscrits au grand martyrologe de la gloire nationale, et pieusement acclamés par la patrie reconnaissante aux immortels anniversaires de Marignan, de Marengo, de Magenta.

Rappeler ces noms fameux, parler du Piémont, de la Lombardie, c'est s'adresser, je le sais, à la sympathie éclairée de vos lecteurs, éveiller pour le passé aussi bien que pour le présent un vif sentiment d'intérêt et de curiosité, derrière lequel s'efface le talent de l'écrivain, et je dois vous l'avouer, mon cher directeur, c'est particulièrement par cette considération que je me suis laissé entraîner à céder à vos désirs, puisqu'elle était la seule qui permit d'arriver à la réalisation de vos espérances.

Le temps nous apprendra, mon cher directeur, si votre but a été atteint ; laissons-le donc s'écouler et attendons !

II.

C'est le 4 juin, — date du troisième anniversaire de la bataille de Magenta, — que je suis parti de Paris.

Confortablement assis à l'un des angles du compartiment où le hasard m'avait fait monter, je n'étais pas sans éprouver une certaine émotion. C'était la première fois que j'allais à l'étranger; et, bien que le voyage ne fut certainement ni long ni périlleux, l'idée seule de quitter la France me faisait songer à la famille, aux amis que je laissais à Paris, à Versailles, à Lisieux et quelque part ailleurs, êtres chers à tant de titres et dont j'étais sûr d'occuper, à cette heure même, la pensée toujours affectueuse.

Le coup de sifflet du départ me tira brusquement de ma douce rêverie et me rappela à la réalité.

Je jetai autour de moi un rapide coup-d'œil et je constatai avec satisfaction que les quatre coins du compartiment étaient seuls occupés.

En face de moi était assis un respectable vieillard, à cheveux blancs; c'était, comme je l'ai su depuis, un ancien avocat du barreau de Paris, que des intérêts importants appelaient à Turin, et dont je devins le compagnon inséparable pendant toute la durée du trajet, aller et retour. Les deux autres angles étaient occupés par des dames anglaises que j'avais remarquées dans la gare, fort occupées du soin de faire enregistrer leurs énormes bagages: mais il était visible qu'elles n'avaient pas tout fait enregistrer, ces chères filles d'Albion, car je les retrouvais entourées de sacs de nuit, de cabas, de couvertures, de boîtes, de paniers de toutes tailles et de toutes formes, qui composaient une double barricade derrière laquelle elles semblaient se retrancher. Ces dames, bien évidemment, connaissaient l'histoire de l'insaisissable Jud : elles prenaient leurs précautions contre un coup de main.

Il était neuf heures du soir environ, et, bien que nous fussions presque arrivés aux jours les plus longs de l'année, la nuit s'avançait rapidement. Mes prudentes voisines, tout occupées de leur toilette de nuit, cherchaient, derrière leurs formidables remparts, la position la plus commode pour se livrer au sommeil : mon honorable vis-à-vis dormait déjà profondément.

Pour moi, j'ai le malheur de ne pouvoir dormir ni en diligence, ni en wagon. Pour qu'il me soit possible de payer à Morphée le tribut qu'il exige si impérieusement des mortels, il me faut absolument prendre une position horizontale et conserver à mes tibias la complète liberté de leurs mouvements ; et encore, dans ces conditions favorables, ne puis-je parvenir à payer l'impôt nocturne que d'une manière incomplète, à ne donner que de modiques à-comptes. Mais l'impitoyable créancier saura bien un jour me faire solder l'arriéré avec intérêt et même avec usure. Je tâcherai toutefois de reculer l'échéance le plus possible, et si je puis même invoquer la prescription, ma délicatesse ne s'offensera point de lui opposer cette arme peu courtoise des débiteurs aux abois.

Au reste, l'insomnie, qui dans les conditions ordinaires de la vie est toujours une fatigue et quelquefois une souffrance, a son charme en voyage par une belle nuit d'été : elle permet de suivre les accidents de la route et d'évoquer tranquillement, sans distraction, les divers souvenirs que la lecture a pu graver dans la mémoire, sur la contrée qu'on parcourt.

J'ai pour ces sortes d'évocations un penchant très

prononcé, et je dois avouer que je m'y suis complaisamment abandonné pendant les quinze jours qu'a duré mon excursion.

Pendant cette première nuit de voyage, un clair de lune magnifique me prêtait d'ailleurs une précieuse collaboration dans ce travail mental, en éclairant de sa lumière argentée le panorama qui se déroulait incessamment devant mes yeux, et en dessinant la silhouette des villes, bourgs et villages que traverse la voie ou qui la bordent à droite et à gauche.

J'eus bien garde de fermer les yeux devant un pareil spectacle; je mis la tête à la portière et donnai libre audience à mes reminiscences de toute nature.

En ce moment même le convoi traversait la Marne.

A gauche, s'élevait en amphithéâtre le village de Charenton, le *Pons Charentonis* des vieux chroniqueurs, que les Normands prirent en 865, les Anglais en 1436, Henri IV en 1590, le prince de Condé en 1649, et enfin les alliés le 30 mars 1814.

Résidence des rois de France au XVIe siècle, Charenton n'est plus aujourd'hui qu'un modeste chef-lieu de canton. Le château que Gabrielle d'Estrées y possédait, comme le temple protestant élevé par Jacques Debrosses sur l'emplacement assigné par Henri IV à ses anciens co-religionnaires, sont remplacés par des usines, des forges, des manufactures. Mais l'établissement qu'avait fondé Sébastien Leblanc, en 1644, pour le traitement des aliénés, subsiste toujours comme pour témoigner de l'éternelle stabilité des infirmités de notre pauvre humanité. C'est dans cette maison, un instant transformée en prison d'Etat par le premier Consul, que fut enfermé et que mourut, en 1814, le marquis de Sade, ce corrupteur si tristement fameux.

On ne saurait passer à Charenton sans songer à son digne maire. Après avoir officieusement et pendant de longues années, puni le crime et récompensé la vertu sur les planches des théâtres des boulevards, et selon les prescriptions dramatiques de l'époque, M. Marty, le patriarche des comédiens et leur Vincent-de-Paul, ceint de l'écharpe municipale, unit officiellement les jeunes époux de Charenton et veille avec une sollicitude toute paternelle aux intérêts de ses nombreux administrés. Digne objet du respect de tous, ce vénérable vieillard est chevalier de la Légion-d'Honneur ; monseigneur l'archevêque de Paris ne dédaigne point de lui tendre la main quand sa tournée archiépiscopale le conduit dans cette importante commune. Les cheveux blancs absolvent, et nous ne sommes plus au temps de Molière et de Mlle Rauccourt.

A droite, nous avions Maisons-Alfort et sa célèbre école vétérinaire, avec sa belle bergerie, son établissement d'économie rurale et son jardin botanique.

Parmi les hommes distingués qui ont été professeurs à l'école d'Alfort, tels que Vicq-d'Azir, Dauberton, Fouveroy, Huzard, Dupuy, on rencontre un nom lexovien, celui de Fromage des Feugrès. D'abord professeur au collége de Lisieux, Fromage des Feugrès se livra de bonne heure à l'étude de la médecine vétérinaire, devint vétérinaire en chef de la garde impériale et mourut en 1812, pendant la funeste campagne de Russie.

En voyant cette école, je ne pouvais oublier que mon excellent ami et collaborateur, Corbière, en était sorti en 1842, après quatre années de solides études, et ma pensée lui envoya un souvenir affectueux.

Nous avions longé la plaine humide et basse où la cavalerie et l'artillerie de l'armée d'Italie étaient venues camper après la paix de Villafranca, en attendant l'entrée solennelle à Paris de l'armée entière, et la vapeur nous emportait à travers la fraîche vallée d'Yères, laissant à peine le temps de reconnaître *Villeneuve-Saint-Georges*, où s'arrêta, le 24 juin 1492, l'ambassade que la république de Venise envoyait au roi Charles VIII pour le féliciter sur son expédition de Bretagne, qui amena l'annexion à la France de ce *très grand et très noble duché*, et lui exprimer, *viva voce, verbis tamen generalibus*, les sentiments de joie et de plaisir que causait son mariage avec *l'illustrissime* fille du *très excellent* duc de Bretagne; *Montgeron*, avec ses deux beaux châteaux; *Crosne*, où naquit Boileau,

..................ce maître en l'art d'écrire ;

Yères, avec son ancienne abbaye de Bénédictins, *Brunoy*, *Brunadum-in-Bregio* (Brunoy-en-Brie) au temps de Dagobert, ancienne seigneurie qui passa successivement de l'abbaye de St-Denis au prieuré d'Essonnes, puis à Christophe de Lannoy, à Charles de Lorraine, à François de Larochefoucauld, l'auteur des *Maximes*, à un sieur de Plonic, qui la vendit au financier Paris de Montmartel, pour lequel elle fut érigée en marquisat, et enfin à Monsieur, comte de Provence, qui, devenu Louis XVIII en 1815, conféra le titre de marquis de Brunoy à lord Wellington, en reconnaissance des éminents services rendus à Waterloo à la dynastie bourbonnienne.

C'est à Brunoy que Talma et le fameux chanteur Martin avaient leurs maisons de campagne, dont la splendeur fut effacée par celle qu'y fit construire, sous la Restauration, M. Véro, le charcutier qui a laissé son nom à l'un des passages de la capitale.

Au sortir de Brunoy, un magnifique viaduc, qui n'a pas moins de 400 mètres de longueur et de 30 arches, jeté sur l'Yères, à la hauteur d'une centaine de pieds, conduit dans la vieille province de Brie, dont les fromages jouissent depuis un temps immémorial d'une réputation universelle; puis, dépassant *Combs-la-Ville, Lieusaint*, village ou Collé a placé le lieu de la scène de *la Partie de chasse d'Henri IV*, et dans les environs duquel fut commis, en 1796, sur le courrier de Lyon, l'assassinat pour lequel l'infortuné Lesurques fut injustement condamné à la peine de mort, on franchit la Seine à *Cesson*, et l'on arrive à Melun, première étape des trains express.

Bien que Melun soit à plus d'un kilomètre de la station, on n'en découvre pas moins l'hôtel de la préfecture, bâti sur une hauteur qui domine la ville au nord, la maison centrale de détention, les clochers de St-Aspais, église de construction bizarre, qui renferme de curieux vitraux, et de l'antique cathédrale *Notre-Dame*, pour la réparation de laquelle le Gouvernement a autorisé une loterie dont le tirage s'est effectué tout récemment.

Melun est une des plus anciennes villes de France. César, dans ses *Commentaires*, la désigne sous le nom de *Melodunum*, et un vieux chroniqueur prétend trouver dans l'étymologie de ce nom la preuve que la ville existait, sous le nom d'Isis, mille et un ans (mille unum) avant Paris. Cette étrange assertion se trouve, au reste, reproduite dans le blason même de la ville, où se lit la légende suivante :

> Melun je suis qui eus à ma naissance
> Le nom d'Is s, connu des vieux, on sait ;
> Sy fut Paris construit à ma semblance
> Mille et un ans depuis que je suis fait.

Si cela est vrai, — et le doute est permis, — les habitants de Melun doivent reconnaître aujourd'hui que la copie a singulièrement surpassé l'original en étendue et en beauté.

Les rois de la première race habitèrent le château de Melun, qui fut plusieurs fois pris et dévasté par les Normands. C'est là que moururent le roi Robert, en 1030, et Philippe Ier en 1108.

Il se tint à Melun, en 1216, une grande assemblée de seigneurs et de prélats, à laquelle assista l'évêque de Lisieux, Jourdain du Hommet, qui venait de fonder l'abbaye de Mont-Dée, près Bayeux, en expiation peut-être de la part qu'il avait prise dans la sanglante croisade dirigée par Simon de Montfort contre les Albigeois, en 1207.

C'est à Melun, le 30 octobre 1514, qu'est né le célèbre traducteur de Plutarque, Jacques Amyot, dont le nom a été donné à l'une des rues de la ville.

Une autre rue de la cité porte également le nom

d'un personnage célèbre, d'Abeilard, qui avait ouvert à Melun, en 1102, une école publique, où il avait exposé les premiers principes de sa doctrine.

Comme la plupart de nos villes, Melun fut souvent, au moyen-âge et dans les XVe et XVIe siècles, disputée par les Anglais et les partis qui désolaient la France. Elle devint le théâtre de siéges nombreux et de combats sanglants. On a pu lire longtemps sur l'une des portes le quatrain suivant, destiné à perpétuer le souvenir de la résistance héroïque qu'elle opposa pendant quatre mois aux efforts réunis des armées du roi d'Angleterre, Henri V, et du duc de Bourgogne, son allié, qui l'assiégèrent en 1420 :

> Dire me puis sur les villes de France,
> l'œuvre de biens, riche de loyauté,
> Qui par la guerre ay eu mainte souffrance
> Et par la faim de maints rats ay tâté.

Peut-être ce dernier vers fera-t-il grimacer les lecteurs gourmets et leur rappellera-t-il *L'anguille* dont parle le proverbe si connu. Mais il ne faut pas que l'eau leur vienne si promptement à la bouche, et je tiens, pour mon compte, à ne pas leur faire subir plus longtemps le supplice de Tantale. *L'anguille de Melun* qui, d'après le dicton, *crie avant qu'on l'écorche*, n'est pas du tout ce poisson recherché qui fait nos délices, soit à la sauce tartare, soit en matelotte. *L'anguille* du proverbe était tout simplement un bon bourgeois *de Melun* qui s'était chargé de jouer le rôle de St-Barthelemy dans un mystère ; oubliant la fiction, dès qu'il aperçut le bourreau qui devait le saisir pour le conduire au supplice, il se mit à vociférer avant même que ce dernier l'eût touché.

Quant au succulent poisson, homonyme du susdit bourgeois, il n'est pas plus abondant à Melun que partout ailleurs, moins peut-être, et j'oserai même ajouter que celui qu'on y rencontre sur les tables d'hôte a préalablement passé par la halle de Paris : on se contente de l'écorcher à Melun, mais, en dépit du proverbe, ce n'est pas lui qui crie, hélas ! c'est le voyageur qu'égratigne la carte à payer.

Fiez-vous donc aux proverbes !

III.

En quittant la station de Melun, on aperçoit à droite de la ville le château de *Vaux-Pénil*, que beaucoup de voyageurs confondent avec celui de *Vaux-Praslin*, où le surintendant Fouquet donna à Louis XIV, le 17 août 1661, cette fête splendide qui lui devint si fatale.

Puis le convoi s'avança à travers une plaine fertile jusqu'à Fontainebleau. De la station, située en pleine forêt, on n'aperçoit ni la ville, ni le palais. Mais, à ce nom célèbre, comment ne pas songer à Louis VII, à Philippe-Auguste, qui habitèrent souvent le château ; à St-Louis, qui y annexa un hôpital ; à Charles V, qui y fonda une bibliothèque ; à Charles VII, qui y fit peindre ses victoires sur les murs ; à François Ier, qui le reconstruisit presqu'en entier et fit ainsi du vieux château féodal un palais que décorèrent le Primatice, le Rosso, Vignole, Nicolo Abate, etc., etc.; à la duchesse d'Etampes, à Diane de Poitiers ; à Charles-Quint, qui y fut *festoyé*, dit Martin du Bellay, pendant plusieurs jours, en 1539 ; à Jacques V, roi d'Ecosse, qui y vint voir Magdelaine, fille de François Ier, qu'il épousa l'année suivante, et qui mourut d'ennui en Ecosse six mois après son mariage ; à Charles IX, qui l'augmenta encore ; à Catherine de Médicis ; à Philippe-le-Bel, à Henri III, à Louis XIII, qui tous trois y naquirent ; à Henri IV, qui en fit le boudoir de ses royales amours ; au maréchal de Biron, qui y fut arrêté ; à Gabrielle d'Estrées, à Catherine et à Marie de Médicis ; à Anne d'Autriche, qui y reçut la reine d'Angleterre ; à Richelieu, qui y fut reçu avec une grande distinction en 1625 et en 1642 ; au grand Condé, qui y mourut ; à Louis XIV, qui y signa la révocation de l'édit de Nantes et y apprit, le 9 Novembre 1700, la nouvelle de la mort du roi d'Espagne, dont le testament appelait au trône le duc d'Anjou, son petit-fils ; au czar Pierre Ier, qui le visita en 1717 ; à Mme de Maintenon, à Mme de Pompadour ; à Louis XV. qui y reçut, en 1768, le roi de Danemarck, Christian VII ; à J.-J. Rousseau, qui y assista, en 1752, à la première représentation de son *Devin de Village*, et se sauva le lendemain pour n'être point présenté au roi ; à Voltaire, qui y séjourna quelques jours avec Mme du Châtelet chez le duc de Richelieu ; à Pie VII, qui y descendit en 1804, lors du sacre de l'empereur Napoléon Ier et y signa, le 25 janvier 1813, le fameux concordat de Fontainebleau par lequel il renonçait à la souveraineté temporelle des Etats de l'Eglise, à Napoléon Ier lui-même, qui y signa, le 20 avril 1814, son abdication, et y fit ses adieux à l'armée; à Louis XVIII, qui y reçut Caroline de Naples, fiancée au duc de Berry; à Charles X, qui y apprit de la bouche de la duchesse d'Angoulême, le 30 juillet 1830, à 6 heures du matin, le triomphe de l'insurrection de Paris ; à Louis-Philippe Ier, qui dépensa des sommes considérables pour l'embellissement du palais, et y fit célébrer, le 30 mai 1837, le mariage du duc d'Orléans et de la princesse Hélène.

Surexcitée par ces innombrables souvenirs, l'imagination croit entendre dans le coup de sifflet, tout à la fois rauque et strident, de la locomotive qui annonce le passage du train, le cri suprême du chevalier Monaldeschi, que la reine Christine de Suède, sa maîtresse, fit assassiner en sa présence dans le palais de Fontainebleau, le 6 mars 1657.

Mais cette image sanglante s'efface insensiblement, au fur et à mesure qu'on s'enfonce dans la forêt. La vue de cette végétation puissante, de ces arbres séculaires, ramène à la pensée de plus agréables souvenirs. On se surprend rêvant aux sites pittoresques, aux grottes mystérieuses, aux rochers suspendus, à toutes les magnificences enfin que la nature a cachées sous ces sombres feuillages, et qui font de ce lieu le but obligé d'une sorte de pèlerinage pour les artistes et les voyageurs. *Les gorges de Franchard*, *d'Apremont*, du *Parjure*, se représentent à vos yeux, comme en songe; *le Chêne de Pharamond*, *les Deux-Jumeaux*, se dressent devant vous ; vous entendez le murmure de *la Roche qui pleure ;* il vous semble mesurer les 50 mètres carrés de cette vaste coquille d'une seule pierre qui enserre *la Mare de Franchard*, et vous finissez par répéter ces vers charmants du chevalier Bertin :

> Champs de Fontainebleau, délicieux déserts,
> Qu'a seul rendu fameux le cristal de vos ondes.
> J'irai m'ensevelir dans vos grottes profondes,
> Parmi vos noirs rochers, sous vos ombrages verts,
> Et, solitaire ami des biches vagabondes,
> Dans leur plus beau domaine oublier l'univers.

On ne saurait s'éloigner de cette forêt célèbre sans donner un souvenir de regrets au peintre Decamps, qui y trouva, il y a deux ans, une mort si malheureuse.

La voie ferrée sort enfin de la forêt pour s'engager à travers de vastes champs de vigne et arriver à Thomery. C'est là que depuis François Ier, qui en avait fait venir le plant des environs de Cahors, on récolte ces fameux raisins si connus sous le nom de *chasselas de Fontainebleau*, dont les parisiens se montrent assez friands pour en consommer, bon an mal an, 4,500,000 kilogrammes, soit environ 4 kilogrammes par bouche.

C'est dans les environs de Thomery, au château le By, que Mme Rosa Bonheur, l'éminente artiste à laquelle nous devons quelques toiles très estimées, vient passer chaque année la belle saison.

Moret, que l'on rencontre ensuite à quelques kilomètres de Thomery, après avoir franchi le Loing, sur un long viaduc, est une petite ville fort ancienne que César désigne dans ses Commentaires. Elle possédait un château qui fut souvent habité aux XIIe et

XIIIe siècles par les rois et reines de France, souvent pris et repris par et sur les Anglais aux siècles suivants, et que Henri IV donna à l'une de ses maîtresses, Jacqueline de Beuil, avec le titre de comtesse de Moret.

Une maison moderne s'élève aujourd'hui sur l'emplacement de ce château royal.

L'église de Moret, qui est classée au nombre des monuments historiques, est très curieuse à visiter. Bâtie au XIIe siècle, sous Louis-le-Jeune, elle fut consacrée par Thomas Becket, archevêque de Canturbéry, qui fut depuis canonisé, et sous l'invocation duquel fut placée, en 1170, la chapelle dite des Mathurins, qui dépendait de l'hôpital des malades, de Lisieux, transformé en fabrique depuis quelques années déjà.

On rencontre dans les rues de Moret quelques maisons en bois et en pierres dont les sculptures et l'ornementation attirent l'attention des artistes.

François Ier avait fait construire sur le territoire de cette commune et sur la lisière de la forêt de Fontainebleau, une petite maison destinée à servir de rendez-vous de chasse. Les sculptures extérieures, les décorations intérieures, avaient été confiées à Jean Goujon, et sous le ciseau de ce maître, cette maison devint le type le plus coquet du style de la renaissance. Vendu en 1824, au colonel Bracke, ce gracieux monument fut démoli pierre par pierre, transporté à Paris et reconstruit sur les bords de la Seine, dans cette partie des Champs-Elysées qui, depuis cette époque, a reçu le nom de *quartier François Ier*.

Montereau, que l'on rencontre après Moret, et où

les trains express font leur seconde étape, est située au confluent de l'Yonne et de la Seine, sur la rive gauche de ce dernier fleuve. Bien que la ville soit assez éloignée de la gare, on distingue les hautes cheminées de son importante manufacture de porcelaines et de faïences qui occupe les bâtiments d'un ancien couvent de Récollets.

Montereau a plus d'une fois attaché son nom à notre histoire nationale. C'est sur la partie du pont de Montereau qui traverse l'Yonne que le 10 septembre 1419 Jean-sans-Peur, duc de Bourgogne, fut assassiné par Tanneguy du Chatel, au moment où il s'agenouillait devant le dauphin, qui lui avait demandé une entrevue dans le but de se concerter sur les moyens à employer pour chasser de France Henri V, roi d'Angleterre.

L'année suivante, Philippe-le-Bon, fils de Jean-sans-Peur, s'étant emparé de Montereau avec le concours de Henri V, fit enlever le cadavre de son père de l'église Notre-Dame, où il avait été inhumé, et l'envoya aux Chartreux de Dijon, dans un cercueil de plomb, *plein de sel, et d'épices.*

Dans cette église Notre-Dame, monument d'ailleurs disgracieux, on remarque, suspendue à un pilier, la pointe vers le sol, une épée qui passe pour avoir appartenu à Jean-sans-Peur.

Dix-sept ans plus tard, Charles VII assiégea Montereau, que les Anglais défendirent pendant six semaines.

A l'époque des guerres de religion, cette ville fut souvent prise et reprise par les deux partis. Henri IV y fit son entrée en 1590, le 15 avril.

Depuis lors, elle ne cessa de jouir de la paix jusqu'au 18 février 1814, jour où elle devint le théâtre d'une bataille sanglante gagnée par Napoléon sur les troupes alliées que commandait Schwarzenberg.

En s'éloignant de la gare de Montereau, où vient se souder l'embranchement de Troyes, le chemin de fer laisse l'Yonne à gauche, s'engage dans une plaine fertile, à droite et à gauche de laquelle s'élèvent de petits coteaux chargés de vignes, et pénètre dans le département de l'Yonne.

IV.

La première station que l'on rencontre en traversant cette circonscription administrative, est celle de *Villeneuve-la-Guyard*, petite ville d'environ 2,000 âmes, qui n'a de remarquable que sa situation sur le penchant d'une colline, au pied de laquelle s'étalent de jolies prairies garnies de peupliers.

Puis vient *Pont-sur-Yonne*, ville fort ancienne et autrefois fortifiée, dont l'invasion des Anglais et les guerres de religion ont, il y a quatre siècles, amené la ruine.

A quelques kilomètres de Pont-sur-Yonne, le chemin de fer passe au pied d'une montagne sur le sommet de laquelle se dessinent d'une façon pittoresque la petite église de la commune de *St-Martin-du-Tertre*, et deux buttes assez considérables que les habitants du pays appellent tantôt *Mottes*, tantôt *Tombelles*, et que l'on présume avoir été élevées par les Gaulois, sans qu'il soit possible d'en préciser l'époque.

Lorsque les yeux se détachent de cette curiosité archéologique pour se reporter en avant, ils rencontrent, se dressant à gauche de la voie, les tours élevées de la cathédrale de *Sens*, et le sifflet de la locomotive ne tarde pas à annoncer le passage du convoi dans l'antique capitale des *Senones*, une des peuplades les plus puissantes de la Gaule.

Sens est une jolie ville, et sa cathédrale, qui se distingue tout particulièrement par l'ampleur et la simplicité de ses dispositions, est assurément l'un des monuments les plus remarquables de l'architecture française au XIIe siècle.

Convertie de bonne heure au christianisme par Saint-Savinien et Saint-Potentien, qui y subirent le martyre vers la fin du IIIe siècle, la ville de Sens se montra toujours fermement attachée au catholicisme. En 1540, un chanoine y brûla lui-même son neveu, condamné au feu pour quelques propos légers sur la Vierge; en 1562, la populace y massacra tous les protestants. Aussi, ne faut-il pas s'étonner si Charles IX y fut chaleureusement accueilli lorsqu'il la visita quelque temps avant la Saint-Barthélemy, et si elle n'ouvrit ses portes qu'en 1594 à Henri IV, qui l'avait vainement assiégée quatre ans auparavant. Henri IV reconnut les bonnes dispositions des habitants à son égard en dépouillant la commune de tous ses priviléges.

Sens fut énergiquement défendue en 1814 par le général Allix, contre les attaques du prince de

Wurtemberg, qui essaya deux fois de la prendre d'assaut, et ne s'en empara que par trahison.

Où ne saurait oublier, en passant à Sens, que c'est dans les environs de cette ville que sont nés : le jacobin Jacques Clément, assassin de Henri III; et Jean Cousin, qui fut tour-à-tour peintre sur verre, peintre de tableaux, architecte, sculpteur sur pierre et sur ivoire, graveur sur bois et écrivain. Le musée du Louvre ne possède de ce grand artiste qu'un seul tableau, *le Jugement dernier*, catalogué sous le n° 137.

Lorsqu'on est sorti de la gare de Sens, on aperçoit, à droite, au sommet d'un coteau crayeux, un petit pavillon de construction récente. Ce pavillon occupe l'emplacement même d'une cellule où se retira, au VII° siècle, l'ermite Saint-Bond, condamné, dit la légende, par Saint-Arthème, archevêque de Sens, à arroser un bâton sec jusqu'à ce qu'il eût pris racine et donné des fleurs et des fruits. — La légende ne dit point si le pauvre Saint-Bond fut plus heureux que les Danaïdes, avec le supplice desquelles sa pénitence ne laisse pas que d'avoir une certaine analogie ; mais si Saint-Fiacre occupait déjà sa place au paradis, — ce que j'ignore absolument, — il a dû passablement rire des efforts du patient ermite et le gloser à son arrivée au céleste séjour.

On rêve encore à la légende de Saint-Bond et aux nombreux pèlerins qui gravissaient autrefois le coteau pour aller prier dans l'humble cellule, que déjà le convoi traverse *Etigny*, petit village de 500 âmes au plus, sur le territoire duquel existait un château, aujourd'hui transformé en ferme, où Catherine de

Médicis et son fils, le duc d'Alençon, tinrent des conférences pour la paix, en 1576, et firent aux huguenots, pour mieux les tromper, toutes les concessions qu'ils réclamèrent. Le clergé de Sens ne laissa pas échapper cette occasion de manifester son zèle pour l'église : il protesta en refusant de chanter un *Te Deum*.

Villeneuve-sur-Yonne ou *le-Roi*, que l'on rencontre ensuite, n'est pas une ville aussi *neuve* que son nom pourrait le donner à penser. Elle fut fondée vers la fin du XIIe siècle par Louis VII, qui y éleva un château-fort, dont il fit une des résidences royales de l'époque, et jeta sur l'Yonne un pont de douze arches qui provoque encore aujourd'hui la curiosité des archéologues.

A peine a-t-on perdu de vue la haute tour carrée qui sert de clocher à l'église Notre-Dame de Villeneuve, et domine toute la ville, qu'on découvre une colline assez élevée surmontée d'un vieux château-fort et de quelques maisons éparses ; c'est le château de *Palteau*, où l'on prétend que l'homme au masque de fer aurait séjourné quelque temps, soit avant d'être conduit aux îles Sainte-Marguerite, soit en en revenant pour être enfermé à la Bastille, où se termina sa mystérieuse existence.

Continuant sa course rapide à travers de vastes prairies, sur la rive droite de l'Yonne, qui serpente entre d'épais rideaux de peupliers, le convoi passe à *Saint-Julien-du-Sault*, petite ville très agréablement située dans un frais vallon, et dont l'église, du XIIIe siècle, est classée au nombre des monuments historiques ; puis on arrive à *Joigny*, dont les maisons s'élèvent en amphithéâtre sur les pentes un peu rudes d'une côte, nommée côte Saint-Jacques, qui produit des vins renommés, et dont l'Yonne baigne le pied.

La réputation dont jouissent les vins de Joigny, comme vins ordinaires, a, de tout temps, été contestée par les habitants d'Auxerre, qui prétendent à la supériorité de leurs crus. Cette vieille querelle a mis plus d'une fois la plume à la main des rimeurs de l'un et l'autre camp. On trouve, dans le *Mercure* de février 1731, une épître en faveur des produits vinicoles de Joigny, qui se termine ainsi :

> Chers Auxerrois, si vous voulez m'en croire,
> Contre Joigny ne lancez plus vos traits ;
> Contentez-vous du noble soin de boire,
> Ou rimez mieux, ou ne rimez jamais.

C'est dans les environs de Joigny, à Cerisiers, à Dixmont, à Piffonds, que se fabrique l'excellent raisiné dont les enfants des faubourgs de Paris font, à la grande joie des épiciers, une copieuse consommation. On y fabrique aussi du cidre, mais les lecteurs me croiront sans peine quand je leur dirai que ce cidre-là ne saurait entrer en comparaison avec celui de Rocques, de Manerbe, de Pont-l'Evêque et de la vallée d'Auge.

Au sortir de Joigny, la voie ferrée s'engage, entre l'Yonne, à gauche, et la route de terre, à droite, dans une plaine boisée, bordée de petits coteaux tantôt nus, tantôt couverts de vignes, mais d'un aspect généralement monotone, traverse l'Yonne à Champlay et arrive à la station de *La Roche*, où se relie le chemin de fer d'Auxerre.

La Roche n'est encore qu'un petit village dépendant de la commune de Saint-Cydroine, mais sa position à l'endroit où le canal de Bourgogne se déverse dans l'Yonne, à l'embouchure de l'Armançon et à l'embranchement d'Auxerre, lui donne une certaine importance et lui assure un prochain développement.

Le chemin de fer longe à gauche les vastes bassins du canal et le canal lui-même, dont le cours est indiqué par une double ligne de peupliers qui masquent presque complètement la vue de ce côté, traverse *Brienon*, appelée *Brienon-l'archevêque*, parce que la baronie qui en dépendait appartint à Saint-Loup, archevêque de Sens, qui en fit don à la cathédrale, et atteint *Saint-Florentin*, petite ville très ancienne dont l'origine est inconnue.

C'est dans la forteresse que les Bourguignons avaient bâtie à l'entrée de cette ville, en 511, que la reine Brunehaut se réfugia après l'assassinat de Sigebert, son mari, au siége de Tournai. La haine de Frédégonde l'y poursuivit. La maîtresse de Chilpéric fit en vain attaquer la forteresse par Landry ; ce dernier fut complètement battu et repoussé. Le champ de bataille porte encore aujourd'hui le nom de *Chalendry*, et deux hameaux, le Petit et le Grand-Chalendry, en couvrent l'emplacement.

Saint-Florentin, qui s'appela d'abord *Castrodunum*, à l'époque de l'invasion romaine, et plus tard *Castrum Florentini* prit, en 855, le nom qu'il porte aujourd'hui, à la suite de la fondation, par la comtesse de Chartres et sa sœur, d'une abbaye de Bénédictins où furent déposées les reliques du saint de ce nom. Toutefois, cette appellation fut un instant suspendue à l'époque de la Révolution. Lorsqu'un décret de la Convention supprima les saints et les expulsa du calendrier, Saint-Florentin fut nommé *Mont-Armance*.

C'est à quelques kilomètres de Saint-Florentin, sur la droite, que se trouvait autrefois la célèbre abbaye de Pontigny, bâtie au commencement du XIIe siècle par les moines de l'ordre de Citeaux, supprimée à la Révolution, et dont il ne reste plus aujourd'hui que l'église, vaste édifice classé parmi les monuments historiques.

Flogny, que l'on trouve après Saint-Florentin, est un petit bourg bâti sur une éminence, au-delà du canal, à deux kilomètres de la station, et dans les environs duquel on peut voir un camp romain encore parfaitement dessiné, que les habitants du pays appellent le camp de César.

A partir de Flogny, les coteaux couronnés de vignes et séparés les uns des autres par de petits vallons auxquels on donne le nom de *combes*, deviennent de plus en plus nombreux et resserrent la vallée à l'extrémité de laquelle on découvre, sur la droite, la ville de *Tonnerre*, dont les rues serpentent d'une façon pittoresque au pied et sur les pentes d'une colline qu'arrose l'Armançon.

Tonnerre est une ville fort ancienne qui fut le chef-lieu d'un territoire important désigné sous le nom de *Pagus Tornodurensis;* mais plusieurs fois détruite au moyen-âge, par Edouard III d'Angleterre, en 1359, par Jean-Sans-Peur, en 1414, et par un incendie, en 1556, ses édifices ont été entièrement rebâtis ou à peu près, et elle n'a rien conservé de son aspect primitif.

La chapelle de l'Hôpital renferme, entre autres tombeaux, celui de Marguerite de Bourgogne, belle-sœur de Saint-Louis, reine de Jérusalem, de Naples et de Sicile, et celui de François-Michel Le Tellier, marquis de Louvois, ministre de Louis XIV, dont les sculptures sont l'œuvre de deux artistes célèbres, Girardon et Desjardins.

On montre, dans l'une des rues de Tonnerre, la maison où naquit, en 1728, le fameux chevalier d'Eon, dont le sexe fut une énigme pendant sa vie. Doué d'une charmante figure, complètement imberbe, il prit plaisir à se faire passer pour une femme. Plusieurs aventures scandaleuses, dans lesquelles de grands personnages se trouvaient compromis, le firent enfermer au château de Dijon. Retiré en Angleterre, en 1784, il mourut à Londres, en 1810. L'autopsie livra le mot de l'énigme en démontrant que le chevalier appartenait bien au sexe masculin.

A quelque distance de Tonnerre, le chemin de fer s'engage dans de longues et profondes tranchées qui dérobent au voyageur la vue du pays qu'il parcourt, et ne s'abaissent que pour laisser apercevoir le bourg de *Tanlay*, dont le château remonte au-delà du XIIe siècle. Acheté en 1535, par Louise de Montmorency, veuve du maréchal Gaspard de Coligny, le domaine de Tanlay passa successivement en la possession de François de Coligny d'Andelot, qui le rebâtit en partie, de Jacques Chabot, du sieur d'Hemery, surintendant des finances, qui l'acheva et l'embellit en 1642, et enfin en celle de Louis Phelippeaux de La

Vrillière, gendre du précédent, en faveur duquel cette seigneurie fut érigée en marquisat.

En sortant de Tanlay, le convoi s'engage de nouveau dans une longue tranchée, passe sous un tunnel de cinq à six cents mètres que suit une seconde tranchée, et arrive au village de *Lézinnes*, dont la station est presqu'exclusivement utilisée pour le transport des pierres extraites des carrières environnantes, parmi lesquelles celles de *Pacy* sont les plus renommées.

Après avoir traversé le tunnel de Pacy, du double plus long que celui de Lézinnes, et franchi deux fois le canal de Bourgogne et l'Armançon, on arrive à *Ancy-le-Franc*, petite ville toute moderne, qui doit son aisance et sa prospérité aux belles carrières qu'on exploite dans les environs, ainsi qu'aux forges et hauts-fourneaux considérables qu'y a fondés M. de Louvois.

Ancy-le-Franc possède un château très-remarquable élevé dans la dernière moitié du XVIe siècle par le comte de Clermont, Grand-Maître des Eaux-et-Forêts de France, sur les dessins du Primatice. Henri IV s'arrêta, en 1591, dans ce château où logèrent également Louis XIII, à son retour de Metz, en 1631, et Louis XIV, après la seconde conquête de la Franche-Comté, en 1674. Il appartient aujourd'hui à M. le marquis de Clermont-Tonnerre, qui l'a fait restaurer avec un goût parfait.

C'est encore dans des tranchées, dont la profondeur atteint jusqu'à vingt mètres au moins, que le convoi franchit la distance entre Ancy-le-Franc et la station de *Nuits-Ravières*, deux villages autrefois fortifiés que séparent le canal de Bourgogne et l'Armançon, et les huit kilomètres que l'on compte entre cette dernière station et celle d'*Aisy-Rougemont* ; à peine s'inclinent-elles entre Ancy et Nuits pour laisser voir les forges de *Perigny*, dont les feux attirent les regards au milieu de la nuit, et entre Nuits et Aisy, pour permettre de saluer le village de *Buffon*, dont la terre seigneuriale fut, en 1774, érigée en comté en faveur de Georges Louis Le Clerc, qui en a rendu le nom immortel.

A Rougemont, village agréablement situé sur une colline d'où l'on découvre les vallées de la Bresme et de l'Armançon, nous entrons dans le département de la Côte-d'Or.

Nous sommes dans cette vieille province de Bourgogne,

Au sol fertile en joyeux ceps,

« l'aimable et vineuse Bourgogne, dit Michelet.....
» bon pays où les villes mettent des pampres dans
» leurs armes, où tout le monde s'appelle frère ou
» cousin, pays de bons vivants et de joyeux Noëls...
» pays des orateurs, de la pompeuse et solennelle
» éloquence. C'est de la partie élevée de cette pro-
» vince, de celle qui verse la Seine, de Dijon et de
» Montbard, que sont parties les voix les plus re-
» tentissantes de la France, celles de Saint-Ber-
» nard, de Bossuet et de Buffon. Mais l'aimable sen-
» timentalité de la Bourgogne est remarquable sur
» d'autres points, avec plus de grâce au nord, plus
» d'éclat au midi. Vers Semur, la bonne Mme de
» Chantal, et sa petite-fille, Mme de Sévigné ; à

» Mâcon, Lamartine, le poète de l'âme religieuse
» et solitaire; à Charolles, Edgar Quinet, celui de
» l'histoire et de l'humanité. »

Voici Montbard avec sa vieille tour carrée qui la couronne, dernier reste de l'ancien château des ducs de Bourgogne, devenu, en 1742, la propriété de Buffon, qui le fit démolir en grande partie.

C'est dans ce château que Philippe-le-Hardi reçut, en 1370, Marguerite de Flandre, son épouse; que Jean-Sans-Peur fut élevé et qu'il retint prisonniers, en 1412, les trois fils de Jean Ier, duc de Bourbon; c'est aussi dans la chapelle de ce château que fut célébré, en 1423, le mariage du duc de Bedfort avec la princesse Anne, sœur de Philippe-le-Bon.

Buffon et Daubenton sont nés à Montbard, le premier le 7 septembre 1707, le second le 29 mai 1716. Une statue signée Dumont et fondue par MM. Eck et Durand, en 1854, a été élevée sur l'une des places publiques de la ville, à la mémoire de l'illustre auteur de l'*Histoire Naturelle*.

La ville de Montbard, que les épidémies, la famine, la guerre, et le siége qu'elle soutint en 1590 contre l'armée royaliste, avaient complètement épuisée au commencement du XVIIe siècle, prend aujourd'hui un développement considérable. Le passage du chemin de fer a imprimé à son commerce une activité qui, dans un avenir prochain, placera ce modeste chef-lieu de canton au premier rang parmi les villes de la Côte-d'Or.

Aux environs de Montbard sont les ruines du château des barons de Montfort, connus dès le XIe siècle, et l'ancienne abbaye de Fontenay, fondée en 1118 par Bernard et Milon de Montbard, oncles de Saint-Bernard. « C'est, dit M. de Caumont, dans le *Bulletin monumental*, un des établissements monastiques les plus curieux que j'aie rencontrés. »

Une importante fabrique de papiers, dirigée par M. Seguin, membre correspondant de l'Institut, occupe aujourd'hui les bâtiments de l'abbaye de Fontenay, qui devait son nom au voisinage d'un fontaine, dont l'eau avait autrefois la propriété de guérir de la teigne.

En sortant de Montbard, le convoi continue de s'avancer dans la vallée très accidentée de la Brenne, petite rivière qu'on traverse enfin après en avoir longé la rive gauche depuis le village de Buffon.

Ce nom de *Brenne*, au milieu de la Bourgogne, rappelle à la mémoire la chanson de Béranger, qui attribue à *Brennus* l'honneur d'avoir planté la vigne dans les Gaules :

> Brennus disait aux bons Gaulois :
> Célébrons un triomphe insigne !
> Les champs de Rome ont payé mes exploits
> Et j'en rapporte un cep de vigne.
> Grâce à la vigne, unissons pour toujours
> L'honneur, les arts, la gloire et les amours.
>
> . . . .
>
> Brennus alors bénit les cieux,
> Creuse la terre avec sa lance,
> Plante la vigne et les Gaulois joyeux,
> Dans l'avenir ont vu la France.
> Grâce à la vigne, etc., etc.

Seulement le grand chansonnier n'est d'accord ni avec lui-même, ni avec la tradition, d'après laquelle ce serait à l'empereur Probus que la Bourgogne devrait les vignes qui ont fait et font sa richesse, et que Béranger chante ainsi lui-même dans l'*Agent provocateur* :

> Il (le vin) nous ferait chanter la gloire
> D'un sol fertile en joyeux ceps,
> Et l'empereur dont la mémo.re
> Reste en honneur chez les Franç is ;
> Oui, sur Probus, prince équitable,
> Il nous souffle un chorus flatteur.
> Chut ! mes amis, etc., etc.

Qu'importe après tout ! La beauté de la chanson de Brennus fait oublier la contradiction et ne laisse pas même apercevoir l'anachronisme.

Mais à cette gaie réminiscence succède bientôt un sombre souvenir.

Laissant à droite et à gauche quelques villages dont les clochers se dressent au sommet des côteaux qui ferment la vallée, le convoi arrive dans la plaine des *Laumes*, c'est-à-dire des *Larmes*, *Lacrymarum valle*, où s'accomplit, en l'an 52 avant l'ère vulgaire, entre les Romains et les Gaulois, une de ces luttes gigantesques dans lesquelles se jouent les destinées des nations.

Forcé par Vercingétorix de lever le siége de Gergovie (Moulins), César avait résolu de gagner la province romaine, après avoir réuni ses forces à celles de Labiénus, son lieutenant, qu'une victoire remportée entre Lutèce et Melun venait de dégager des peuplades du Nord. La jonction s'était opérée sur les bords de l'Yonne. Mais Vercingétorix s'était mis résolument à leur poursuite ; il les atteignit dans la plaine des Laumes, au pied du Mont-Auxois, sur les pentes duquel s'élevait la ville d'Alesia, et leur livra bataille. Les Gaulois avaient juré de ne plus revoir leur maison, leur famille, leurs femmes et leurs enfants, qu'ils n'eussent au moins deux fois traversé les lignes ennemies. Le combat fut terrible. César, obligé de payer de sa personne, ne put se dégager qu'en laissant son épée aux mains des ennemis. Néanmoins, les Gaulois furent repoussés et durent se réfugier dans Alesia, où César les rejoignit dès le lendemain.

Une seconde fois battu dans un combat de cavalerie, Vercingétorix s'enferma dans Alesia, renvoya ses cavaliers et les chargea de se répandre par la Gaule et d'amener à son secours tous ceux qui pouvaient porter les armes. Deux cent cinquante mille hommes répondirent à cet appel suprême du patriotisme et accoururent au secours d'Alesia. Les *Lexovii* firent un généreux effort en faveur de la cause commune; ils fournirent un contingent de trois mille hommes.

Cependant, César avait entouré la ville et le camp gaulois d'ouvrages prodigieux, contre lesquels la Gaule pour ainsi dire tout entière devait venir se briser. Attaqué dans ses retranchements par Vercingétorix d'une part, et de l'autre par l'armée accourue à sa voix, César sembla un moment perdu ; longtemps incertaine, la victoire se décida enfin en faveur des Romains. Les assiégés furent repoussés dans Alesia, et l'armée qui, pour les délivrer, avait attaqué le camp romain fut dispersée par la cavalerie de César, et se débanda pour ne plus se réunir.

— C'en était fait de l'indépendance de la Gaule.

Les débris de l'armée de Vercingétorix rentrèrent,

aux approches de la nuit, dans la vieille cité d'Alesia, qui devint ainsi le tombeau de la Gaule, après en avoir longtemps été le berceau.

« Qui pourrait dire, ajoute M. Henri Martin, que
» je ne saurais m'empêcher de citer, qui pourrait
» dire les douleurs de cette horrible nuit pour toute
» cette foule infortunée ? Qui pourrait dire surtout
» ce qui se passa au fond du cœur de l'homme qui
» était devenu en quelque sorte la Gaule incarnée,
» et qui sentait défaillir en lui l'âme de toute une
» race humaine ? Le héros, le patriote, n'avait plus
» rien à faire ici-bas : la patrie était perdue.
» L'homme pouvait encore quelque chose pour ses
» frères : il pouvait encore peut-être les sauver de
» la mort et de la servitude personnelle. Cette pen-
» sée fut la dernière consolation de cette grande âme.
» Le lendemain Vercingétorix convoqua ses com-
» pagnons, et s'offrit à eux pour qu'ils satifissent
» aux Romains par sa mort, ou qu'ils le livrassent
» vivant. Il poussait le dévouement jusqu'à renon-
» cer à mourir. On envoya savoir les volontés de
» César. Le proconsul ordonna qu'on livrât les chefs
» et les armes, et vint siéger sur un tribunal élevé
» entre les retranchements.
» Tout-à-coup, un cavalier de haute taille, cou-
» vert d'armes splendides, monté sur un cheval
» magnifiquement caparaçonné, arrive, au galop,
» droit au siége de César. Vercingétorix s'était paré
» comme la victime pour le sacrifice. Sa brusque
» apparition, son imposant aspect, excitent un mou-
» vement de surprise et presque d'effroi. Il fait
» tourner son cheval en cercle autour du tribunal

» de César, saute à terre, jette ses armes aux pieds
« du vainqueur, et se tait.

» Devant la majesté d'une telle infortune, les durs
» soldats de Rome se sentaient émus : César se
» montra au-dessous de sa prospérité. Il fut impla-
» cable envers l'homme qui lui avait fait perdre, en
» un jour, le nom d'invincible. Il éclata en reproches
» sur son amitié trahie, sur ses bienfaits méprisés,
« et livra le héros de la Gaule aux liens des licteurs.
« Vercingétorix, réservé aux pompes outrageantes
« des triomphes, dut attendre six années entières
« que la hache du bourreau vint enfin affranchir
« son âme et l'envoyer rejoindre ses frères dans le
« cercle céeste.

César détruisit-il Alesia ? c'est ce qu'il ne dit pas dans ses Commentaires, et ce qu'on ignore. Ce qu'il y a de certain, c'est que ce fut avec les ruines et sur l'emplacement de ce dernier boulevard de la nationalité gauloise que s'éleva plus tard la ville actuelle d'Alise-Sainte-Reine, à laquelle, d'après la légende, une jeune vierge qui y aurait souffert le martyre, vers le milieu du IIIe siècle de notre ère, aurait donné son second nom.

On sait que l'Empereur, qui fait en ce moment même imprimer, dans les ateliers de l'imprimerie impériale, la traduction des Commentaires de César, à laquelle il travaille depuis plusieurs années, a visité l'an dernier, avec une minutieuse attention, et le texte de César à la main, le théâtre de la lutte sanglante que je viens de rappeler, et que, cette année même il est allé reconnaître l'ancienne Gergovie.

A quelque distance de la vallée des Laumes, sur une montagne qui fait face au Mont-Auxois, se trouve le village de *Flavigny*, auquel les restes de son mur d'enceinte, ses portes du xve siècle et ses tourelles donnent un aspect tout-à-fait pittoresque. Son origine est fort ancienne : les Normands le pillèrent en 877 et les Anglais s'en emparèrent en 1359. Le parlement y tint deux séances, en 1589 et en 1592.

Flavigny possède deux couvents, l'un de *Carmélites*, l'autre de *Dominicains*, où le P. Lacordaire résida dans les dernières années de sa vie.

Lorsqu'on s'éloigne de la station des Laumes, on ne tarde pas à apercevoir, à gauche, sur le sommet d'une colline, le clocher du village de *Bussy-le-Grand*, appelé aussi *Bussy-la-Forge*, ou *Bussy-Rabutin*. C'est là qu'est né Junot, duc d'Abrantès l'une des célébrités du premier empire.

C'est sur le territoire de cette commune que se trouve le château des anciens seigneurs de Rabutin, qui date du xiie siècle et qui appartient aujourd'hu à M. le comte de Sarcus. L'un des seigneurs de Rabutin, le comte Roger de Bussy, mestre-de-camp-général de cavalerie légère, membre de l'Académie française, se rendit célèbre par ses galanteries et ses satires sur les personnages de la cour de Louis XIV et sur le roi lui-même.

Bussy avait publié un petit livre relié en forme d'Heures, dans lequel, au lieu d'images, se trouvaient les portraits de quelques seigneurs dont les femmes étaient soupçonnées de galanterie. Au dessous de chacune de ces miniatures, il avait ajouté, en manière d'oraison sans doute, des épigrammes fort lestes. C'est à cet ouvrage que Boileau fait allusion par ces vers de l'une de ses satires :

> J'irais, par ma constance aux affronts endurci,
> Me mettre au rang des saints qu'a célébrés Bussy.

Il avait également composé et chanté dans une orgie une espèce de cantique qui n'était rien moins qu'une peinture obscène des mœurs de la cour, et dans lequel se trouvait ce couplet sur Louis XIV et Mlle de La Vallière :

> Que *Deodatus* est heureux
> De baiser ce bec amoureux,
> Qui d'une oreille à l'autre va
> Alleluia !

Ce livre, ce cantique, et particulièrement ce couplet, conduisirent Bussy à la Bastille, en 1665, peu de temps après sa réception à l'Académie. Il y resta quinze mois, à l'expiration desquels il fut exilé dans ses terres de Chazeu et de Bussy. Ce ne fut que dix-sept ans après qu'il reparut à la cour, mais cette fois sans éclat et sans faveur. Il n'en pouvait guère être autrement : Louis XIV n'avait pas oublié qu'à l'époque où on l'appelait encore Dieudonné (Deodatus), Bussy avait fait courir cette épigramme :

> Ce roi si grand, si fortuné,
> Plus sage que César, plus vaillant qu'Alexandre,
> On dit que Dieu nous l'a donné.....
> Ah ! s'il pouvait nous le reprendre !

Bussy a laissé des *Mémoires*, où le désir de parler de lui lui fait négliger de parler de son époque, et une *Histoire amoureuse des Gaules*, qui, bien qu'elle soit une critique des mœurs de la Cour, ne fut point la cause de sa disgrâce, comme on l'a prétendu.

Le château de Bussy n'offrirait par lui-même rien de bien intéressant si, pendant les dix-sept ans que dura son exil, le galant cousin de Mme de Sévigné ne s'était plu à y réunir une curieuse collection de peintures, signées des noms les plus célèbres, tels que Mignard, Lebrun, Greuze, Coypel, Juste, etc., etc. On y remarque également des tableaux de Rubens, de Murillo, d'Andrea del Sarto, du Poussin, et deux bas-reliefs en marbre de Coysevox.

Mais pendant que je prenais plaisir à me rappeler les aventures, les épigrammes et les cantiques de Bussy, le convoi continuait sa course rapide, passait à *Darcey*, dont le lac souterrain et les grottes sont fréquemment visités par les artistes, laissait à gauche les ruines du château de *Salmaise*, que Louis XIV donna, en 1706, au vicomte de Tavannes, franchissait les stations de *Verney* et de *Blaisy*, à quelques kilomètres desquelles se trouvent les sources de la Seine, et entrait dans le souterrain de *Blaisy*, le tunnel le plus remarquable, sans contredit, qui existe aujourd'hui sur les chemins de fer français.

Construit de 1846 à 1849, sur les plans de M. Jullien, le directeur actuel de la compagnie des chemins de fer de l'ouest, le tunnel de Blaisy, qui n'a pas moins de 4,100 mètres de longueur, 8 mètres de largeur et 7 mètres 50 centimètres de hauteur, a coûté plus de 10 millions, soit environ 2,440 francs par mètre, Il est percé sur le point le plus élevé de toute la ligne de Paris à Lyon et relie le bassin de la Seine au bassin du Rhône.

De Blaisy à Dijon, le pays devient de plus en plus accidenté, pendant les 30 kilomètres qui séparent ces deux points, le convoi ne sort d'un tunnel que pour s'élancer sur un viaduc ou s'enfoncer dans une tranchée et disparaître ensuite sous un nouveau tunnel. C'est à peine si l'on peut reconnaître les stations intermédiaires de *Malain*, village aux environs duquel est situé le château d'Urfy, où M. de Lamartine a écrit quelques-unes de ses premières *Méditations*, et dont il a donné une description dans la XLVIIe de ses *Nouvelles Confidences;* — de *Velars*, où se trouvent les hauts-fourneaux et les fonderies de la Société des Forges de la Côte-d'Or; — et de *Plombières*, ville fort ancienne dont le roi Gontran fit hommage à l'abbaye de Saint-Benigne, au VIe siècle,

Mais voici Dijon, l'antique *Castrum Divionense* de Jules César, devenue en 1015 la capitale du duché de Bourgogne, et aujourd'hui chef-lieu du département de la Côte-d'Or.

> J'aime Dijon et la bonté
> De ses hôtelleries ;
> J'aime Dijon et la beauté
> De ses vignes fleuries,

dit une vieille chanson, et la vieille chanson n'a pas tort, car Dijon est, sans contredit, l'une des plus jolies et des plus agréables villes de France, bien qu'elle soit aussi l'une des plus anciennes.

Saint-Benigne, qui prêcha le christianisme dans

la Bourgogne, y souffrit le martyre le 1er Novembre de l'an 178, et c'est sur son tombeau même qu'a été bâtie, au XIe siècle, l'église qui porte son nom et qui est devenue la cathédrale du diocèse.

Grégoire de Tours, le vénérable et intéressant chroniqueur du *Gesta Dei per Francos*, résida long-temps à Dijon pendant le VIe siècle, et il donne de cette ville une description curieuse.

Tombée au pouvoir des Francks, elle fut prise une première fois en 878, par les Normands, qui tranchèrent la tête à l'abbé de Saint-Bénigne, puis une seconde fois en 888, et une troisième fois en 891.

En 1513, sous Louis XII, lorsqu'après la désastreuse bataille de Novarre les Français furent obligés de repasser les Alpes, La Tremoille s'enferma, avec quatre ou cinq mille hommes, dans Dijon, où les Suisses, au nombre de vingt mille, vinrent bientôt l'assiéger. Reconnaissant l'impossibilité de se défendre, La Trémoille eut recours à la ruse. Il entama des négociations, fit accompagner les négociateurs de quelques charretées de vin de Bourgogne, et amena les Suisses à conclure un traité que Louis XII trouva « merveilleusement étrange » et par lequel la France s'obligeait à leur donner 400,000 écus d'or, à abandonner le Milanais, et à dissoudre le Concile de Milan. Satisfaits de l'argent qu'on leur donna à titre d'à-compte, des promesses qu'on leur fit, les Suisses n'en demandèrent pas davantage et s'en allèrent. « Sans cette honnête défaite,
» dit La Trémoille dans ses Mémoires, le royaume
» de France était alors affolé ; car assailli en toutes

» les extrémités par ses voisins, il n'eût, sans grand
» hasard de finale ruine, pu soutenir le faix de tant
» de batailles. »

François Ier, fait prisonnier après la bataille de Pavie, avait, pour sa rançon, cédé la Bourgogne à Charles-Quint, qui déjà possédait la Franche-Comté ; mais une assemblée de notables, tenue à Cognac, refusa énergiquement de ratifier le traité, et les députés des Etats de Bourgogne, introduits dans cette assemblée, déclarèrent que leur pays ne voulait pas être séparé de la France, et qu'il résisterait par les armes au traité de Madrid.

Henri IV fit son entrée à Dijon le 5 juin 1595.

L'église Saint-Benigne renferme les tombeaux de Wladislas, roi de Pologne, mort en 1388 ; d'Etienne Tabourot des Accords, poëte bourguignon, mort en 1590 ; de Jean-sans-Peur ; de Philippe-le-Hardi et d'Anne de Bourgogne, duchesse de Bedfort, dont la dépouille mortelle fut retrouvée dans l'église des Célestins de Paris en 1853.

Anne d'Escars, évêque de Lisieux de 1585 à 1598, et qui fut depuis appelé le cardinal de Givry, avait été religieux profès à l'Abbaye Saint-Benigne de Dijon.

Une autre église de cette ville, l'église Notre-Dame, possède une horloge très-curieuse que Philippe-le Hardi prit à la ville de Courtrai en 1383, et qu'il offrit à sa bonne ville de Dijon. Cette horloge était le chef-d'œuvre d'un célèbre mécanicien flamand, nommé Jacques Mard ; c'est du nom de cet ingénieux horloger que les habitants de Dijon appellent Jacquemards, les personnages qui entournent cette horloge et qui viennent à tour de rôle sonner les heures.

Je n'apprendrai rien à personne en rappelant que la moutarde qu'on fabrique à Dijon, ou plutôt dans les environs, jouit parmi les gourmets d'une réputation colossale, de même de ses pains-d'épices et ses confitures d'épine-vinette.

Dijon s'enorgueillit à juste titre d'être la ville qui a donné à la France le plus grand nombre de personnages célèbres dans les sciences, les arts, la littérature, l'armée. C'est à Dijon que sont nés : Saint-Bernard, le prédicateur des croisades; — Bossuet, l'illustre orateur chrétien ; — les jurisconsultes Bouhier, Bannelier, Berlier, qui fut l'un des rédacteurs du Code civil; — Hugues Aubriot, prévôt des marchands de Paris sous Charles V, qui fit construire le Pont-Saint-Michel, le Pont-au-Change, la Bastille et le Châtelet; — le duc de Bassano, conseiller d'Etat sous le premier empire; — les savants Guyton de Morveau, Chaussier, Durande, Adelon; — les poètes et écrivains Tabourot des Accords, Clément, célèbre par ses discussions avec Voltaire, le commentateur et critique Claude Saumaise, dont parle Boileau dans sa IXe satire :

Aux Saumaises futurs, etc., etc.

le spirituel satiriste La Monnoye, le malin Piron,

............qui ne fut rien.
Pas même académicien ;

Crébillon, Longepierre, Cazotte, Petitot, et de nos jours Mme Ancelot, Briffaut, Louis Viardot, H. Rolle; — le musicien Rameau; — les peintres Lemuet,

Lallemand, Poyet, Dubois, Gagnereaux ; — les ucslpteurs Ramey, Rude, Diebold ; — les généraux Gaspard de Saulx-Tavannes, Charbonnel ; — le maréchal Vaillant ; — l'amiral Roussin.

V.

Il était trois heures et demie du matin lorsque le convoi s'éloigna de la gare de Dijon. Le jour commençait à poindre, et sur le fond blanchissant du ciel se dessinait la silhouette de cette longue chaîne de montagnes qu'on appelle la *Côte-d'Or*, sur le versant oriental de laquelle se trouvent ces vignobles fameux dont les vins exquis jouissent dans le monde entier d'une réputation inattaquable.

Le chemin de fer longe cette côte pendant une douzaine de lieues environ, à une distance plus ou moins rapprochée. Mes voisines continuaient de dormir d'un sommeil paisible derrière leurs inutiles remparts ; — la présence de ces blondes filles de la Tamise dans ce pays privilégié me faisait songer à la chanson de Pierre Dupont, et je me surpris fredonnant son refrain si populaire :

> Bons Français quand je vois mon verre
> Plein de ce vin couleur de feu,
> Je songe, en remerciant Dieu,
> Qu'ils n'en ont pas en Angleterre !

Avais-je, dans mon enthousiasme et sans m'en apercevoir, chanté trop fort, ou bien mon égoïsme national m'avait-il fait pousser une note fausse, — ce dont je ne suis pas absolument incapable, — je ne saurais le dire, toujours est-il que la plus jeune de mes voisines ouvrit en cet instant ses grands yeux bleus et les promena autour d'elle avec tout l'étonnement

D'une jeune beauté qu'on arrache au sommeil.

Cette muette investigation ne lui ayant sans doute rien révélé de ce qu'elle désirait savoir, elle se décida à m'adresser la parole et me demanda en français, mais en français d'Outre-Manche, en quel endroit nous nous trouvions. Je me hâtai de la satisfaire et lui appris que nous nous trouvions en ce moment entre Dijon et Beaune, c'est-à-dire dans cette contrée, unique au monde, qui produit les vins de Chambertin, de Romanée, de Pomard, de Volnay, etc., etc., dont elle ne devait pas ignorer l'immense réputation, en supposant qu'elle n'en connût pas la saveur exquise. Puis, lui montrant les villages qui se pressent les uns contre les autres, tantôt au pied, tantôt sur le versant de la montagne, et semblent se donner la main comme pour former une barrrière protectrice autour des clos précieux, j'offris de lui indiquer les endroits les plus curieux ou les plus célèbres que nous allions rencontrer. Un : *Oh! yes, sir*, vivement articulé et accompagné d'un gracieux signe de tête, m'apprit que ma proposition était acceptée.

Voici *Chenove*, lui dis-je en entrant immédiatement dans mes fonctions de cicérone improvisé, Chenove, où se trouvent deux clos célèbres qu'on appelle les *clos-du-Roi* et du *Chapitre*, parce que les vins qu'ils produisent étaient exclusivement servis sur les tables des ducs de Bourgogne et des chanoines de la cathédrale d'Autun; — *Fixey*, qui possède des magnaneries importantes et deux clos très estimés qu'on appelle les *Arvelets* et *la Mazière*; — *Fixin*, où M. Noirot, ancien officier, qui avait accompagné Napoléon à l'île d'Elbe, acheta, en 1837, un terrain sur lequel, de concert avec le sculpteur Rude, il fit élever à ses frais une statue en bronze de Napoléon Ier qui fut inaugurée le 19 septembre 1847 et qui porte cette inscription :

A NAPOLÉON,

NOIROT, *grenadier de l'île d'Elbe*,

et RUDE, *statuaire*.

1846.

— *Brochon*, dont le fief fut acquis par Melchior Jolyot, tabellion royal à Dijon, le père du poète tragique Crébillon. L'auteur d'*Electre*, d'*Idoménée*, de *Rhadamiste*, etc., avait substitué à son nom patronymique, celui de Crébillon, du nom d'un clos dépendant du domaine de Brochon.

La station dont le coup de sifflet de la locomotive vient d'annoncer que nous approchons, c'est celle de *Givrey-Chambertin*. Une partie du territoire de la commune de Givrey appartenait, au commencement du siècle dernier, à la famille d'un négociant riche et intelligent, nommé Claude-Jobert de Chambertin. Ce fut lui qui donna aux bonnes cuvées de la côte de Givrey le nom qu'elles portent et la réputation dont elles jouissent. Elles réunissent d'ailleurs au suprême degré toutes les qualités qui constituent le vin parfait : corps, couleur, bouquet et finesse :

> O Chambertin, ô Romanée,
> Avec l'aurore d'un beau jour
> L'Illusion chez vous est née
> De l'Espérance et de l'Amour.
> Cette fée aux humains donnée,
> Pour baguette tient du Destin,
> Tantôt un cep de Romanée,
> Tantôt un cep de Chambertin.

— Vous êtes poète ? demanda ma jeune voisine avec étonnement et curiosité.

— Non, milady, répondis-je en souriant, les vers que je viens de répéter sont de notre Béranger, dont ma mémoire a retenu à peu près toutes les chansons.

Ce village que vous voyez à gauche, en face de Chambertin, s'appelle *Saint-Philibert*. Il s'y trouve une source qui, d'après la tradition répandue dans le pays, jouit du privilège de guérir toutes les plaies. — Ne riez pas, milady, cette source reçoit chaque année, le lundi de Pâques et le 28 août, la visite d'un nombre considérable de pèlerins et de pèlerines.

Plus loin, c'est *Chambolle*, où se récoltent les vins délicats de *Musigny*, *Petit-Musigny* et *Fuées*.

Nous sommes arrivés à la station de *Vougeot*. Ce nom de Vougeot est connu du monde entier, mais il n'en est vraisemblablement pas de même du vin qui le porte, celui qui circule sous ce nom dans le commerce n'étant généralement qu'un produit hétérogène, assez heureux pour rencontrer dans les marchands de vins des parrains complaisants, intéressés à cacher sous un pseudonyme son illégitimité.

Le clos Vougeot, d'environ 50 hectares, n'était au XIIe siècle qu'un terrain en friche, sans valeur. Il devint la propriété des moines de l'abbaye de Citaux, qui y fondèrent un établissement viticole. Confisqué à la Révolution, le clos de Vougeot fut adjugé en 1791, comme bien national, à M. Focard, propriétaire à Paris. Il passa successivement aux mains de MM. Tourton, Ravel et Ouvrard, le célèbre fournisseur de l'empire, au fils duquel il appartient aujourd'hui.

Lorsque le général Bonaparte traversa Dijon, en 1800, après la bataille de Marengo, on demanda pour lui du vin de Vougeot à Dom Goblez, le dernier des pères cellériers de l'abbaye de Citeaux. Dom Goblez — un vrai nom de cellérier — répondi.: « S'il veut du Vougeot de quarante ans, qu'il » en vienne boire chez moi; je n'en vends pas. »

C'est dans les environs de Vougeot, à 10 kilomètres environ, que se trouvait l'abbaye de Citeaux. Fondée en 1098 par Saint-Robert, elle prit un essor immense quand Saint-Bernard vint s'y fixer avec ses compagnons. Cette célèbre abbaye a donné à l'église quatre papes qui sont : Eugène III, Grégoire VIII, Célestin IV et Benoit XII.

On sait que c'est dans la maison de Citeaux que l'auteur du *Lutrin* a placé la demeure de la *Mollesse* :

> C'est là qu'en un dortoir elle fait son séjour ;
> Les Plaisirs nonchalants folâtrent à l'entour :

> L'un pétrit dans un coin l'embonpoint des chanoines
> L'autre broie en riant le vermillon des moines ;
> La Volupté la sert avec des yeux dévots
> Et toujours le Sommeil lui verse ses pavots.

Quelques années après l'apparition du *Lutrin*, Boileau se trouvant à la suite de Louis XIV, lors du voyage que ce monarque fit à Strasbourg, passa à Citeaux. Les moines l'accueillirent avec distinction et lui firent visiter leur couvent dans tous ses détails. Quand le poète fut sur le point de se retirer, l'un des moines lui demanda de leur montrer l'endroit de l'abbaye où logeait la Mollesse. — « Montrez-la moi vous-même, mes pères, répondit Boileau en riant, car c'est vous qui la tenez cachée avec grand soin. »

Plusieurs fois pillée et mise à contribution, en 1589, en 1595, en 1636, l'abbaye de Citeaux fut supprimée en 1790 et presqu'entièrement détruite. Les partisans de la doctrine de Fourier tentèrent, sous le règne de Louis-Philippe, d'y fonder un phalanstère ; mais cet établissement ne put prospérer, et les phalanstériens se dispersèrent.

En 1849, on y a créé une colonie agricole pénitentiaire qui compte environ 400 jeunes détenus.

Le village de *Vosne*, que l'on rencontre après la station de Vougeot, possède des vignobles d'une étendue d'au moins 200 hectares. C'est sur son territoire que se trouvent les clos si renommés de *Romanée et Conti de Richebourg*.

Le passage du convoi dans une tranchée que l'on rencontre en sortant de Vosne, et qui n'a pas moins de deux kilomètres, interrompit brusquement la conversation, dont je faisais à peu près seul les frais, et à laquelle mon aimable voisine semblait, par pure politesse sans doute, prêter une sérieuse attention.

Mais l'interruption ne fut pas longue : la tranchée était franchie et ma voisine se hâta de me demander le nom de la ville dont nous apercevions les maisons et les clochers à l'entrée d'un frais et charmant vallon. — C'est *Nuits*, répondis-je, une ville fort ancienne, dont on ignore complétement l'origine. Ce n'est qu'au XIe siècle qu'on commence à trouver des traces de son existence dans l'histoire. Possédée longtemps par les puissants sires de Vergy, elle passa, en 1198, au pouvoir des ducs de Bourgogne, par le mariage d'Alix de Vergy avec Eudes III, qui l'affranchit en 1212. Le duché de Bourgogne ayant été réuni au royaume de France, le roi Jean permit aux habitants d'élever des fortifications.

L'armée que le prince Casimir, duc des Deux-Ponts, conduisait au secours de Coligny, en 1569, tenta de s'emparer de Nuits ; mais elle fut forcée de se retirer, après toutefois avoir incendié les faubourgs dont les habitants furent passés au fil de l'épée.

Sept ans après, en 1576, le même duc l'assiégea de nouveau avec 25,000 hommes. Moins heureuse cette fois, Nuits dut capituler.

Le comte de Tavannes s'en empara par un coup de main, en 1591, mais le duc de Nemours la reprit quelque temps après et elle se rendit à Biron en 1595.

Les clos les plus renommés de la côte de Nuits sont ceux de *Saint-Georges*, qui a longtemps appartenu au chapitre de Saint-Denis, et de *Château-Latour*, d'une contenance de 38 hectares, vendu, il y a quelques années, sur le pied de 40,000 francs l'hectare.

C'est aux environs de Nuits qu'était situé le château des seigneurs de Vergy, où le pape Alexandre III trouva, en 1163, une retraite assurée contre les poursuites de l'empereur Frédéric II, qu'il avait excommunié. Le château de Vergy fut démantelé par ordre de Henri IV, en 1609.

Le village de *Prémeaux*, qu'on aperçoit à droite, après avoir traversé la gare de Nuits, possède des clos très estimés qu'on désigne sous les noms de *Pagets, Corvées, Didiers* et *Forêts*.

Après *Corgolin*, dont l'église, d'architecture romane, fut brûlée par les Croates, en 1636, on rentre dans une nouvelle tranchée au sortir de laquelle on aperçoit, à droite, *Serrigny*, où s'élève un beau château de construction moderne ; — *Aloxe*, où commence la côte de Beaune, et sur le territoire duquel se trouvent les vignobles fameux de *Corton*, du *Roi-Corton*, des *Renardes-Corton*, des *Chaumes* et de *Charlemagne*, ainsi nommé parce que le clos en fut donné par Charlemagne au chapitre de Saulieu, qui en resta propriétaire jusqu'à la Révolution.

Au-delà d'Aloxe, on découvre le village de *Savi-*

gny-sous-Beaune, dont le château, bâti au XIVe siècle, démantelé sous Louis XI, fut reconstruit par le président Bouhier en 1672. C'est dans ce château que la duchesse du Maine passa une partie de l'exil auquel elle fut condamnée après la conspiration de Cellamare, qui avait, comme on sait, pour but d'enlever la régence à Philippe d'Orléans et de la transférer à Philippe V, roi d'Espagne.

Les vignobles de Savigny sont estimés, et les vins qu'ils produisent furent particulièrement recherchés au siècle dernier. Lorsqu'en 1703 le duc de Bourgogne passa à Dijon, on lui en fit goûter, et le satiriste La Monnoye composa, à cette occasion, une chanson en patois bourguignon, dont voici un couplet traduit :

> Il but non pas des rasades,
> Mais de jolis coups,
> Et, tant qu'il but, je pris garde
> Qu'il ne disait mot.
> La pitance était divine ;
> Dès qu'il en goûta,
> Léchant trois fois sa babine :
> Il est bon, dit-il ;
> Est-ce du ciel que telle manne
> A plu sur Dijon ?
> — C'est de Savigny-vers-Beaune
> Lui répondit-on ;
> C'est du clos de ce digne homme,
> Monsieur de Migieu.
> — Moi, dit-il, je le nomme
> Monsieur Demidieu.

Beaune, où nous sommes arrivés, fut d'abord un poste militaire que les Romains désignaient sous le nom de *Belno castrum*, ou simplement de Beluum : il devint plus tard le chef-lieu du *Pagus Belnensis*.

Incendiée par les Sarrazins au VIIIe siècle réunie au duché de Bourgogne, en 1227, par Hugues III, la ville de Beaune devint, en 1310, le siége du parlement, jusqu'à la mort de Charles-le-Téméraire. A cette époque, c'est-à-dire en 1478, elle fut assiégée par Charles d'Amboise, forcée de capituler et de payer 40,000 écus.

Livrée par d'Epernon à Mayenne, ce dernier en fit le centre de ses opérations militaires en Bourgogne, et il avait l'habitude de dire : « Qui m'ôterait Beaune, ferait autant que s'il m'arrachait le cœur. » Cependant les Beaunois se révoltèrent contre les Ligueurs en 1595, et avec l'aide de Biron ils les chassèrent de la ville. Henri IV, satisfait de cette heureuse nouvelle, s'empressa de faire chanter un *Te Deum* à Notre-Dame et à Vincennes, d'exempter les Beaunois de tous impôts pendant six ans.

On montre encore, dans l'un des faubourgs de Beaune, les restes d'une ancienne chapelle ayant appartenu à l'ordre des Templiers. C'est dans cette chapelle que Jacques Molay, le dernier grand-maître de l'ordre, fut admis à en faire partie.

Le célèbre mathématicien Monge est né à Beaune le 10 mai 1746 ; une inscription placée sur la façade de la maison où il vint au monde rappelle cette date. On lui a élevé, sur l'une des places de la ville, qui porte maintenant son nom, une statue en bronze qui est regardée comme l'un des meilleurs ouvrages du statuaire Rudes; on y lit cette simple inscription :

A

GASPARD MONGE,

SES ÉLÈVES

ET SES CONCITOYENS.

MDCCCXLIX.

Beaune est très agréablement située au pied d'un coteau entouré de vignes fertiles en vins justement renommés. Ces vignes, qui occupent une superficie de plus de 1,000 hectares pouvant produire de 25 à 30,000 hectolitres de vins, appartenaient, avant la Révolution, à l'abbaye de Citeaux, au chapitre de St-Denis, aux chevaliers de Malte et à divers ordres religieux.

Au-delà de Beaune, on laisse à droite *Pomard*, dont le nom est si célèbre et dont les vins étaient qualifiés par nos aïeux de *loyaux, vermeils* et *marchands*. — Puis *Volnay*, non moins connu que Pomard, et dont les vins ont plus de bouquet et plus de finesse.

> Un sot fait-il sonner son coffre-fort,
> Priez pour moi, je suis mort je suis mort !
> Volnay, Pomard, Beaune et Moulin-à-Vent,
> Fait-on sonner votre âge en vous servant,
> Je suis vivant, bien vivant, très vivant !!

— C'est encore Béranger qui parle, bien entendu, Le poëte n'a chanté ni les *Sautenots*, produits du territoire de *Meursault* que le chemin de fer traverse immédiatement après ceux de Pomard et de Volnay, ni le *Montrachet*, qui se récolte à *Puligny*, petite commune qu'on aperçoit à droite au-delà de la station de Meursault ; mais les *Sautenots* n'en sont pas moins des vins d'une remarquable franchise, fermes, bien corsés, riches en couleur et en alcool et se conservant parfaitement, et si le *Montrachet, le cher Montrachet, le divin Montrachet, le premier, le plus fin des vins blancs que produit notre riche France,* n'a pas eu les honneurs d'une chanson populaire, la cause en est sans nul doute à son extrême rareté, à son prix excessif qui ne le laissent apparaître que sur les tables aristocratiques : le *Montrachet* se paie jusqu'à 2,000 francs la queue dans les bonnes années.

Lorsqu'on a dépassé Puligny, on laisse à gauche le village de *Corpeaux*, à droite, celui de *Chassagne*, et l'on entre dans le département de Saône-et-Loire un peu avant d'arriver à la gare de *Chagny*.

Chagny est une petite ville de 3,000 âmes environ, extrêmement commerçante. Sa situation sur le canal du centre, qui relie, comme on sait, la Saône à la Loire, et à l'embranchement de plusieurs routes importantes, telles que celles de Paris à Chambéry, de Moulins à Bâle, de Mâcon, de Montcenis, lui assure, dans un avenir prochain, un développement considérable.

C'est dans la plaine aux environs de Chagny, que les *Écorcheurs* ou *Tardvenus* avaient, en 1365, établi leur quartier-général après avoir ravagé plusieurs provinces de France. Charles V résolut, pour en délivrer le pays, de les entraîner dans quelqu'expédition lointaine. A cet effet, il racheta moyennant 100,000 fr. et avec l'aide du pape, le connétable Duguesclin que les Anglais avaient fait prisonnier, et le chargea, en échange de sa liberté, d'emmener ces bandes en Espagne pour délivrer la Castille du joug de Pierre-le-Cruel. La mission n'était pas facile, comme bien on pense. Duguesclin en vint néanmoins à bout. Les *Ecorcheurs* se laissèrent attendrir par la promesse d'une rémunération de 200,000 florins offerte par le roi, de pareille somme donnée par le pape avec l'absolution complète de leurs innombrables péchés par-dessus le marché, et ils suivirent le Connétable.

Du vieux château fort de Chagny, il ne reste plus aujourd'hui qu'une tour qui sert de prison.

C'est à peu de distance de Chagny, que se trouve le bourg de Nolay, où naquit, le 13 mai 1753, le célèbre conventionnel Carnot, auquel revient, dans les triomphes inouïs des quatorze armées de la république, une part tellement large, qu'elle a fait dire qu'il avait *organisé la victoire*. Proscrit le 24 juillet 1815, Carnot mourut à Magdebourg le 2 août 1823.

En s'éloignant de la gare de Chagny, le chemin de fer passe alternativement d'un tunnel creusé sous le canal du centre à une tranchée profondément taillée dans le roc, puis d'un second souterrain, à une nouvelle tranchée, laisse à droite le village de *Fontaines*, qui s'étend dans la plaine au pied d'une montagne élevée, et arrive à la station de *Châlons-sur-Saône*.

Châlons est une ville fort ancienne que Strabon désigne sous le nom de *Cabyllonum* et Ptolémée sous celui de *Caballinum*. Elle dépendait de la république des Eduens et les Romains y avaient établi un marché important, un *castrum frumentarium*. César s'en servit comme un lieu d'étape et de séjour pour ses troupes et les Empereurs y entretinrent une flotte nombreuse qu'ils appelaient *classis ararica*.

Brûlée par les Allemands au IIIe siècle, elle fut rebatie par Probus, qui permit aux habitants de replanter la vigne sur les coteaux environnants. Après avoir été protégée par Constantin qui y vint deux fois, elle cessa de faire partie de la république des Eduens au IVe siècle et forma un diocèse particulier.

Les rois de Bourgogne y fixèrent leur résidence et Gontran y mourut en 593. Au Ve siècle, elle fut brulée par Attila; au VIe, par Chramme, fils de Clotaire, révolté contre son père; au VIIIe, par les Sarrasins; au IXe par Lothaire, roi d'Italie, qui avait embrassé la cause de Louis-le-Débonnaire; au Xe par les Hongrois; mais elle renaquit toujours de ses cendres.

En 644, il s'y tint, par ordre de Clovis II un concile où se trouvèrent 45 Evêques au nombre desquels figure Launobauld, Evêque de Lisieux. Charlemagne y présida lui-même un autre concile en 813.

Châlons fut, sous Charles-le-Chauve, une des huit cités qui avaient le privilége de battre monnaie.

Placée sur la route d'Italie, Châlons dut fêter à grands frais le passage des rois Charles VIII,

Louis XII, François Ier, Charles IX, Louis XIII, de Christine, reine de Suède.

Enrichie sous le premier Empire par le blocus continental, elle se montra toujours dévouée à la cause de Napoléon ; elle résista vigoureusement aux efforts des troupes alliées lors de l'invasion en 1814, et le général Scheiter n'y entra qu'après une capitulation honorable. Napoléon récompensa la conduite des habitants en autorisant la ville, en 1815, à ajouter à ses armes la croix de la Légion-d'Honneur.

Entr'autres monuments, on remarque à Châlons la vieille abbaye de Saint-Marcel, où mourut Abeilard le 2 Avril 1142. Pierre-le-Vénérable, abbé de Cluny, ayant envoyé le corps d'Abeilard au Paraclet, les religieux de Saint-Marcel lui avaient fait élever un cénotaphe en pierre sous lequel il était représenté couché, vêtu de son habit monacal. C'est ce cénotaphe que le gouvernement a fait transporter à Paris en 1807, et qu'on voit encore aujourd'hui au cimetière du Père-Lachaise.

Châlons est la patrie de Saint-Cézaire, le savant Evêque d'Arles ; de l'oratorien Prestel, disciple de Malebranche ; du jurisconsulte Bauvot ; de Pierre Naturel ; de Claude Perry, auteur d'une histoire de son pays natal ; du sculpteur Boichot ; de l'ingénieur Gauthey ; du membre de l'Institut Denon ; du général de Thiard et enfin de M. Niepce, auquel revient une large part dans l'invention de la photographie.

Aux environs de Châlons se trouve le village de *Saint-Marcel*, où l'on montre encore la fosse dans laquelle, en 177, Gontran fit enterrer jusqu'à la ceinture le Saint qui a donné son nom au village et à l'abbaye.

En quittant la gare de Châlons, le chemin de fer se rapproche de la Saône qu'on aperçoit pour la première fois et dont il ne tarde pas à s'éloigner. Sur une hauteur qu'on remarque à droite, s'élevait autrefois le chateau de Taizé, où Henri IV et Mayenne conclurent, en 1595, le traité célèbre qui fit cesser la guerre civile.

Après avoir franchi une tranchée peu profonde, on rencontre un petit hameau qu'on appelle *Lux*. S'il faut en croire quelques historiens, ce serait là que serait apparue à Constantin la croix lumineuse où se lisait la fameuse légende *in hoc signo vinces*, et qui le détermina à embrasser le christianisme.

Lorsqu'on a dépassé la station de *Varennes-le-Grand*, qui ne rappelle aucun souvenir historique, le pays prend un nouvel aspect, le paysage devient plus riant ; de vastes prairies étalent leur riche verdure de chaque côté de la voix ferrée qui semble alors n'être plus que l'étroite allée d'un parc immense, fermé à gauche par les montagnes du Jura dont la ligne bleuâtre commence à se dessiner à l'extrême horizon.

A quelque distance du village de *Saint-Ambreuil*, qu'on laisse à droite, se trouve le hameau de la Ferté, où s'élève un ancien palais abbatial, commencé sous Louis XIII, achevé sous Louis XV, qui appartient aujourd'hui à la famille du baron Thénard, le célèbre chimiste.

Puis on arrive au bourg de *Sennecey-le-Grand*, où la culture du murier a, depuis une quarantaine d'années, pris une extension considérable et sur le territoire duquel ou découvre fréquemment des antiquités gallo-romaines.

Après avoir franchi plusieurs tranchées et laissé à droite une montagne isolée qui peut avoir 300 mètres d'élévation et que la route de terre gravissait autrefois, sans autre but apparent que de procurer aux voyageurs la vue d'un magnifique panorama, puisqu'elle la redescendait aussitôt, on atteint la station de *Tournus*.

Tournus, qui n'est aujourd'hui qu'un modeste chef-lieu de canton peuplé de 5 à 6,000 âmes, était jadis une ville importante. Son origine est fort ancienne et son existence a subi de nombreuses vicissitudes. Elle faisait partie de la république des Edueus, et les Romains, qui y avaient établi un magasin de grains, comme à Châlons, la désignaient sous les noms de *Teruntium* et de *Tinurtium*.

Vers l'an 177, Valérien y souffrit le martyre, et sur son tombeau on éleva plus tard une église près de laquelle une abbaye fut bientôt fondée. Mais les abbés furent souvent en querelle avec les bourgeois qu'ils surchargeaient d'impôts et accablaient de vexations; plusieurs fois même ils en vinrent aux mains. Ces luttes durèrent jusqu'en 1396, époque à laquelle « les pennonceaux furent apposés sur » les portes de Tournus, en signe que Charles » sixième, roi de France, prenait les habitants » d'icelle ville en sa protection et sauve garde, affin » que l'abbé cessast de les fouler et opprimer. »

La garde nationale de Tournus aida le général Legrand à chasser les alliés de Mâcon, en 1814, et la ville ne capitula qu'après l'occupation de Châlons. De même qu'il le fit pour Châlons, l'empereur décréta en 1815, que la croix de la Légion-d'Honneur ferait désormais partie des armes de Tournus.

C'est à Tournus, le 21 août 1725, que naquit Jean Baptiste Greuze, le peintre plein de grâce, de sentiment et de douce philosophie, auquel Diderot disait : « Courage, mon ami Greuze, fais de la
» morale en peinture, et fais en toujours comme
» cela ! Lorsque tu seras au moment de quitter la
» vie, il n'y aura aucune de tes compositions que tu
» ne puisses te rappeler avec plaisir. »

Greuze, qui était le fils d'un maçon et qui n'avait pas eu de maître, travailla jusqu'au dernier jour pour vivre : le genre qu'il avait choisi ne trouva point de protecteurs à la cour. Il mourut à Paris en 1805.

L'imagination n'a pas fini de passer en revue l'œuvre du peintre de la *Cruche cassée, du Père expliquant la bible à ses enfants, de l'Accordée de village, de la Mère bien aimée*, etc., etc., de toutes ces petites filles mélancoliques, à l'œil noyé et virginal, qui peuplent ses tableaux, que l'on a dépassé le hameau de *Fleurville*, aux environs duquel on rencontre de nombreux vestiges de constructions romaines, et le village de *Senozan*, très agréablement situé sur un plateau d'où l'on découvre le bassin de la Saône, les plaines de la Bresse et le Jura.

Bientôt, les maisons de campagne, les pavillons, les châlets qu'on aperçoit en grand nombre à droite et à gauche du chemin de fer, révèlent la proximité d'une ville riche et importante. On la découvre en effet un instant, à gauche dans le lointain, mais les tranchées la dérobent ensuite à la vue presque jusqu'au moment où le train s'arrête dans une gare couverte, l'une des plus vastes et des plus belles de toute la ligne.

Cette ville, c'est Mâcon, la ville natale de M. de Lamartine, qui en fait la description suivante dans sa *IIIe Confidence* :

« Sur les bords de la Saône, en remontant son
« cours, à quelques lieues de Lyon, s'élève entre
« des villages et des prairies, au penchant d'un
« côteau à peine renflé au-dessus des plaines, la
« ville, petite mais gracieuse, de Mâcon; deux clo-
« chers gothiques, décapités et minés par le temps,
« attirent l'œil et la pensée du voyageur qui descend
« vers la Provence ou vers l'Italie, sur les bateaux
« à vapeur dont la rivière est tout le jour sillonnée.
« Au-dessous des ruines de la cathédrale anti-
« que s'étendent, sur une longueur de près d'une
« demi-lieue, de longues files de maisons blanches
« et des quais, où l'on débarque et où l'on em-
« barque les marchandises du midi de la France
« et les produits des vignobles Mâconnais. Le haut
« de la ville, que l'on n'aperçoit pas de la rivière,
« est abandonné au silence et au repos; on dirait
« d'une ville espagnole : l'herbe y croît l'été entre
« les pavés; les hautes murailles des anciens cou-
« vents en assombrissent les rues étroites; un
« collége, un hôpital, des églises, les unes restau-
« rées, les autres délabrées et servant de magasins
« aux tonneliers du pays; une grande place plantée

« de tilleuls à ses deux extrémités, où les enfants
« jouent, où les vieillards s'assoient au soleil dans
« les beaux jours; de longs faubourgs à maisons
« basses qui montent en serpentant jusqu'au som-
« met de la colline, à l'embouchure des grandes
« routes; quelques jolies maisons dont une face
« regarde la ville, tandis que l'autre est déjà plon-
« gée dans la campagne et dans la verdure; et, aux
« alentours de la place cinq ou six hôtels, ou gran-
« des maisons, presque toujours fermées, qui reçoi-
« vent, l'hiver, les anciennes familles de la province;
« voilà le coup d'œil de la haute ville. C'est le quar-
« tier de ce qu'on appelait autrefois la noblesse et
« le clergé; c'est encore le quartier de la magistra-
« ture et de la propriété. Il en est de même par-
« tout : les populations descendent des hauteurs
« pour travailler et remontent pour se reposer; elles
« s'éloignent du bruit dès qu'elles ont le bien-être.

« A l'un des angles de cette place, qui était avant
« la Révolution un rempart et qui en conserve le
« nom, on voit une haute et grande maison percée
« de fenêtres rares et dont les murs élevés, massifs,
« noircis par la pluie, éraillés par le soleil, sont
« reliés depuis plus d'un siècle par de grosses clefs
« de fer. Une porte haute et large, précédée d'un
« perron de deux marches, donne entrée dans un
« long vestibule, au fond duquel un lourd escalier
« en pierre brille au soleil par une fenêtre colossale
« et monte d'étage en étage pour desservir de nom-
« breux et profonds appartements.

« C'est la maison où je suis né. »

L'histoire de Mâcon a une exacte ressemblance

avec celle des autres villes de la Bourgogne que nous venons de traverser; comme ses sœurs et voisines, elle fut nombre de fois assiégée, prise, brûlée, saccagée, détruite par les envahisseurs barbares, Sarrasins, Hongrois, Brabançons, et cette longue série de désastres ne s'arrête qu'au commencement du XIII⁰ siècle, en 1228, époque à laquelle Jean de Braine, partant pour la Terre-Sainte, où il mourut peu de temps après son arrivée, la vendit au roi de France au prix de 10,000 livres et d'une rente viagère de 1,000 livres au profit de la princesse Alix, son épouse, qui s'en alla finir ses jours à l'abbaye du Lis, près de Melun.

Charles VII l'ayant plus tard offerte au duc de Bourgogne, elle ne fut définitivement réunie à la couronne de France que sous Louis XI, après la mort de Charles-le-Téméraire.

A l'époque des guerres de religion, Mâcon devint le quartier général des protestants bourguignons. Le marquis de Saulx-Tavannes s'en étant emparé par surprise, en 1562, au nom du roi, y laissa pour gouverneur Guillaume de Saint-Point. C'était un terrible homme que ce Guillaume; il poussa jusqu'à la cruauté son zèle aveugle pour la foi. En même temps qu'il faisait noyer dans la Saône un grand nombre de malheureux huguenots, il mettait les catholiques à contribution, et ne se privait point de les piller au besoin : il fallait bien que ces derniers récompensassent l'ardeur avec laquelle il débarrassait le troupeau des pauvres brebis égarées. Quand Guillaume avait donné l'ordre d'une noyade, on lui annonçait que tous les préparatifs étaient terminés, en lui disant : *Monseigneur, la farce est prête.* — C'est de là qu'est restée proverbiale cette locution bourguignonne : *La farce de Saint-Point.* — On voit que le farouche Carrier n'était qu'un vulgaire plagiaire qui se contenta de transporter sur la Loire le lieu de la scène de ces drames horribles dont l'invention appartient à Guillaume de Saint-Point, qui les avait exécutés sur les eaux de la Saône, plus de deux siècles auparavant. — Il y a longtemps qu'il n'y a plus rien de nouveau sous le soleil.

Les huguenots ayant repris Mâcon en 1567, y exercèrent de cruelles représailles, et la ville ne fit sa soumission définitive à Henri IV qu'en 1594.

C'est aux environs de Mâcon, aux pieds de la riche et belle côte mâconnaise que se trouvent *Milly* et *Saint-Point*, pauvres et petits villages dont le poëte illustre des *Méditations* et des *Harmonies* a rendu le nom immortel :

```
.......... Et c'est là qu'est mon cœur !
Ce sont là les séjours, les sites, les rivages,
Dont mon âme attendrie évoque les images,
Et dont, pendant les nuits, mes songes les plus beaux
Pour enchanter mes yeux, composent leurs tableaux.
   .   .   .   .   .   .   .   .   .   .   .
Là mon cœur en tout lieu se retrouve lui-même !
Tout s'y souvient de moi, tout m'y sourit, tout m'aime !
Mon œil trouve un ami dans tout cet horison,
Chaque arbre a son histoire et chaque pierre un nom.
```

Lorsqu'il écrivait ces vers magnifiques, le poète ne prévoyait pas qu'un jour viendrait où les Mâconnais, oubliant la renommée que sa naissance donnait à la cité, méconnaissant les services rendus au pays tout entier, lui retireraient l'honneur de siéger en leur nom à l'Assemblée Législative. Le génie a fait grand entre les poètes le chantre de *Jocelyn* ; mais ce n'est point M. de Lamartine qu'abaisse l'ingratitude dont ses services civiques le rendent aujourd'hui l'objet. — *Ingrata patria!*

C'est aussi à quelques kilomètres de Mâcon que se trouvait la fameuse abbaye de Cluny. Fondée en 910 par l'abbé de Gigniac, avec les libéralités de Guillaume 1er, duc d'Aquitaine, cette abbaye devint si puissante qu'au XVIIe siècle elle comptait en Europe plus de 2,000 maisons qui relevaient d'elle. Son église était un monument gothique remarquable et l'une des plus vastes assurément qui existât en France. Les débris des innombrables manuscrits que renfermait sa bibliothèque ont été transportés à Paris. Parmi les hommes remarquables qui illustrèrent cette congrégation, on cite Pierre-le-Vénérable et le cardinal L. Guise.

VI.

Le train s'arrête un quart d'heure environ à la station de Mâcon, où vient se relier l'embranchement de Lyon. Nous en profitâmes, mon respectable compagnon et moi, pour aller prendre au buffet une légère réfection, laissant nos deux voisines se débarrasser de leur toilette de nuit et fouiller à leur aise dans leur arsenal de cabas et de sacs de voyage.

Puis, les quinze minutes écoulées, — et elles passent vite les minutes réglementaires, — nous regagnâmes tranquillement notre appartement roulant. Grande fut notre surprise de nous y retrouver seuls; plus de couvertures, plus de paniers, plus de sacs, plus de boîtes : nos compagnes avaient évidemment évacué la place. Et je les aperçus, en effet, flanquées de leurs colis, traversant la voie pour aller dans une salle spéciale attendre le départ du train de Lyon. C'en était fait, la séparation était définitive.

Nous en prîmes notre parti, chacun selon son tempérament : mon excellent ami s'étendit à son aise et reprit immédiatement son sommeil à peine interrompu, tandis que je me remettais moi-même à mon poste d'observation, jetant au vent la fumée d'une cigarette que la présence de nos ladies m'avait empêché d'utiliser plus tôt, à mon grand dépit.

Le cadran de la gare marquait six heures lorsque le train se mit en marche et s'éloigna de Mâcon. Le temps était superbe; le soleil, s'élevant majestueusement à notre gauche, dorait de ses rayons déjà tièdes le riche paysage qui se développait sous nos yeux. A droite, les montagnes du mâconnais,

peuplées de nombreux villages, élevant leurs crêtes
dénudées au-dessus d'une immense et fertile prairie
où paissent, graves et tranquilles, des troupeaux
de vaches dont les robes blanches se détachent
agréablement sur la verdure qui les encadre ; la
Saône roulant à travers ces gras pâturages ses
eaux bleues et miroitantes sur lesquelles glissent de
loin en loin les bateaux à vapeur que signalent
leurs épais panaches de fumée grisâtre. Devant nous,
un peu vers l'Orient, se dresse, comme une barrière
infranchissable, la chaîne du Jura, derrière laquelle
on devine les Alpes, et que domine la cime du
Mont-Blanc, « cathédrale sublime, au toit de neige,
» dit le poète, qui semble rougir et se fondre dans
» l'éther, et devenir transparente comme du sable
» vitrifié sous le foyer du soleil, pour laisser entre-
» voir, à travers ses flancs diaphanes, les plaines,
» les villes, les fleuves, les mers et les îles
» d'Italie. »

Nous sommes dans les plaines fécondes de la
Bresse.

Le pays offre un aspect tout nouveau : on est
frappé du changement qui se manifeste aussi bien
dans l'homme que dans la nature ; on reconnait
qu'on vient de laisser derrière soi les froides contrées
du Nord et qu'on pénètre dans les régions méridionales. Le ciel devient plus bleu, la lumière plus
vive et plus pure, l'homme plus bruyant, plus ardent,
mais moins blanc, et, il faut bien le dire pour être
exact et vrai, moins propre.

Il n'est pas jusqu'aux habitations elles-mêmes qui ne prennent une physionomie nouvelle : l'angle des toits s'élargit sensiblement, comme pour marquer la transition entre les toits aigus du Nord et les toits plats de l'Italie. Les sombres ardoises sont remplacées par des tuiles, épaisses et rouges, dont la forme a été adoptée par la fantaisie septentrionale pour la couverture de ses chalets et de ses maisons de campagne. Les murs revêtent un badigeon éclatant et sont parfois enluminées de peintures vulgaires ou de fresques grossièrement ébauchées, parfaitement incapables de donner le moindre avant goût de celles que doit bientôt offrir la patrie de Michel-Ange et de Raphaël.

Les femmes de la campagne ne s'affublent plus de ces affreuses coiffures dont les paysannes du Nord semblent s'être réservé le monopole pour mieux s'enlaidir : elles portent sur le sommet de la tête, coquettement incliné sur le côté droit, et par-dessus un petit bonnet blanc qui laisse apercevoir une partie de la chevelure et les contours du cou, un léger chapeau de feutre noir, aux larges bords duquel pend une courte dentelle également noire : cette originale et gracieuse coiffure laisse bien loin derrière elle le hideux bonnet de coton de nos picardes et de nos normandes.

Tandis que je me livrais curieusement à ces diverses observations, le convoi avait franchi la Saône sur un long pont en tôle, et dépassé successivement la station de *Pont-de-Veyle*, qui possède un magnifique château et une ferme modèle appartenant à M. de Perceval, et celles de *Vonnas*, de *Mezeriat* et de *Polliat*. Il venait de s'arrêter dans la gare de *Bourg*, l'ancienne capitale de la Bresse, aujourd'hui chef-lieu du département de l'Ain.

Bourg est une ville fort ancienne qui passa successivement sous la domination des Romains, des Francs et des Empereurs d'Allemagne. Du XIIIe au XVIe siècle, elle fit partie des Etats de Savoie. François 1er s'en empara en 1525; mais le traité de Cambrai la rendit à Emmanuel-Philibert en 1529. Prise de nouveau par le maréchal de Biron, sous Henri IV, elle fut définitivement réunie à la France par le traité de Lyon en 1601.

C'est à Bourg qu'est né le célèbre astronome Lalande, et à Thoirette, petite commune voisine, l'illustre physiologiste Xavier Bichat, mort à 33 ans, en 1804, et dont la statue, l'un des chefs-d'œuvre du très regrettable David d'Angers, s'élève sur l'une des places publiques de la ville.

L'un des faubourgs de l'ancienne capitale de la Bresse, le faubourg de Brou, a donné son nom à une église qui est sans contredit le plus remarquable des édifices religieux de toute cette partie de la France.

Le duc de Savoie, Philippe II, ayant fait une chute de cheval et s'étant cassé le bras, en 1480, son épouse implora la protection du ciel pour son rétablissement, et fit vœu d'élever à Brou, s'il guérissait, une église et un monastère. Philippe II guérit; mais la mort vint surprendre la Duchesse avant qu'elle ait pu accomplir sa promesse, et ce fut sa belle-fille, Marguerite d'Autriche, qui l'exécuta. Commencée en 1511, l'église de Brou fut terminée en 1536 et le monastère occupé par des Augustins qui l'habitèrent jusqu'en 1790. Un décret de la Constituante classa au nombre des domaines nationaux l'église de Brou, qui fut dès lors, transformée en magasin à fourrages, et le monastère qui devint une caserne et ensuite une prison. L'église rendue au culte en 1814, fut cédée avec toutes ses dépendances à l'évêque de Belley, qui y établit un grand séminaire en 1823.

Les tombeaux de Marguerite de Bourbon, épouse de Philippe II, de son fils Philippe le Beau, et de Marguerite d'Autriche, sont conservés dans cette église, dont les magnifiques vitraux et les remarquables sculptures attirent l'attention du voyageur.

A peu de distance de Bourg, le convoi s'engage dans la forêt de Seillon par une profonde tranchée, dépasse la station de *la Vavrette*, longe la base du Revermont et gagne la station de *Pont-d'Ain*, dont le château, bâti sur le Mont-Oliver par le sire de Coligny, sert aujourd'hui de maison de retraite aux prêtres âgés et infirmes de l'évêché de Belley; puis, franchissant l'Ain sur un long pont en pierre, il laisse à gauche Ambronnay, où se trouvent les ruines d'une ancienne abbaye et s'arrête dans la gare d'*Ambérieux*.

La gare d'Ambérieux est très pittoresquement située au pied du Jura et au débouché de la vallée de l'Albarine dans la vallée de l'Ain que l'on vient de traverser. Mais il est peu prudent au voyageur de se laisser séduire par la beauté du site, et de perdre de vue, pendant les quinze minutes d'arrêt, le wagon dans l'un des compartiments duquel il a son domicile. Ambérieux est le point de jonction de deux embranchements, l'un sur Lyon, l'autre sur Grenoble; le départ des trains pour ces deux villes correspond avec le passage des trains venant de Paris ou de Chambéry, et pour surcroit de complication, ces derniers changent de direction, c'est-à-dire que la queue devient la tête. Il résulte de là des manœuvres nombreuses, des allées et venues de voyageurs effarés qui abandonnent un convoi pour chercher celui qui doit les emporter, des cris de gens qui s'appellent, des réclamations, des plaintes que domine à peine la voix des locomotives, et le voyageur distrait ou peu familier avec ces sortes de transbordements peut aisément y perdre la tête. Aussi, les erreurs y sont-elles fréquentes, et n'est-il pas rare, malgré les avertissements des employés de l'administration, qu'un voyageur se surprenne allant à Grenoble ou à Lyon quand il se propose d'aller à Paris ou à Chambéry et *vice versà*.

Ma bonne étoile me préserva d'une pareille erreur, et, bien que toute mon attention eut été attirée au dehors de la gare par le château des Echelles qui domine le village d'Ambérieux et par une vieille tour carrée qui se dresse sur une des dernières crêtes du Jura, à quelques centaines de pieds au-dessus de la vallée, je retrouvai sans encombres mon compartiment et m'y réinstallai.

Vous avez sans nul doute, cher lecteur, assisté une fois au moins à la représentation de quelque pièce féerie, et votre imagination, mise en éveil par la magnificence des décors, a conservé le souvenir des rapides changements opérés sous vos yeux, au coup de sifflet d'un machiniste invisible. Aux splendides palais, tout de marbre et d'or, dont les fées, héroïnes ordinaires de ces sortes de drames, font leurs résidences habituelles, vous avez vu succéder la modeste maisonnette, l'humble chaumière, la pauvre masure ; la plantureuse prairie dont tout à l'heure l'herbe verdoyante et touffue se courbait à peine sous les pieds mignons de tout un essaim de nymphes gracieuses et de charmantes sylphides, s'est soudain transformée en un site sombre, désert, aride, montueux, sauvage, semé d'abimes, plein d'horreur.

Si, comme je me plais à l'espérer, le temps n'a point entièrement effacé de votre mémoire l'impression que la succession de ces contrastes y a certainement fait naître, et que je voudrais raviver pour un instant, vous pourrez vous rendre un compte assez exact de celle qu'éprouve, au sortir de la gare d'Ambericu, le voyageur que la vapeur emporte vers la Savoie, vers l'Italie.

Il vient de traverser la riche vallée de l'Ain, la Bresse; ses yeux sont encore tout émerveillés du riant spectacle que l'inépuisable nature vient de lui offrir et dont je n'ai, dans mon impuissance, donné qu'une incomplète esquisse ; pendant les quinze minutes d'arrêt— juste la durée d'un entr'acte,— son imagination enchantée rassemble les détails de ce vaste tableau, les résume et en compose une miniature désormais inaltérable, attendant avec impatience le moment de courir à de nouvelles découvertes, à de nouvelles jouissances.

Cependant la locomotive fait entendre le signal du départ,—le machiniste aux poumons d'airain donne aussi son coup de sifflet,—on se hâte de regagner son compartiment,—j'allais dire sa stalle ou sa loge,—et l'on se met en devoir d'interroger de nouveau l'horizon.

Mais, comme par enchantement, cet horizon s'est tout à coup retréci; la vue s'arrête maintenant sur un formidable rideau de granit d'un millier de pieds de hauteur, qui se rapproche insensiblement et contre lequel il semble que le train, toujours courant, va immanquablement s'aller briser.

Il n'en est rien pourtant.

Ce rideau, c'est le Jura, que nous apercevions au loin, il n'y a qu'un instant, et à travers les sinuosités duquel,—les plis, si l'on veut continuer la métaphore, - le convoi va s'engager.

Aux plaines fertiles, aux grasses prairies, aux coteaux chargés de vignes généreuses, vont succéder les terrains arides, les montagnes pelées, les ravins ; plus de verdure pour ainsi dire, plus de troupeaux, plus de maisonnettes, plus de rivières paisibles et transparentes; quelque gazons étalant de loin en loin leur herbe maigre et flétrie, des arbres rabougris ou tordus par l'ouragan, laissant voir la chevelure de leurs racines à travers les fissures des rochers, des torrents brisant avec fracas leurs eaux blanchâtres sur un lit de cailloux qu'ils arrachent aux rochers qui les enserrent; de pauvres hameaux étayant aux flancs des monts leurs maisons basses et chétives, tel est le spectacle qui s'offre au voyageur pendant les dix lieues que parcourt le convoi pour franchir, en la contournant, cette première barrière déjà redoutable, qui nous sépare de l'Italie et qu'on nomme le Jura.

Ce contraste est d'autant plus saisissant, qu'il est brusque, imprévu: c'est la misère succédant à l'opulence, sans transition aucune, le désert remplaçant l'oasis.

La nature aussi à ses féeries, et les dramaturges auront beau faire, ils ne resteront toujours que ses pâles imitateurs.

En accomplissant cette évolution inattendue, si l'œil, un moment attristé, se reprend à examiner curieusement les sites pittoresques qui se présentent à lui sans interruption, l'âme et le cœur s'élèvent et se confondent dans une commune admiration pour l'inépuisable prévoyance de la nature qui, là, comme partout ailleurs, avec une sollicitude toute maternelle, place l'abondance près de l'aridité, la vallée féconde aux pieds de la montagne stérile, le baume non loin de la blessure, le remède à côté du mal.— Oh! mieux que tous les grands sermons, que tous les longs mandements et que toutes les arguties scholastiques, le spectacle de la nature explique et fait comprendre l'existence d'un créateur sublime, d'une Providence divine, et convie à la reconnaissance, à l'adoration. Les sermons et les mandements pourront passer, mais le livre de la nature, éternellement ouvert, ne passera point, lui ; les décisions de la Casuistique ne prévaudront point contre lui, et les générations humaines se succédant à l'infini ne cesseront jamais d'en admirer les pages et d'y puiser les divins enseignements.

C'est par l'étroite vallée de l'Albarine que le chemin de fer pénètre dans le Jura. Le premier village, que l'on rencontre à quelques kilomètres d'Ambérieu, est Saint-Rambert-de-Joux. Formé par la réunion de plusieurs hameaux isolés par la disposition du sol, Saint-Rambert se trouve être le centre le plus important de cette triste contrée, et, à ce titre, il est devenu le chef-lieu de l'un des cantons de l'arrondissement de Belley. Je me hâte d'ajouter qu'il est aussi le plus industrieux : il possède des filatures de soie, des fabriques de toiles, de faux, une papeterie. Sa situation sur l'Albarine, au point de jonction avec un autre torrent qu'on appelle le Brevon, est des plus pittoresques. La petite église qu'on entrevoit en passant est adossée à un rocher de l'autre côté duquel le Brevon, après quelques cascades bruyantes, met en mouvement les roues d'un moulin. Sur la pointe d'un rocher isolé qui domine la rive droite de l'Albarine, les habitants de St-Rambert ont placé une statue de la Vierge, dont les yeux tournés vers le ciel semblent implorer la clémence divine pour protéger contre le débordement des torrents ou l'écroulement des monts, les laborieux ouvriers de ce pauvre village.

Saint-Rambert était autrefois défendu par un

château fort qu'on appelait le *Cornillon*; mais Henri IV le fit démolir en 1660, lors de la réunion du Bugey à la France, et il n'en reste plus que des débris insignifiants.

Après avoir dépassé Saint-Rambert, la vallée, déjà si étroite, se resserre davantage encore; ce n'est plus, pour ainsi dire, qu'un interstice rocailleux ménagé entre des montagnes abruptes, taillées à pic, d'une hauteur de 7 à 800 mètres, pour l'écoulement des eaux de l'Albarine sur la rive gauche de laquelle, jusqu'au village de *Tenay*, le chemin de fer a dû se frayer à grands frais un passage difficile.

Tenay possède quelques filatures de laine et de soie; mais ce qui attire tout particulièrement l'attention, ce sont les moulins dont les roues sont mises en mouvement par les eaux qui, descendant de cascades en cascades du haut des monts, viennent tomber sur les aubes et donner l'impulsion.

Rien n'est plus pittoresque que l'aspect de ces ruches humaines suspendues aux flancs des rochers, au milieu de cette contrée sauvage.

En s'éloignant de Tenay, le chemin de fer laissant à gauche l'Albarine qu'on voit descendre par cascades remarquables d'un vallon étroit, s'engage dans une gorge profonde, où les eaux, faute d'écoulement suffisant, stationnent et forment trois étangs, dont l'un se déverse dans le Rhône et les deux autres dans l'Albarine.

Après avoir admiré les cascatelles curieuses d'une source qui jaillit d'un rocher et fait tout aussitôt tourner les roues d'un moulin, on arrive à *Rossillon*, village de 500 âmes, qui fut autrefois la capitale du

Valromay. Sur un escarpement isolé, on distingue les ruines d'un vieux château que le prince Boniface de Savoie avait fait construire en 1263 et que le maréchal de Biron fit détruire en 1602.

Là, comme à St-Rambert, les habitants ont placé une statue de la Vierge sur la pointe d'un rocher isolé.

L'œil se récrée un instant en traversant la charmante petite vallée du Surand, que domine le chemin de fer, puis le convoi s'engage sous un tunnel de plus d'une demi lieue de longueur et dont le percement a dû coûter une somme considérable.

A peine sorti de cette sombre voûte, on aperçoit à droite les lacs de *Pugieu*, dont les eaux miroitent aux rayons du soleil; puis l'on arrive à la station de *Virieu-le-Grand*. Le pays prend une physionomie plus riante, on retrouve la fertilité : les pentes des montagnes s'adoucissent sensiblement et se prêtent à la culture; la vigne étale joyeusement ses pampres verts et donne un vin qui jouit d'une certaine réputation.

C'est à Virieu-le-Grand, dans un château dont on n'aperçoit plus que les ruines, que le sieur Honoré d'Urfé, baron de Château-Morand, marquis de Valromay, composa la plus grande partie du fameux roman de l'*Astrée*, qui obtint tant de vogue au commencement du règne de Louis XIV.

Artemart, qui se trouve à quatre kilomètres seulement de Virieu, est une station bien connue des artistes et des touristes amateurs qui s'y arrêtent, soit pour aller visiter la *cascade de Cerveyrieu*, ou la source du *Groin*, soit pour faire l'ascension du *Colombier*.

La cascade de Cerveyrieu est formée par la petite rivière du Seran, qui, après avoir quelque temps coulé paisiblement dans un canal étroit, tombe presque perpendiculairement d'une hauteur de cent cinquante pieds, avec un fracas terrible qui se fait entendre à la distance de plusieurs kilomètres.

En partant d'Artemart, on aperçoit à gauche le *Colombier*. C'est une montagne élevée de 1530 mètres au-dessus du niveau de la mer et du sommet de laquelle on découvre un panorama immense et magnifique : la vallée du Rhône, les lacs d'Annecy du Bourget, de Genève, les montagnes du Dauphiné, de la Savoie et de la Suisse, le Jura, le Mont-Blanc, et, quand le temps est parfaitement clair, la ville de Lyon.

Après avoir passé le Seran, le chemin de fer, contournant la base du Colombier, longe à droite des prairies marécageuses qu'on appelle les *Marais de Lavours*, du nom d'un village qu'on aperçoit à leur extrémité méridionale, et arrive à la station de *Culoz*, qui se trouve au revers de la montagne.

Le Jura est franchi.

On est entré dans la vallée du Rhône, au fond de laquelle se dessinent les montagnes de la Savoie qu'il va nous falloir traverser.

VIII.

Culoz est situé à la base méridionale du Colombier, dont le chemin de fer contourne le versant occidental. C'est le premier village que l'on rencontre sur le territoire de la Savoie : avant l'annexion de cette province à la France, en 1860, il faisait partie du royaume de Sardaigne et c'était là que s'accomplissaient les formalités douanières, l'exhibition des passeports, formalités et exhibition qui s'exécutent maintenant à Suse, de l'autre côté des Alpes.

Le Chemin de fer Victor-Emmanuel a son point de départ à la station de Culoz, où il s'embranche sur celui de Paris à Lyon et à Genève. Aussi, tandis que le convoi qui nous avait amenés à Culoz continuait sa route vers la Suisse, dûmes-nous attendre pendant une heure environ, le train chargé de nous transporter jusqu'au pied des Alpes.

Il était neuf heures du matin. Après avoir pris au buffet un rapide déjeuner, je me hasardai à pousser une reconnaissance aux alentours de la gare, très-spacieuse d'ailleurs.

Le ciel était superbe ; le soleil éclairait de ses rayons resplendissants et déjà chauds un vaste et pittoresque paysage sur lequel rampaient encore, avant de se dissoudre complètement, les derniers restes d'une légère vapeur blanchâtre. Derrière la station, le Colombier dressait son flanc gigantesque, dépouillé, aride ; à gauche, le Jura déployait jusqu'à l'extrême horizon ses cimes granitiques ; à droite, les montagnes de la Savoie élevaient à leur tour leurs pics d'inégales hauteurs et de formes variées et bizarres, qu'elles prolongent jusqu'à la chaîne des Alpes, dont elles semblent les puissants contreforts ; en face, une plaine humide et basse, qui n'offre d'autres parures que des bouquets de joncs, des buissons de saules, des touffes de ces plantes aquatiques qu'on ne rencontre qu'aux abords des marais ou dans le voisinage des grands fleuves.

Culoz est en effet à peu de distance et sur la rive droite du Rhône, qui ne manque jamais, quand vient l'hiver, d'inonder le pays de ses eaux limoneuses après en avoir couvert les innombrables îlots dont son lit est hérissé dans cette partie de son parcours. Peut être cette plaine marécageuse fut-elle autrefois le lit du fleuve lui-même.

Presqu'au sortir de la station, le convoi franchit le Rhône sur un pont en fer, véritable œuvre d'art, dont la remarquable construction fait le plus grand honneur aux ingénieurs sardes. De même que la rive droite, la rive gauche du fleuve est longée par une vaste prairie marécageuse à l'extrémité méridionale de laquelle on aperçoit le château de Chatillon qui s'élève dans un bouquet d'arbres, au-dessus du village du même nom, et bientôt après le lac du Bourget.

Les sites pittoresques, les riants paysages, les riches côteaux, les vertes prairies qui depuis le matin s'étaient successivement présentés à ma vue, m'avaient assurément causé une très-agréable satisfaction; mais tout en accordant aux vallées de la Marne et de l'Yonne, aux côteaux de la Bourgogne et du Mâconnais, aux plaines de la Bresse, le juste tribut d'éloges qui leur est dû, l'impression que je ressentais, bien que je les visse pour la première fois, n'était point en définitive celle qu'on éprouve à la vue d'un spectacle entièrement nouveau. Mon imagination se reportait tantôt en Bretagne, tantôt en Touraine, tantôt et plus souvent encore en Normandie ; elle se livrait à des comparaisons qui, je dois l'avouer, ne tournaient pas toujours à l'avantage des contrées que je traversais.

Figaro, — non pas le *Figaro* de M. de Villemessant, mais l'autre, l'ancien, le vrai Figaro, le Figaro de Beaumarchais, — prétend qu'on est toujours l'enfant de quelqu'un. Il ne me paraît pas bien sûr qu'on ne soit pas toujours aussi l'enfant de sa province ; on a beau faire, on a beau avoir couru de droite et de gauche, par monts et par vaux, s'être dépaysé longtemps, il reste toujours dans la pensée un souvenir flatteur du pays natal, et quelque part au fond du cœur une certaine tendance à le préférer aux autres : sous la barbe grisonnante de l'homme, on retrouve toujours quelques traces du blond duvet qui veloutait les joues de l'enfant. Il est bien possible que ce penchant soit qualifié de faiblesse ou de puérilité par quelques esprits prétendus forts qui ont pour principe de ne trouver beau que ce qui est éloigné ; qu'importe : faiblesse ou puérilité, ce penchant me paraît, à moi, facile à comprendre et parfaitement excusable, surtout quand c'est la Normandie qui en est l'objet.

Mais l'apparition soudaine du lac du Bourget me frappa d'une impression bien autrement vive. C'était pour moi un spectacle tout nouveau que la vue de cette plaine liquide, longue de quatre lieues sur une lieue de largeur, calme, limpide, azurée, contenue à 600 pieds au-dessus du niveau de la mer, entre des montagnes élevées elles-mêmes de 12 à 1500

mètres. Je me crus un instant le jouet d'un mirage:
j'appréhendais à tout moment qu'un accident de
terrain, une courbe de la voie ferrée ne me dérobât
brusquement la vue de ce magnifique panorama.
Cette appréhension était vaine heureusement: le
chemin, taillé en grande partie dans la montagne
dont il longe la base, cotoie de l'autre côté la rive
orientale du lac dans toute son étendue, laissant
presque toujours la vue libre et se rapprochant parfois
si près du bord qu'il est possible aux voyageurs de
distinguer les myriades de poissons qui viennent fré-
tiller à la surface de l'eau, et je pus ainsi admirer
à loisir les ravissants paysages qui se déroulent au
fur et à mesure que le convoi s'avance vers le midi.

Je n'apprendrai rien sans doute à mes lecteurs
en leur disant que le lac du Bourget a inspiré à
M. de Lamartine l'une de ses plus belles méditations:

O lac! l'année à peine a fini sa carrière,
Et près des flots chéris qu'elle devait revoir,
Regarde! je viens seul m'asseoir sur cette pierre
Où tu la vis s'asseoir.

Tu mugissais ainsi sous ces roches profondes,
Ainsi tu te brisais sur leurs flancs déchirés,
Ainsi le vent jetait l'écume de tes ondes
Sur ses pieds adorés!

Un soir, t'en souvient-il? nous voguions en silence
On n'entendait au loin sur l'onde et sous les cieux,
Que le bruit des rameurs qui frappaient en cadence
Tes flots harmonieux!

. . . .
> O lac, rochers muets, grotte, forêt obscure,
> Vous que le temps épargne et qu'il peut rajeunir,
> Gardez de cette nuit, gardez, belle nature,
>   Au moins le souvenir !

> Qu'il soit dans ton repos, qu'il soit dans tes orages,
> Beau lac ! et dans l'aspect de tes riants coteaux
> Et dans ces noirs sapins, et dans ces rocs sauvages
>   Qui pendent sur tes eaux !

> Qu'il soit dans le zéphir qui frémit et qui passe,
> Dans les bruits de tes bords par tes bords répétés,
> Dans l'astre au front d'argent qui blanchit ta surface
>   De ses molles clartés !

> Que le vent qui gémit, le roseau qui soupire,
> Que les parfums légers de ton air embaumé,
> Que tout ce qu'on entend, l'on voit ou l'on respire,
>   Tout dise : ils ont aimé !

Après les admirables strophes que je viens de transcrire avec bonheur, la prosaïque description que je pourrais faire du lac du Bourget paraîtrait froide et incolore et serait certainement insipide. Aussi me garderai-je bien de l'entreprendre et l'emprunterai-je au grand poëte lui même qui a consacré une des pages de son *Raphaël* à la peinture de ce splendide tableau.

« A l'entrée de la Savoie, labyrinthe naturel de profondes vallées qui descendent, comme autant de lits de torrents, du Simplon, du St-Bernard et du Mont-Cenis, vers la Suisse et vers la France, une grande vallée plus large et moins encaissée se détache, à Chambéry, du nœud des Alpes et se creuse son lit de verdure, de rivières et de lacs vers Genève et vers Annecy, entre le Mont-du-Chat et les montagnes murales des Beauges.

« A gauche, le Mont-du-Chat dresse pendant deux lieues contre le ciel une ligne haute, sombre, uniforme, sans ondulations à son sommet : on dirait un rempart immense nivelé par le cordeau ; à peine, à son extrémité orientale, deux ou trois dents aiguës de rochers gris interrompent la monotonie géométrique de sa forme et rappellent au regard que ce n'est pas une main d'homme, mais la main de Dieu qui a pu jouer avec ces masses. Vers Chambéry, les pieds du Mont-du-Chat s'étendent avec une certaine mollesse dans la plaine. Ils forment, en descendant, quelques marches et quelques coteaux revêtus de sapins, de noyers, de châtaigniers, enlacés de vignes grimpantes. A travers cette végétation touffue et presque sauvage, on voit blanchir de loin en loin des maisons de campagne, surgir les hauts clochers de pauvres villages, ou noircir les vieilles tours des châteaux crénelés d'un autre âge. Plus bas, la plaine, qui fut autrefois un vaste lac, conserve le creux, les rives dentelées, les caps avancés de son ancienne forme. Seulement, on y voit ondoyer, au lieu des eaux, les vagues vertes ou jaunes des peupliers, des prairies, des moissons. Quelques plateaux un peu plus élevés et qui furent autrefois des îles, se renflent au milieu de cette vallée marécageuse. Ils portent des maisons couvertes de chaume et noyées sous les branches. Au-delà de ce bassin desséché, le Mont-du-Chat plus nu, plus raide et plus âpre, plonge à pic ses pieds de roche dans l'eau d'un lac plus bleu que le firmament où il plonge sa tête. Ce lac est profondément encaissé du côté de la France. Du côté de la Savoie, au contraire, il s'insinue sans obstacle dans des anses et dans de petits golfes entre des coteaux couverts de bois, de treillis, de vignes hautes, de figuiers, qui trempent leurs feuilles dans ses eaux. Il va mourir à perte de vue au pied des rochers de Chatillon; ces rochers s'ouvrent pour laisser s'écouler le trop plein du lac dans le Rhône. L'abbaye de Haute Combe, tombeau des princes de la maison de Savoie, s'élève sur un contrefort de granit au nord et jette l'ombre de ses vastes cloîtres sur les eaux du lac. Abrité tout le jour du soleil par la muraille du Mont-du-Chat, cet édifice rappelle, par l'obscurité qui l'environne, la nuit éternelle dont il est le seuil pour ces princes descendus du trône dans ses caveaux. Seulement, le soir, un rayon du soleil couchant le frappe et se réverbère un moment sur ses murs comme pour montrer le port de la vie aux hommes à la fin du jour. Quelques barques de pêcheurs, sans voiles, glissent silencieusement sur les eaux profondes sous les falaises de la montagne. La vétusté de leurs bordages les fait confondre par leur couleur avec la teinte sombre des rochers. Des aigles aux plumes grisâtres planent sans cesse au-dessus des rochers et des barques comme pour disputer leur proie aux filets ou pour fondre sur les oiseaux pêcheurs qui suivent le sillage de ces bateaux le long du bord. »

Il n'y a rien à ajouter à cette description aussi exacte qu'éloquente : c'est bien là le magnifique spectacle dont on jouit sans interruption de Chatillon à Aix et d'Aix à Chambéry, c'est-à-dire pendant un trajet de 30 kilomètres environ.

L'abbaye de Haute-Combe qu'on aperçoit sur la rive opposée du lac, au pied du Mont-du-Chat, date du commencement du XIIe siècle. Construite par Amédée III, elle fut destinée dès son origine à servir de lieu de sépulture aux princes de la maison de Savoie et elle renferme les tombeaux d'Amédée III, d'Amédée V, d'Amédée VI, d'Humbert III, de Boniface de Savoie, archevêque de Cantorbéry, de Charles-Félix, de Louis Ier, baron de Vaud, de Jeanne de Montfort, etc., etc.

L'abbaye est dominée par une haute tour à laquelle on a donné le nom de *Phare Gessens*, et d'où l'on découvre le lac dans tout son développement. C'est là que J.-J. Rousseau écrivit l'admirable passage de l'*Emile* sur le lever du soleil.

Dans le voyage qu'il fit en Italie en 1580-1581, Montaigne, traversa le Mont-du-Chat, qui, dit-il, est haut, raide et pierreux, « mais nullement dangereux « ou malaisé; au pied se siet un grand lac et le « long d'icelui un château nommé Bordeau, où se « font des espèces de grant bruit. »

Si, au temps du célèbre auteur des *Essais*, le passage du Mont-du-Chat n'était pas *mal aisé*, l'ascension des rochers nus, qui dominent ce col et dont le plus élevé, qu'on désigne sous le nom de *Dent-du-Chat*, atteint une hauteur de 1600 mètres, est toujours restée très-pénible; pour gagner la plate-forme étroite qui le couronne, il ne faut pas moins de trois heures aux touristes les plus vigoureux et les plus intrépides, qui doivent s'aider des mains tout autant que des pieds, pour grimper les rudes sentiers qui y conduisent.

Cependant, le convoi continuant sa course avait franchi le tunnel de *St-Innocent* et dépassé le village du même nom; s'éloignant alors peu à peu de la rive du lac, puis laissant à droite la ligne de Chambéry, il s'avançait à travers une large et fertile vallée sur un embranchement de deux kilomètres et s'arrêtait devant la gare d'*Aix-les-Bains*.

« Figurez-vous, écrit M. X. Feyrnet, des prairies
« d'un vert éclatant, des champs de maïs, des bou-
« quets de noyers et de chataigniers projetant sur
« l'herbe leur ombre intense, la vigne courant
« d'arbre en arbre en guirlandes, étreignant de ses
« ceps le tronc des érables, mêlant son feuillage à
« leur feuillage, suspendant ses grappes noires aux
« plus hautes branches : une nature forte et char-
« mante ; au nord, des montagnes aux lignes har-
« monieuses, au sud, deux larges vallées partagées
« par un massif dont les sommets se découpent
« dans le ciel de la façon la plus hardie et la plus
« pittoresque, à l'est, des pentes rapides couronnées
« par une longue chaine de rochers à pic, à l'ouest
« une muraille sombre, terminée en arête vive d'où
« surgissent deux ou trois dents aiguës; petite ville,
« point majestueuse, grimpant tant bien que mal la
« colline qui forme le centre de cet horizon,
« beaucoup de maisonnettes d'un chétif aspect, se
« serrant les unes contre les autres et s'épaulant

« comme si elles avaient peur de tomber, deux
« rues à peu près droites, une place à peu près
« régulière, cinq ou six maisons à trois étages,
« construites en belles pierres, bien solides, bien
« assises sur le sol, de celles qu'un maire ne
« regarde pas sans être très-fier de sa dignité muni-
« cipale; un établissement de bains qui a fort bon
« air, un casino dont la façade est assez élégante :
« voilà en réalité Aix-les-Bains et le pays qui l'en-
« vironne.

Les eaux thermales d'Aix furent connues des Romains qui les désignaient tantôt sous les noms d'*Aquæ Domitianæ*, tantôt sous ceux d'*Aquæ Gratianæ*; quelques monuments, qui maintenant ne sont plus que des ruines, attestent leur passage dans cette délicieuse contrée : ce sont *l'Arc de Campanus*, le *Temple de Diane* et les *Thermes*.

Après avoir laissé à Aix les nombreux voyageurs qui chaque année, du printemps à l'automne, accourent y prendre les eaux, le convoi revient à *Choudy*, gagner la ligne directe de Culoz à Chambéry. Le chemin de fer s'engage alors dans une tranchée peu profonde, taillée à la base d'une charmante colline toute couverte de maisons de campagne; il laisse, à droite, le village de *Viviers*, où, dans ces derniers temps, on a découvert quelques inscriptions romaines; à gauche, la station de *Voglans* et pénètre dans une plaine fertile entourée de montagnes et peuplée de villages et de châteaux parmi lesquels on distingue le bourg de *Servolex*, que M. de Lamartine habita quelque temps, et le château de *Costa*, où M. de Costa de Beauregard a réuni une riche galerie de tableaux et une rare collection d'oiseaux du continent européen.

Rentrant de nouveau dans une courte tranchée, la voie ferrée débouche enfin dans une vallée étroite, profonde, cultivée comme un jardin. Les céréales y poussent et murissent à l'ombre des arbres fruitiers au milieu desquels les noyers se distinguent par leur hauteur et leur grosseur prodigieuses.

C'est à l'extrémité de ce vallon qu'arrose la *Laisse*, un torrent dont les débordements causent parfois de terribles ravages, qu'est située la ville de *Chambéry*, l'ancienne capitale de la Savoie, aujourd'hui simple chef-lieu d'un département français.

La vallée de Chambéry présente le paysage le plus animé et le plus agréable. Couverte d'habitations, de maisons de campagne gracieuses et coquettes, tantôt isolées, tantôt réunies par groupes, elle est entourée de montagnes aux flancs desquelles sont suspendus de petits châteaux qui semblent autant de nids d'aigle. La neige, qui couvre presque toujours la partie de leurs cimes tournée au nord, produit un imposant contraste avec la riche verdure qui descend le long des versants et s'étale dans la plaine.

Dans l'*Itinéraire de Paris à Jérusalem*, Châteaubriand a fait de cette riante contrée le plus bel éloge qu'on en puisse faire. Après avoir décrit et exalté la richesse et la fraîcheur de la plaine fertile qui s'étend aux pieds du mont Taygète et dans laquelle sont les ruines de Sparte, il ajoute: « à « la beauté du ciel et à l'espèce de culture près, « on aurait pu se croire aux environs de Chambéry. »

Ces montagnes, bien connues des touristes et fréquentées chaque année par des myriades d'artistes, sont, outre le Mont-du-Chat dont j'ai déjà parlé, les monts *Barbisel* et de l'*Epine*, haut de 900 mètres, le *Mont-Grelle*, de 1420 mètres, la *Dent-de-Nivolet*, qui s'élève à 1523 mètres au dessus du niveau de la mer et du sommet duquel on découvre toute la chaine neigeuse des Alpes française et savoisienne.

Chambéry n'est pas ce qu'on peut appeler véritablement une belle ville ; c'est une ville très-agréable. A l'exception de la rue de *Boigne*, qui est large, droite et bordée de portiques, les rues sont généralement étroites et ne brillent pas par l'alignement ; mais, en revanche, les boulevards, ouverts sur l'emplacement des remparts démolis sous la révolution, sont vastes et surtout magnifiquement plantés.

L'origine de Chambéry est à peu près inconnue, et ce n'est guère qu'à dater du XIe siècle qu'on commence à trouver quelque trace de son histoire. Vendue en 1232 par le dernier de ses seigneurs à Thomas Ier, duc de Savoie, moyennant une somme qui représenterait 100,000 fr. de notre monnaie, elle devint dès lors la capitale du duché de Savoie. Elle fut occupée à diverses époques par les Français sous François Ier, sous Henri IV, sous Louis XIII, sous Louis XIV, sous la République et sous le premier Empire. De 1792 à 1814, elle appartint momentanément à la France, à laquelle on sait qu'elle a été définitivement réunie en 1860 avec la province de Savoie.

C'est à Chambéry que sont nés le grammairien Vaugelas; le géographe Beaumont; St-Réal, l'auteur de *la Conjuration des Espagnols contre la République de Venise;* les frères Joseph et Xavier de Maistre; le général de Boigne, mort en 1830, qui consacra l'immense fortune qu'il avait acquise au service de la Compagnie des Indes à doter sa ville natale d'établissements et d'institutions charitables. Une fontaine monumentale, située à l'une des extrémités de la rue qui porte le nom du général, a été élevée en son honneur par la ville reconnaissante.

Dans une des églises de Chambéry, on conservait autrefois le Saint Suaire, linge dont Ste-Véronique avait fait usage pour essuyer le visage du Christ montant au Calvaire, et il était considéré comme authentique, bien que Rome, Gênes et Besançon possédassent également un suaire à chacun desquels on attribuait une pareille authenticité. — Mais cette abondance de suaires authentiques ne saurait surprendre ceux qui savent qu'on pourrait aisément bâtir une maison avec les fragments de la *vraie croix*, disséminés dans la moitié au moins des églises de la catholicité. — Le suaire de la *Sainte-Chapelle* de Chambéry se trouve aujourd'hui dans l'église Saint-Laurent à Turin. On raconte que François I*er* fit à pied le pélerinage de Lyon à Chambéry pour se prosterner devant cette relique. Cela ne l'empêcha pas de se prosterner plus tard aux genoux de la *Belle Ferronnière* et de mourir, comme on sait, des suites de ses débauches.

Une des casernes de Chambéry, la caserne de cavalerie, occupe l'emplacement d'un ancien couvent qu'on appelait le couvent de Ste Marie. Ce couvent était dominé par un rocher taillé à pic au milieu duquel s'ouvrait une grotte qui servait de chapelle et qui paraît avoir été témoin de nombreux et bien singuliers miracles. Fodéré raconte « que les enfants « mort-nés qu'on apportait dans cette chapelle y « recouvraient la vie pour recevoir le baptême et « mouraient de nouveau immédiatement après la « cérémonie. »

Ces pauvres innocents, en mourant deux fois, n'avaient-ils pas certes bien gagné le paradis, et doublement encore?

Si Désaugiers eut vécu à cette époque, il aurait été bien attrapé : il n'aurait pu chanter son joyeux refrain :

Quand on est mort c'est pour longtemps.

Mieux vaut qu'il ne soit venu au monde qu'un peu plus tard : nous y avons gagné une gaie chanson, et une chanson, sans avoir rien de miraculeux, a bien son mérite.

Si le Suaire de la Sainte Chapelle et la grotte du couvent de Sainte-Marie, n'attirent plus, comme autrefois, à Chambéry des myriades de pauvres pélerins, il y a en revanche aujourd'hui, à 30 minutes au sud de la ville, une petite maison de campagne que tous les voyageurs éclairés, qui passent à Chambéry et même aux environs, ne manquent pas d'aller visiter. Cette maison, à un seul étage, carrée, régulière, au toit aigu, à quatre pans, couverte en ardoises, qui est depuis un siècle le but d'un pélerinage intelligent, n'a cependant point été la demeure d'un saint ; elle doit tout simplement sa célébrité au séjour qu'y firent J.-J. Rousseau et Mme de Warens : elle s'appelle les *Charmettes*, et pour quiconque a lu les *Confessions*, ce nom rappelle l'une des pages les plus intéressantes de la vie du philosophe de Genève.

J.-J. Rousseau a fait lui-même la description suivante des Charmettes : « Entre deux coteaux
« élevés, dit-il, est un petit vallon, nord et sud, au
« fond duquel coule une rigole entre des cailloux
« et des arbres. Le long de ce vallon, à mi-côte,
« sont quelques maisons éparses, fort agréables
« pour quiconque aime un asile un peu sauvage et
« retiré... La maison était très-logeable : au devant,
« un jardin en terrasse, une vigne au-dessus, un
« verger au-dessous ; vis-à-vis, un petit bois de
« chataigniers, une fontaine à portée ; plus haut,
« dans la montagne, des prés pour l'entretien du
« bétail ; enfin tout ce qu'il fallait pour le petit
« ménage champêtre que nous voulions y établir.
« Autant que je puis me rappeler le temps et les
« dates, nous en primes possession vers la fin de
« l'été 1736. J'étais transporté le premier jour que
« nous y couchâmes. »

Dans son *Raphaël*, que j'ai déjà eu l'occasion de citer, M. de Lamartine se demande : qu'est-ce que Chambéry sans J.-J. Rousseau ? Et il a bien raison. Le nom de la ville rappelle inévitablement le nom du philosophe et l'heureux temps de ses premières amours. « L'homme n'anime pas seulement l'homme,
« continue le poëte, il anime tout une nature, il

« emporte une immortalité avec lui dans le ciel, il
« en laisse une autre dans les lieux qu'il a consacrés.

« Le lieu où naquit le premier amour ou le pre-
« mier délice de ce beau jeune homme, la tonnelle
« où Rousseau fit ses premiers aveux, la chambre
« où il rougit de ses premières émotions, la cour
« où le disciple se glorifiait de descendre aux plus
« humbles travaux du corps pour servir son amante
« dans sa protectrice ; les chataigniers épars, à
« l'ombre desquels ils s'asseyaient ensemble pour
« parler de Dieu, en entrecoupant de fous rires et
« de caresses enfantines ces théologies enjouées ;
« leurs deux figures si bien encadrées dans ce paysage,
« si bien confondues dans cette nature sauvage,
« renfermée, mystérieuse comme eux ; tout cela a
« pour les poëtes, pour les philosophes et pour les
« amants un attrait caché, mais profond. On ne
« s'en rend pas raison, même en y cédant. Pour les
« poëtes, c'est la première page de cette âme qui
« fut un poëme ; pour les philosophes, c'est le ber-
« ceau d'une révolution ; pour les amants, c'est le
« nid d'un premier amour. »

A l'exception des armoiries des anciens propriétaires qui ont été mutilées, les Charmettes sont
restées à peu près telles qu'elles étaient au milieu
du siècle dernier. La terrasse, le verger, la fontaine,
la vigne, le petit bois de chataigniers sont toujours
là, et, dans l'intérieur de la maisonnette, on montre
entre autres petites pièces soigneusement conservées, un clavecin et une montre qu'on dit avoir
été fabriqués par le père de Jean-Jacques.

En 1792, le conventionnel Hérault de Séchelles, alors commissaire de la république à Chambéry, chef-lieu du département du Mont-Blanc, fit placer dans le mur de la façade des Charmettes une pierre blanche portant l'inscription suivante qu'on y lit encore et qu'on attribue à Mme d'Epinay :

> Réduit par Jean-Jacques habité,
> Tu me rappelles son génie,
> Sa solitude, sa fierté,
> Et ses malheurs et sa folie.
> A la gloire, à la vérité,
>   osa consacrer sa vie,
> Et fut toujours persécuté,
> Ou par lui-même, ou par l'envie.

On est assez généralement exposé à d'amères déceptions lorsqu'on visite la demeure des grands hommes, mais le voyageur qui accomplit le pélerinage des Charmettes n'éprouve point de ces étranges mécomptes. Il en revient complètement satisfait, et il emporte en s'éloignant la conviction que la rustique simplicité de l'habitation et les attraits variés que la puissante nature a largement semés dans le paysage environnant étaient bien suffisants pour faire naître chez Jean-Jacques cet amour de la vie champêtre, qu'il a si bien su peindre et faire aimer à tant d'autres.

IX.

En s'éloignant de Chambéry le chemin de fer, après avoir franchi la route d'Aix à Turin, s'engage dans une tranchée profonde taillée dans la base de la montagne de Lemenc, sur le flanc de laquelle, à une hauteur de 300 mètres au moins, s'élève une église antique où furent déposés les restes de Mme de Varens, et plus tard, ceux du général de Boigne ; puis, longeant un instant la Laisse, il serpente entre des blocs énormes de rochers abruptes et sauvages, pour déboucher enfin dans un vallon d'abord étroit qui, s'élargissant bientôt, permet à l'œil d'embrasser dans toute son étendue une plaine vaste et fertile, peuplée d'habitations et de villages, entourée d'une ceinture de hautes montagnes telles que la Dent-de-Nivolet, le Mont-St-Jean, la Margeria, qui atteint 1,800 mètres, le Granier, qui en a 1,900, le Joigny, le Blanchenet et enfin la chaîne des Alpes qui borde la rive gauche de l'Isère.

Cette vallée, comme celle que l'on traverse avant d'arriver à Chambéry, est soigneusement cultivée. Le blé, le seigle, l'avoine, les légumes sont tout particulièrement l'objet de la culture.

Il y a bien aussi quelques prairies, mais elles sont en général d'assez médiocre qualité. On y aperçoit également une certaine quantité de vignes, les unes disposées en treille, les autres suspendues sur des échalas ; mais les noyers s'y font surtout remarquer et par leur nombre et par la richesse de leur développement ; ils produisent en abondance une huile que l'on emploie dans les arts et dans les préparations culinaires.

Les montagnes, presque toutes verticalement coupées, offrent cette particularité remarquable que les lits de pierres dont elles sont composées n'apparaissent pas, comme ailleurs, uniformément rangées par couches symétriques, mais qu'ils se présentent au contraire dans des inclinaisons bizarres, variées, sans suite, sans continuité ; les uns sont inclinés à l'horizon, les autres perpendiculairement, formant entr'eux des angles plus ou moins ouverts. On dirait qu'ils ont été jetés là pêle-mêle après avoir été renversés, culbutés, brisés, et l'imagination, vivement impressionnée par cette singularité, se prend à rêver à l'épouvantable violence du cataclysme, qui seul a pu, sans aucun doute, opérer de tels bouleversements sur des masses aussi énormes.

L'esprit est encore tout préoccupé de ce spectacle, de ce contraste flagrant entre l'étrange bouleversement des monts et la régularité harmonieuse de la vallée, qu'un autre tableau attire les regards et provoque à son tour de nouvelles réflexions.

On laisse à droite et à gauche, divers petits villages; on dépasse la station désignée sous le nom de route de Grenoble, et l'on entre dans une contrée triste, morne, sauvage. Une colossale statue de la vierge, en bronze, surmontant le clocher d'une vieille église, bâtie elle-même sur un monticule élevé de trois à quatre cents mètres au moins, apparait tout à coup, aux yeux surpris. Il semble que ce soit une sentinelle vigilante, une vedette providentielle, un génie protecteur, planant au-dessus de ces lieux déshérités, pour en écarter le voyageur qui passe, et implorer sa commisération en faveur des pauvres gens qui les habitent.

Cette petite église, c'est *Notre-Dame-de-Myans*, où de nombreux pèlerins accourent de tous les points de la Savoie pour prier devant une vierge noire littéralement couverte *d'ex-voto*. Quand on a dépassé le monticule qui porte l'Eglise, on aperçoit ce qu'on désigne sous le nom *d'Abimes de Myans*. On appelle ainsi un certain nombre de petits lacs séparés les uns des autres ou entourés de petites éminences dont la hauteur varie de 8° à 10 mètres, et qui semblent ainsi autant d'ilots élevant leurs têtes coniques au-dessus de l'eau. L'origine des abimes de Myans est le sujet d'une foule de légendes et de fables qui ne se distinguent guère les unes des autres que par le plus ou moins de fantastique dont l'imagination du narrateur sait les enjoliver.

Ce qu'il y a de plus vraisemblable, on peut même dire d'à peu près certain, c'est que ces monticules ont été formés, il y a cinq ou six siècles environ, par un éboulement énorme d'une partie du Mont-Granier. éboulement terrible qui engloutit trois ou quatre villages, dont l'un entr'autres avait nom St.-André.

« Il existe, en effet, dit M. de Saussure, vers le haut de la montagne une très-grande échancrure située directement au-dessus des abimes, et qui parait être le vide laissé par les rochers qui s'en sont détachés. Les eaux ont entrainé les parties les plus mobiles de ces éboulis ; mais les fragments les plus solides ont résisté à l'action des eaux et ont servi de noyau aux éminences qui subsistent encore. «

Ces éminences sont aujourd'hui recouvertes d'une couche de terre d'une certaine épaisseur, et l'on y cultive à grande peine quelques vignes chétives dont les médiocres produits sont enmagasinés dans de petits celliers construits sur l'emplacement même du village de Saint-André.

Lorsqu'on a dépassé les abîmes de Myans, et longé la base occidentale de *la Thuile*, montagne élevée de 1200 mètres, au pied de laquelle s'étalent les vignes de *Tormery*, qui jouissent dans le pays de quelque réputation, on franchit une longue tranchée creusée dans un mamelon que couronnait autrefois un fort démoli par les Français, au commencement du XVIIIe siècle, et l'on arrive à la station de *Montmélian*.

Si quelques vieux souvenirs historiques ne se rattachaient à son existence, la ville de Montmélian ne saurait, par elle-même, attirer l'attention du voyageur. C'est une pauvre petite ville tristement assise sur la rive droite de l'Isère dont les eaux bourbeuses, roulant sur un lit d'ardoises, jettent un sombre reflet sur des maisons basses et chétives et ajoutent encore à la monotonie de ses rues étroites et tortueuses. Mais en apercevant les ruines de sa forteresse, l'une des plus redoutables de l'Europe aux XVIe et XVIIe siècles, on fait malgré soi un retour vers le passé, et les réminiscences repeuplent et animent pour un instant ces lieux déserts. François Ier s'empara de Montmélian, lorsqu'en 1535 et 1536 il envahit le Piémont et la Savoie. Soixante-cinq ans plus tard, Henri IV vint en personne mettre le siége devant la terrible forteresse et faillit y être tué par un boulet qui le couvrit de poussière. Fatigué de la longue résistance des assiégés, Henri fut plusieurs fois sur le point de lever le siége, mais il en fut empêché par le maréchal de Lesdiguières, qui s'obligea de payer les frais de la guerre si la ville n'avait pas fait sa soumission dans un mois. Les trente jours n'étaient pas expirés que Montmélian capitula.

Moins heureux que Henri IV, Louis XIII ne put triompher des habitants de Montmélian ; mais en 1691, Catinat s'en empara après un bombardement qui ne dura pas moins de dix jours. La prise de cette ville fut accueillie en France avec transport ; les poëtes du temps la célébrèrent par de nombreuses pièces de vers qui ont été conservées. Le plan en relief de la ville et de la forteresse fut exposé dans la Grande Galerie de Versailles, à l'admiration de Louis XIV et de la cour. — Les somptuosités de Versailles qui se représentent à l'esprit à ce souvenir, ne font pas trouver Montmélian plus joli : bien au contraire.

On récolte dans les environs un vin blanc qui jouit d'une certaine réputation. Le pays est généralement bien cultivé ; mais la culture y présente de singuliers mariages. Il n'est pas rare de voir croître côte à côte, dans le même champ, le maïs et les haricots, ces derniers suspendant leurs tiges molles et flexibles aux tiges élevées et robustes du maïs. Le seigle et les faverolles poussent pêle-mêle dans le même labour, et récoltés ensemble, ils sont ensemble portés au moulin. C'est avec ce mélange que les habitants du pays font le mauvais pain dont ils se nourrissent.

Quelques minutes après la sortie de la gare de Montmélian, le chemin de fer, décrivant une courbe très-accentuée, franchit l'Isère pour occuper la rive gauche qu'il ne cesse de longer pendant trente kilomètres au moins. On entre alors dans la vallée supérieure de l'Isère qui prend le nom de *Combe de Savoie*, et au fond de laquelle se dresse une des sommités du Mont-Blanc. C'est une longue vallée, bordée à droite et à gauche de coteaux boisés, plantés de vignes, sur les versants desquels s'élèvent quelques villages de l'aspect le plus triste, dont les plus importants sont *St-Jean-de-la-Porte*, renommé par ses vins excellents; *Bourg-Evescal*, que l'on croit être l'antique *Mantale*, où, suivant la tradition, les évêques du Dauphiné élirent et couronnèrent Bozon roi d'Arles, en 879.

Cependant la vallée s'élargit sensiblement, au fur et à mesure que le chemin de fer s'avance, et elle acquiert une certaine étendue lorsqu'on arrive à la station de *St-Pierre-d'Albigny*.

St Pierre est une petite ville d'environ 3,000 habitants, bâtie dans une situation assez avantageuse, au pied des montagnes d'Epion et d'Arclusaz dont les flancs sont sillonnés par une route pittoresque qu'on appelle la *Route des Bauges* et qui conduit à Aix.

Le convoi continue de longer la rive gauche de l'Isère, dont la digue même porte la voix ferrée, et, presqu'au sortir de la gare de St-Pierre, on aperçoit sur un rocher isolé, taillé à pic et très-élevé, le château de *Miolans*. Acheté en 1523 par Charles III, duc de Savoie, à l'une des familles les plus anciennes et les plus distinguées du pays, le château de Miolans fut transformé en prison d'Etat. Le fameux marquis de Sade y fut enfermé. Démantelé pendant la révolution, il n'offre plus aujourd'hui qu'une ruine intéressante.

Le village de *Chamousset*, que l'on rencontre à une faible distance de St-Pierre d'Albigny, est situé au confluent de l'Isère et de l'Arc, et c'est presque immédiatement après l'avoir dépassé que le chemin de fer abandonne la rive gauche et la vallée de l'Isère pour entrer dans la vallée de l'Arc, au fond de laquelle, à une assez grande distance encore, on découvre les cimes neigeuses des Alpes françaises.

Nous sommes dans l'ancienne province de Maurienne.

Il est difficile de se figurer une contrée d'un aspect plus triste que celle-là. L'œil s'attriste et le cœur se serre à la vue de ce sol aride, rocailleux, de ces montagnes abruptes, taillées à pic, les unes couronnées de neige, les autres de sapins, de mélèzes, d'épicéas, entrecoupées de vallées profondes, au fond desquelles les torrents roulent avec fracas, parmi leurs eaux blanchâtres et écumeuses, de gros galets de quartz et de granit.

Chose étrange ! ce pays déshérité est couvert de hameaux et de villages étayant aux flancs des monts leurs maisons basses, chétives, aux toits plats formés de larges ardoises presque brutes et s'avançant de plus d'un mètre au-delà du mur de façade, pauvres masures dont le délabrement extérieur ne révèle que trop clairement la misère de leurs habitants !

— Que nous sommes loin des riantes maisonnettes de la Bourgogne et de la Bresse, des coquettes villas de l'Ile-de-France !

Les habitants de la Maurienne sont eux-mêmes hâves, chétifs, rabougris, comme les arbustes qui croisent dans les fentes des rochers : les crétins, les goitreux et les scrofuleux y abondent. Et pourtant, l'énergie ne fait pas défaut à ces pauvres gens : ils luttent avec un courage et une résignation inouïs contre la misère qui les assiège et font des efforts incessants pour contraindre la terre à leur fournir au moins la subsistance, quelque maigre qu'elle puisse être. Tous les terrains susceptibles de culture sont travaillés avec soin, jusqu'au sommet des monts, dans les lieux les plus escarpés, où l'homme a peine à se tenir debout. Là où la terre manque, on en apporte à dos d'homme, dans des hottes, dans des paniers, et il ne reste véritablement d'incultes que les roches nues et les parties exposées au nord, où le soleil ne projette jamais ses fécondants rayons.

Mais les malheureux ont beau faire, la terre cultivable n'est pas en proportion avec le nombre des habitants ; l'industrie du chanvre, à laquelle se livrent pendant l'hiver les femmes, les enfants et les vieillards, est insuffisante pour subvenir aux besoins de tous, et malgré tant de rudes labeurs, tant d'efforts pénibles, la misère, qui règne en souveraine, force les neuf dixièmes de la population virile à s'expatrier et à aller chercher dans les principales villes de l'Europe les moyens de vivre et de faire vivre leurs familles.

C'est de la Maurienne que vient la majeure partie des ramonneurs, des commissionnaires, des frotteurs et des portefaix, dont les Parisiens généralisent l'origine en les baptisant du nom de Savoyards ; et je ne serais pas surpris que ce fût du hameau de *Bonvillaret*, qu'on aperçoit perché à une certaine hauteur au milieu des rochers de Montgilbert, que soit partie, en compagnie de la joyeuse Chonchon-Pagode et du fidèle Pierrot, la tendre Mlle Marie Loustalot, la perle de Savoie, dont MM. Gustave Lemoine et Dennery nous ont, il y a une vingtaine d'années, raconté les amours avec M. le marquis Arthur de Sivry, dans le drame si populaire de *La Grâce de Dieu*.

Cependant la vallée s'élargit un peu avant d'arriver à *Aiguebelle* ; on retrouve quelques vignobles aux environs. Aiguebelle est une petite ville de 1,200 âmes environ, assise aux pieds du mont Boisban ; son unique rue est formée de maisons délabrées, dont les toits, en s'avançant considérablement sur la voie publique, suivant l'usage du pays, offrent contre la neige ou la pluie un abri trop souvent nécessaire aux paysans qui viennent en grand nombre aux foires et aux marchés importants de la ville.

Un pont, jeté sur l'Arc, réunit à Aiguebelle le village de *Randens*, qui fut en grande partie détruit le 12 juin 1760, par l'éboulement d'une partie de la montagne des Combes.

Quand on a dépassé Aiguebelle, on aperçoit à droite un arc de triomphe élevé en l'honneur du roi Charles-Félix ; puis, le chemin de fer faisant une courbe assez prononcée, laisse voir un rocher isolé au sommet duquel était jadis le château fort des *Charbonnières*, qui fut pris successivement par François Ier, en 1538, par le maréchal de Lesdiguières, en 1590, et par Sully, en 1660. C'est dans la petite plaine qui s'étend aux pieds de ce rocher qu'eut lieu en 1742, un combat resté célèbre entre les Français, les Espagnols et le roi de Sardaigne, qui fut battu par les troupes alliées.

Bientôt on franchit l'Arc sur un pont d'une seule arche, puis un torrent qui descend des hauteurs du Mont-Bellachat, et l'on pénètre dans une petite vallée qui prend le nom de vallée du *Mont-Sapey*. A droite et à gauche, tantôt au pied, tantôt sur le versant, parfois au sommet des montagnes, on aperçoit des villages, des hameaux, dont les maisons, qui semblent littéralement flanquées contre les rochers, servent d'asile aux ouvriers occupés aux mines de fer et aux forges exploitées dans les environs.

Epierre, où l'on arrive après avoir traversé une tranchée creusée dans le roc, est un petit village de 500 âmes tout au plus, assez agréablement situé sur la rive droite de l'Arc. Il est presque entièrement entouré de plantations de châtaigners énormes. Quelques-uns de ces arbres sont creux et servent de retraites aux bergers dont les troupeaux, vaches, chèvres et moutons, paissent sur les hauteurs environnantes, une herbe si non abondante et grasse, du moins fraîche et saine.

En face d'Epierre, sur un plateau assez élevé, on entrevoit le village de *Grivoley*, au-dessous duquel, par une large fissure, qu'il s'est ouverte dans la montagne, s'échappe un torrent qui descend en triple cascade d'une hauteur de plus de cent pieds, et offre au voyageur un spectacle très-curieux. Cette cascade se précipite avec une rapidité effrayante, noir en nappes ou en colonnes, comme la plupart de celles qu'on rencontre en Savoie, mais en gerbes de gouttes isolées auxquelles la lumière, en s'y reflétant, donne toute l'apparence de grains de diamants ou de cristaux. Le lit du torrent est formé de quartiers de rochers, de gros galets de granit que le courant détache et entraîne des parties supérieures de la montagne et roule avec fracas.

La voie ferrée s'engage ensuite sous un tunnel, au sortir duquel on aperçoit dressant leurs crêtes pyramidales, les montagnes bien connues qu'on appelle le *Grand-Miceau* et le *Pique-du-Frène*, qui atteignent une hauteur de près de 3,000 mètres et dominent toutes celles environnantes.

Les villages ne sont pas moins nombreux de ce côté du tunnel que de l'autre; mais l'Arc, au-dessus duquel le chemin de fer s'élève peu à peu pour le dominer à une certaine hauteur, atteint dans ces parages la largeur d'un grand fleuve et forme de nombreux îlots.

La vallée s'élargit également et tout à coup, sans que rien fasse prévoir ou pressentir cette brusquerie, et l'on arrive à la station de *La Chambre*, après avoir franchi le torrent de Bugion, dont les eaux viennent se mêler à celles de l'Arc, au fond d'un joli petit bassin, dominé par une vieille tour en ruine, qui donne à ce paysage une physionomie pittoresque des plus agréables.

La Chambre est un petit village qui n'offre aucune particularité intéressante. Là, comme à Aiguebelle, les maisons présentent le plus misérable aspect : les toits continuent de s'avancer démesurément sur la rue et de former des espèces de porches, sous lesquels se réunissent et se groupent, pour travailler ou deviser, des femmes au teint jaune, maigres, la plupart goitreuses, tandis qu'à leurs pieds grouille toute une fourmillière d'enfants, entortillés plutôt que vêtus de haillons malpropres; pauvres marmots qui, poursuivant leur vie de misère et de privations, viendront dans quelques années ramoner nos cheminées, ou nous demander un petit *chou*, une marmotte sur les bras, en gambadant, pieds nus, au refrain piaillard *de la Catarina*.

De La Chambre à Saint-Jean-de-Maurienne, la vallée de l'Arc se resserre sensiblement; les montagnes sont plus élevées, les côtes plus à pic et formées de rochers énormes, entre lesquels bondissent en mugissant de nombreux torrents. Les épicéas, les sapins, le buis, croissent sur les pentes perpendiculaires de ces monts. Dans cette traversée de 10 kilomètres environ, la voie est extrêmement accidentée et pittoresque; c'est d'abord un bassin marécageux qu'elle franchit en laissant à droite un petit hameau qui semble se cacher sous les treilles, mais dont la présence est trahie par une vieille tour qui le domine et qu'on appelle *La Tour de Saint-André*; puis, après avoir passé le pont de la *Madeleine*, elle pénètre sous un tunnel immédiatement suivi d'une tranchée à l'issue de laquelle elle franchit le torrent de *Pontamafray*, qui donne son nom à un pauvre hameau couronné par les ruines d'un antique château. On a alors en face de soi les rochers de *Chapeys* et l'on aperçoit, bâtie sur un énorme bloc de rocher détaché de la montagne, une petite chapelle dédiée à la Vierge. La voie s'élève alors par une rampe insensible, dépasse un bâtiment considérable à usage de filature de soie, et contourne un rocher abrupt, entouré de précipices, sur lequel se dresse la *Tour des Sarrazins*, qu'on appelle aussi la *Tour de Bérold*. Cette tour sert de thème à une foule de fables et de légendes que les générations se transmettent en les assaisonnant d'une dose plus ou moins considérable de merveilleux et de fantastique, qui fait le plus grand honneur à leur imagination ; mais il est vrai de dire aussi que cet antique monument se prête avec complaisance à ces amplifications, et ouvre à la folle du logis un champ vaste et fécond : rien n'y manque, ni la position dans un site sauvage, plein de précipices, entouré de glaciers ou de montagnes couvertes de sapins au sombre feuillage, ni le mugissement des torrents, ni les ruines de constructions avoisinantes, pas même un petit ermitage qu'on rencontre un peu au-dessous de ces ruines. — *Horresco referens!* — Si le hasard eût conduit dans ces parages la célèbre Anne Radcliffe, la *Tour des Sarrazins* lui eût certainement fourni le sujet d'un roman non moins terrible que celui des fameux *Mystères du château d'Udolph*.

Les historiens, qui cependant ne se laissent point éblouir par le merveilleux, et n'obéissent point, d'ordinaire, aux fantaisies de l'imagination, ne sont pas le moins du monde d'accord sur l'origine de ce curieux monument. Les uns pensent qu'il fut bâti par un roi saxon, nommé Bérold, pour défendre le pays contre les invasions incessantes des Sarrazins ; d'autres lui attribuent une origine beaucoup moins ancienne, et ils pourraient bien avoir raison ; il ne daterait, suivant eux, que de 1328. Bien que cette pauvre province de Maurienne soit aujourd'hui couverte d'églises et de chapelles, il ne paraît pas que les habitants aient toujours vécu en bonne harmonie avec leurs évêques. On raconte même qu'au XIVe siècle, ils eurent avec l'évêque Aimon II, on ne sait trop à quel sujet, des démêlés assez graves, et qu'ils conçurent le projet de l'expulser du diocèse, ni plus, ni moins. Cette résolution hardie devint assez menaçante pour que le comte Edouard de Savoie jugeât opportun d'intervenir. Pour protéger l'évêque contre les aggressions de ses ouailles révoltées, il ne trouva rien de mieux que de faire construire la forteresse connue sous le nom de Tour de Bérold ou des Sarrazins ; là, du moins, le prélat devait trouver, au besoin, un refuge et un abri, en attendant que son protecteur accourût pour châtier les rebelles et le délivrer.

Quand on a dépassé le misérable village d'Hermillon, bâti au pied du rocher qui porte la Tour de Bérold, le chemin de fer décrit une large courbe pour contourner le *Mont-Rockery*, que dominent les glaciers de Saint-Sorlin, et entre dans la vallée de Saint-Jean-de-Maurienne, en franchissant l'Arc, sur la rive gauche duquel se trouvent la station et la ville de Saint-Jean-de-Maurienne.

Saint-Jean, autrefois capitale de la province et du duché de Maurienne, aujourd'hui simple chef-lieu d'arrondissement du département de la Savoie; est une très-ancienne petite ville, aux rues étroites, tortueuses et sales, au pavé raboteux et irrégulier; elle ne se distingue d'Aiguebelle et de Montmélian que par la hauteur de ses maisons qui ont deux ou trois étages. Située au milieu d'une plaine assez fertile, au confluent de l'Arc et de l'Arvant, elle est dominée par des montagnes très-élevées que couronne un plateau de plusieurs lieues d'étendue, couvert de bois de sapins et autres résineux, qui sont longtemps demeurés sans exploitation faute de moyens de communication et de transport. Quelques coteaux des environs produisent un vin qui jouit dans le pays d'une certaine réputation, et particulièrement le vin blanc de *Saint-Julien*, dont on ne manque pas, dans les buffets des diverses stations de la Savoie, d'exalter singulièrement les qualités, d'ailleurs recommandables.

S'il faut en croire Grégoire-de-Tours, cette petite ville aurait échangé son nom primitif, qu'on ignore du reste, contre celui de *Saint-Jean*, parce qu'au commencement du VIe siècle, sainte Tigre, — un bien vilain nom pour une sainte — ou sainte Thècle, y apporta trois doigts d'une main de saint Jean-Baptiste. Ce qu'il y a de plus certain, c'est que son histoire se confond avec celle de ses évêques et que, dès l'an 341, l'un de ces derniers figurait au concile tenu à Rome.

Saint-Jean-de-Maurienne a beaucoup gagné, assure-t-on, depuis l'occupation française à l'époque de la révolution. Le passage du chemin Victor-Emmanuel hâtera certainement son développement et accroîtra, dans un avenir peu éloigné, son importance commerciale, en assurant aux produits de son territoire des débouchés qui manquaient jusqu'alors.

La cathédrale de Saint-Jean-de-Maurienne n'a rien de remarquable au point de vue architectural; ses proportions extérieures sont mêmes dépourvues d'harmonie et d'élégance. Mais elle renferme de magnifiques boiseries, œuvre d'un artiste génevois du XVe siècle, que tous les voyageurs s'empressent d'aller admirer. De chaque côté du chœur règne un double rang d'une vingtaine de stalles chacun, l'un appuyé au mur, l'autre au-devant. Chacune de ces stalles présente au dos un saint ou un personnage religieux sculpté avec soin. Au-dessus du rang, adossé au mur, est une galerie travaillée à jour et d'une façon si fine, si délicate, qu'on peut, sans exagération, la qualifier de vraie dentelle de bois. Le siège épiscopal, également en bois sculpté, domine les stalles du côté gauche, et près de ce siège se trouve le reliquaire de saint Jean, sculpté en albâtre. C'est tout un monde de statuettes, de groupes, de guirlandes et de clochetons profondément fouillé que cette boiserie, et on ne se lasse pas d'en admirer le fini du travail et la variété du dessin.

L'église renferme les tombeaux du comte Humbert-aux-blanches-mains, et de deux évêques de Maurienne, Oger de Conflans, mort en 1441, et Lambert, mort en 1591.

Tout près de la station du chemin de fer et précisément en face du point de jonction de l'Arc et de l'Arvant, sont les sources thermales de l'*Echaillon*, employées en bains depuis le milieu du siècle dernier. Le roi Charles-Emmanuel III y recouvra la santé, et dans sa reconnaissance, il y fonda un établissement qui fut, plus tard, emporté par un éboulement de rochers et par un débordement de l'Arc. Les propriétaires qui se sont succédé ont fait des efforts considérables pour garantir leur établissement, au moins contre l'un des deux fléaux qui le menacent sans cesse, mais ils n'ont pu parvenir encore à mettre les sources à l'abri des invasions périodiques du terrible torrent.

Le chemin de fer franchit l'Arvent presqu'en sortant de la gare de Saint-Jean, et s'engage dans une plaine toute couverte de pierres et de débris de roches, à l'extrémité de laquelle il franchit l'Arc pour s'enfoncer dans une gorge étroite, dont les escarpements, à droite et à gauche, portent deux villages que cache, au trois quarts, un épais rideau d'arbres fruitiers, mérisiers, pêchers et amandiers. Fort heureusement, pour le plaisir des yeux, quelques minutes suffisent pour traverser ce défilé sauvage, et après avoir franchi un torrent qui descend de la montagne des *Encombres*, on arrive dans un petit bassin fertile, couvert de vignes, fermé à droite par de hautes montagnes arides et nues, à gauche par des carrières d'ardoises et le gros village de *Saint-Julien*.

Mais la perspective, relativement agréable, qui s'offre alors aux yeux du voyageur, ne dure à son tour que quelques instants; et, franchissant un nouveau torrent jaillissant du *Roc des Encombres* qui dresse son col jaunâtre et tout déchiqueté, on rentre dans un second défilé non moins étroit et tout aussi sauvage que le premier. Il y a dans ces parages d'importantes carrières de chaux, dont les nombreux ouvriers peuplent les villages de *Saint-Martin-de-la-Porte*, et *Saint-Martin-d'Outre-Arc*, placés, comme deux sentinelles avancées, à chaque extrémité du défilé, pour en garder et en défendre l'entrée.

A peine a-t-on dépassé Saint-Martin-d'Outre-Arc, qu'on aperçoit, à moitié caché dans un joli bouquet d'arbres, le village de *Saint-Michel*, où le convoi ne tarde pas à s'arrêter.

C'est là que se termine provisoirement la voie ferrée, en attendant que les gigantesques travaux du percement du Mont-Cenis lui permettent d'atteindre Suze et de se souder au réseau italien.

X.

Le convoi fut bientôt en gare, et à l'appel des conducteurs et des employés de service, les voyageurs durent descendre de wagon pour prendre place dans les diligences qui les attendaient dans la vaste cour de la station, pour les transporter de l'autre côté du Mont-Cenis. Il nous fallut donc abandonner le compartiment où, depuis Paris, nous nous étions confortablement installés, mon respectable compagnon de route et moi, l'un, pelotonné dans un coin pour dormir à son aise, l'autre étendu comme dans un fauteuil d'orchestre pour jouir du panorama si varié qui se déroule incessamment de chaque côté de la voie.

J'avoue franchement que ce ne fut pas sans un certain regret que j'abandonnai la place où je m'étais si complaisamment acoquiné depuis dix-huit heures. Le souvenir déjà bien vieux que j'ai néanmoins conservé des diligences, me disait que je ne retrouverais assurément point dans ces véhicules un coin aussi commode et aussi moëlleux que celui que je quittais, en admettant même que le sort daignât me favoriser assez pour m'en octroyer un, ce coin, objet de ma convoitise, n'étant encore que très-problématique. Comme le nombre des diligences est nécessairement proportionné au nombre de voyageurs qu'apporte le chemin de fer, l'administration exige, avec raison, qu'à leur arrivée à Saint-Michel, les voyageurs exhibent leurs billets pour leur répartir ensuite dans les diligences les places correspondantes aux compartiments qu'ils occupaient dans le train. Un billet de première classe donne droit à une place de coupé dans une diligence, mais il peut y avoir six personnes dans un compartiment de première classe et le coupé d'une diligence ne peut offrir que trois places. Là, comme ailleurs, il y a donc beaucoup d'appelés et peu d'élus, et il en résulte que pour obtenir l'une de ces trois places, il faut en faire le siège et la conquérir par adresse, par ruse ou tout simplement par priorité d'inscription.

Dans de semblables conditions, une place de coupé devient le prix d'une véritable course au clocher... les vaincus, comme fiche de consolation, obtiennent les coins dans l'intérieur. Instruit par l'expérience, je me hâtai de remplir les formalités prescrites et j'eus la chance d'obtenir pour mon vieil ami et pour moi les deux premières places de coupé de l'une des six diligences dont la caravane se composait ce jour-là.

Ce n'est pas une mince affaire que le transbordement de cette montagne de bagages et de colis de toutes sortes que traînent après eux soixante ou quatre-vingts voyageurs. Malgré toute l'activité des conducteurs et d'une multitude d'hommes de peine, il ne faut pas moins d'une heure et demie pour débarrasser les fourgons du train et charger les diligences. Nous employâmes ce temps d'arrêt forcé en prenant au buffet de la station une réfection solide, que nos estomacs commençaient à réclamer impérieusement, et en visitant ensuite les abords de la gare.

Saint-Michel, qui compte près de 2,000 habitants, n'est pas précisément une ville agréable; mais sa position, dans une vallée assez spacieuse, généralement bien cultivée et plantée d'arbres fruitiers d'une belle venue, les quelques usines qu'alimentent les torrents environnants, le passage bruyant des diligences qui partent ou qui arrivent, lui donnent une physionomie particulière, un aspect de fraîcheur et de vie qui tranche avantageusement sur la misère, le délabrement et la monotonie de toutes les villes qu'on rencontre depuis Chambéry. Elle est formée de deux villages dont l'un, le plus ancien, est bâti sur la hauteur, tandis que les maisons de l'autre bordent les deux côtés de la route et se groupent aux alentours de la station. On n'y rencontre du reste d'autres monuments qu'une grosse tour carrée qui date du moyen-âge, et l'église dont le clocher seul est remarquable par sa vetusté.

Nous eussions très-volontiers prolongé quelques instants encore cette petite excursion, mais les pas d'une troupe de chevaux qui retentissaient sur le pavé, le bruit des grelots, le claquement des fouets, nous avertirent que nos moments de loisir touchaient à leur fin. Nous nous rapprochâmes de la station et nous entrâmes dans la cour en même temps que les postillons y amenaient eux-mêmes les trente chevaux qu'ils s'empressèrent d'atteler à leurs diligences respectives. Quelques minutes après, les six véhicules des messageries impériales roulaient bruyamment sur le pavé de la rue de Saint-Michel et nous emportaient vers le Mont-Cenis.

La vallée qui semble s'être élargie un instant et tout exprès pour recevoir les constructions d'une petite ville, se retrécit immédiatement au sortir de Saint-Michel, et ne forme bientôt plus qu'une gorge sauvage, bordée à droite et à gauche de bois et d'amas de rochers, laissant à peine place à la route qui grimpe sur une côte très-roide, très-dure, très-difficile et assurément dangereuse à la descente. On aperçoit bien encore quelques vignes sur la gauche, mais des vignes maigres qui ne peuvent vraisemblablement donner qu'un raisin chétif, si tant est qu'on puisse appeler cela du raisin. Ce sont du reste les dernières vignes qu'on rencontre de ce côté des Alpes.

La rivière d'Arc, qu'on traverse plusieurs fois et dont on ne cesse néanmoins de remonter le cours, devient moins volumineuse, mais en revanche beaucoup plus rapide. Ce n'est plus qu'un torrent, mais un torrent formidable dont les eaux roulent avec fracas, se brisent contre des quartiers de rochers qui gênent son cours, et bondissent en cascades pour retomber ensuite sur un lit formé d'écueils et de bas-fonds.

Peu à peu cependant la montée devient moins roide, la vallée s'élargit de nouveau, sans rien perdre pour cela de sa physionomie sauvage. On traverse alors le petit village de *Ferney*, en face duquel on aperçoit, bâti sur une montagne bien cultivée, un second village plus considérable qui a nom *Saint-André*, et qui est dominé par d'autres montagnes couvertes de neiges et de glaces.

La route tourne alors à gauche, traverse des bois de sapins au milieu desquels on aperçoit les débris extraits de l'intérieur de la montagne pour le percement des Alpes; puis, dépassant les bâtiments considérables qui servent d'ateliers pour la réparation des machines et des engins, elle arrive à *Modane*.

Modane est un gros bourg de 12 à 1,500 habitants qui n'est guère remarquable que par sa position extrêmement pittoresque. Assis sur la rive gauche de l'Arc, dans une vallée assez fertile, plantée de pommiers, de poiriers, de châtaigniers et surtout de noyers, il est de toutes parts environné de montagnes élevées, les unes nues et abruptes comme le *Roc de l'Aiguille*, ou couronnées de neiges et de glaces comme le *Poleset*, les autres couvertes de bois, de mélèzes, d'épicéas et de sapins qui atteignent une hauteur prodigieuse et une grosseur énorme.

Les marchés de bestiaux qui se tiennent à Modane et qui sont très-fréquentés par les paysans de la Maurienne, donnaient seuls autrefois une certaine importance à ce bourg. Mais depuis quelques années, c'est-à-dire depuis le commencement des travaux du chemin de fer et du percement des Alpes, cette importance s'est considérablement accrue. Les nombreux ouvriers employés aux ateliers de la voie et du tunnel, la foule toujours croissante des voyageurs qui viennent visiter ces gigantesques travaux, contribuent singulièrement à hâter son développement et sa prospérité.

Vers le milieu de la grande rue de Modane, — qui est en même temps la grande route, — la diligence passe près d'une petite place où l'on remarque une antique fontaine avec bassin et colonne de granit grossièrement sculptée, le tout surmonté d'une croix en fer aux bras de laquelle flottait alors un petit drapeau tricolore. Il n'y a là rien d'extraordinaire et de bien curieux, assurément, et cependant, cette petite place, dont le nom, Sainte-Barbe, est gravé aux encoignures de la rue, cette fontaine, ce drapeau, me frappèrent et m'intriguèrent vivement pendant un certain temps. J'avais comme un vague souvenir de les avoir déjà vus ou d'en avoir entendu parler ; mais où ? quand ? comment ? à quel propos ? dans quelle circonstance ? C'était là ce que je ne pouvais retrouver. La réalité avait beau m'affirmer que je passais à Modane pour la première fois, l'illusion tenait bon néanmoins. Enfin, après avoir longtemps fouillé les plis et replis de ma mémoire, il me revint qu'à l'époque de la guerre d'Italie les habitants de Modane s'étaient distingués entre tous les Savoisiens par l'enthousiasme avec lequel ils avaient accueilli les troupes françaises. Je me rappelai alors qu'au récit de cette démonstration patriotique un des journaux illustrés de Paris, l'*Univers*, je crois, avait joint une gravure représentant le passage d'un corps d'armée à Modane, et que la place et la fontaine Sainte-Barbe en occupaient le premier plan. Cette reconnaissance attestait évidemment le mérite du dessin, et j'envoyai gaiment mes félicitations mentales à l'artiste inconnu. Quant au drapeau lilliputien, il avait été placé là sans doute par quelque troupier en belle humeur, pendant les loisirs de la halte. Qui sait? Peut-être ce lambeau d'étoffe cachait-il une pieuse pensée et exprimait-il, comme un *ex-voto*, une prière ou une action de grâce? Peut-être enfin n'était-il qu'un hommage dérisoire offert par un artilleur facétieux à la grande patronne de l'arme et de la fontaine? Quoiqu'il en soit, les Modanais l'avaient respecté : c'était pour eux un souvenir, et l'annexion, dont il semblait avoir été le présage, en avait doublé le prix.

On ne saurait passer à Modane sans vouloir donner satisfaction au vif sentiment de curiosité que fait naître le percement du tunnel du Mont-Cenis, qui sera certainement, avec le percement de l'isthme de Suez, l'œuvre la plus colossale de notre dix-neuvième siècle. Aussi demanderai-je aux lecteurs qui ont eu la patience de m'accompagner jusqu'ici, la permission de nous y arrêter quelques instants, le temps nésessaire pour apprendre l'historique de cette gigantesque entreprise, de nous renseigner sur les moyens employés pour son exécution et sur le degré d'avancement des travaux.

L'idée de relier les lignes ferrées de l'Italie avec celles de la France, au moyen d'une galerie souterraine creusée à travers les Alpes, remonte à une vingtaine d'année. Un habitant de Bardonnêche, M. Médail, avait remarqué que la vallée de la Doire, — du côté du Piémont, — et celle de l'Arc, — du côté de la Savoie, — s'étendent parallèlement, l'une du couchant au levant, l'autre du levant au couchant, et qu'elles se trouvent à peu près au même niveau. Il constata en même temps que cette égalité de niveau, par une coïncidence doublement heureuse, se rencontrait précisément à l'endroit où la chaîne des Alpes a le moins de largeur, et sur la ligne la plus directe entre Paris et Turin. M. Médail consigna, dans un savant mémoire, ces indications précieuses, sans néanmoins discontinuer ses explorations qui l'affermirent de plus en plus dans la conviction que le seul point abordable pour le percement des Alpes était entre Modane et Bardonnêche.

Ce mémoire attira l'attention du gouvernement Sarde auquel seul il appartenait alors de trancher la question, et, pour l'étudier dans tous ses détails, il nomma une commission que le modeste M. Médail eut la satisfaction de voir fonctionner avant de mourir.

Cette commission reconnut que sous tous les rapports l'endroit indiqué par M. Médail était, en effet, le plus propice à l'ouverture d'une communication souterraine, entre la France et l'Italie. Mais elle constata en même temps que pour exécuter cette galerie, il fallait perforer le massif d'une montagne, dans une longueur de 13 kilomètres, sous une hauteur qui atteint jusqu'à 1,600 mètres, et qu'en outre, l'impossibilité d'établir des puits d'aération exposerait la vie des ouvriers qui se trouveraient incessamment plongés dans les nuages de gaz méphitiques produits par l'explosion des mines; elle calcula enfin que, dans des conditions ordinaires, la construction d'un tunnel n'avançant guère que de 7 à 10 mètres par mois, de chaque côté d'un même puits, et l'impossibilité de creuser des puits intermédiaires étant reconnue, le percement du tunnel des Alpes exigerait sept cent soixante-cinq mois, c'est-à-dire tout près de soixante-quatre ans, en admettant encore qu'il n'y eut pas d'interruption dans les travaux.

Le gouvernement sarde recula devant les conclusions du rapport de la commission, et ce projet grandiose était sur le point d'être complétement abandonné, lorsqu'en 1849 un ingénieur belge, M. Mauss, soumit à la commission une machine de son invention destinée à perforer les rochers et qui devait être mise en mouvement par une grande force hydraulique.

La commission reprit ses travaux. L'essai qu'elle fit faire de l'invention de M. Mauss lui démontra qu'excellente pour la perforation des rochers, cette machine était incommode à mettre en mouvement dans une profonde galerie et impuissante à renouveler l'air vicié. Devant ces résultats purement négatifs, la machine Mauss dut être abandonnée.

Six ans plus tard, en 1855, M. Colladon, de Genève, proposa un moteur à air comprimé. Cet appareil remédiait bien aux deux inconvénients que présentait l'invention de M. Mauss, mais il n'apportait pas de moyens plus simples que ceux connus jusqu'alors pour se procurer l'air en grandes quantités et ne présentait aucune disposition pour son application à la machine perforatrice.

A peu près dans le même temps, un ingénieur anglais attaché au chemin de fer sarde, M. Thomas Barlett, inventait une machine locomobile et horizontale, fort ingénieuse, qui résolvait le problème, mais qui dut néanmoins être écartée par la raison qu'elle remplissait la galerie de vapeur et de fumée et rendait ainsi impossible le travail des ouvriers.

Malgré les graves inconvénients qu'ils présentaient et qui en rendaient l'application impossible, ces trois systèmes avaient le précieux avantage de résoudre chacun un des côtés du problème et un côté différent. Il ne s'agissait donc plus que de réunir ces avantages isolés, de les combiner dans un seul et même appareil qui pût produire une force motrice assez puissante pour perforer, déblayer et aérer le tunnel tout à la fois au fur et à mesure de l'avancement des travaux.

C'est ce que trois ingénieurs sardes, MM. Grandis, Grattone et Sommeiller, sont parvenus à réaliser, en construisant une machine nouvelle à laquelle ils ont donné le nom de *compresseur hydraulique*.

Il serait téméraire à moi de vouloir donner ici

une description détaillée des procédés d'aération et de forage mis en œuvre pour le percement des Alpes. Indépendamment des connaissances spéciales que j'ai le malheur de ne pas posséder, — on n'est pas parfait, — et qu'il faut indispensablement avoir pour rendre cette description exacte, claire et intelligible, elle n'intéresserait, sans doute, qu'un très-petit nombre de lecteurs, ceux qui sont depuis longtemps familiarisés avec les termes scientifiques, et ceux-là sauront bien trouver, si ce n'est déjà fait, à satisfaire leur curiosité.

Je me borne donc à dire ce qu'il m'est possible d'exprimer clairement. Du côté de Modane, la machine hydraulique destinée à soulever l'eau nécessaire pour servir à la compression de l'air est établie sur l'Arc et mise en mouvement par une chute d'eau de 5ᵐ 60 c. L'eau ainsi soulevée est portée au moyen de tuyaux qui, traversant d'abord la route, la longent ensuite pendant deux ou trois kilomètres environ, et gravissent enfin la montagne pour atteindre les réservoirs spéciaux, placés à une hauteur d'au moins cinquante mètres.

L'air comprimé qu'on obtient par le compresseur hydraulique, n'est pas seulement destiné à être répandu dans la galerie pour y entretenir la respiration des ouvriers, il est encore utilisé comme force motrice, pour mettre en mouvement les divers organes de la machine perforatrice.

Cette machine, extrêmement ingénieuse, est armée de huit burins perforateurs qui, placés dans des positions diverses, sur un même affût susceptible d'avancer ou de reculer, fonctionnent simultanément et de la manière suivante : Ils frappent tout à la fois des coups rapides et violents sur la roche à perforer, exécutent sur eux-mêmes un mouvement de rotation qui les empêche de s'engager dans les trous qu'ils percent, et enfin s'avancent progressivement au fur et à mesure que les trous deviennent plus profonds.

Tandis que les perforateurs fonctionnent ainsi, l'air comprimé est conduit dans des tubes disposés le long de la voie jusqu'au fond de la galerie. Le cylindre flexible se plie, se déroule, s'allonge à volonté, selon les besoins et le degré d'avancement des travaux. Des tubes, isolés les uns des autres, partant du grand conduit générateur, vont porter l'air dans toutes les parties du tunnel. Ces machines puissantes produisent en vingt heures un total de 3,240,000 litres d'air pur, qui rendent salubre pour les ouvriers l'air vicié par les feux et les explosions de mines.

Chacun des perforateurs perce dans la roche une dizaine de trous de 90 c. de profondeur dans l'espace de six heures environ, selon la résistance de la roche. Au bout de ce temps, le fond de la galerie se trouve donc être criblé, — c'est le mot — de trous de cette dimension ; alors on recule l'affût et on le met à l'abri des éclats de mines, derrière une solide cloison. Les trous sont séchés, nettoyés par un courant d'air comprimé, puis bourrés et chargés avec des cartouches préparées à l'avance, et l'explosion a lieu. Quatre heures sont nécessaires pour ces opérations successives et celle du déblaiement, de sorte qu'il faut dix heures consécutives pour obtenir une excavation de 90 centimètres de profondeur. Or, comme il se fait par jour deux séries d'explosions, il en résulte que la galerie avance quotidiennement de 1 m. 80 c. de chaque côté, soit 3 m. 60 c. pour la totalité.

C'est le 31 août 1857 que les travaux du tunnel des Alpes ont été inaugurés par le roi Victor-Emmanuel, qui n'était encore que le roi de Sardaigne, et par le prince Napoléon. Trois ans après, en 1860, la longueur de la percée n'était que de 947 mètres en totalité, dont 521 mètres du côté de Bardonnèche et 426 mètres du côté de Modane; mais à cette époque les machines perforatrices dont j'ai essayé d'indiquer le fonctionnement, n'étaient achevées ni à l'une ni à l'autre des extrémités du souterrain. Elle n'ont été définitivement appliquées du côté de Bardonnèche qu'au commencement de 1862, et du côté de Modane, à la fin de cette même année, et il y avait alors 830 mètres de percée à Modane, 1140 mètres à Bardonnèche, soit 1970 mètres au total. L'avancement ayant eu lieu, depuis lors, à raison de 3 m. 60 c. par jour, ou de 1296 mètres par an, il s'ensuit que les 13 kilomètres pourront, s'il ne survient pas d'interruption dans les travaux, être percés en neuf ans.

Mais l'un des ingénieurs, M. Sommeiller, dont le génie inventif est toujours en travail, a trouvé le moyen de faire trois séries d'explosions par jour, au lieu de deux, et ce moyen, qu'il se proposait d'appliquer aussitôt qu'il aurait pu former à la manœuvre des machines perforatrices un plus grand nombre de conducteurs, est très vraisemblablement employé à cette heure. On obtient donc aujourd'hui un avancement normal de 5 m. 40 c, par jour, au lieu de 3 m. 60 c., ce qui fait gagner encore 2 ou 3 ans.

De tout ce qui précède, on peut donc tirer cette conclusion que dans *dix ans* assurément, très-probablement dans *sept*, et peut-être, grâce aux perfectionnements qui se poursuivent sans cesse, dans un délai moins long, les deux tronçons du Victor-Emmanuel, dont l'un commence à Culoz et finit à Saint-Michel, et dont l'autre partant de Suse aboutit à Turin, seront réunis par une voie ferrée qui traversera les Alpes. On pourra alors aller de Paris à Turin en 28 ou 29 heures, au lieu de 36 qu'il faut aujourd'hui, le trajet de Saint-Michel à Suse, qui exige dix heures par le Mont-Cenis, devant s'accomplir par la voie souterraine en deux heures ou deux heures et demie.

L'empereur Napoléon porte aux travaux du tunnel des Alpes le plus vif intérêt, et il en suit la marche avec une attention constante. Quelques jours avant de quitter Paris, le 24 mai, je lisais dans les journaux qu'il avait lui-même indiqué aux ingénieurs une amélioration importante à introduire : c'était de substituer à la poudre de mines ordinaire la poudre fulminante, dont l'emploi devait avoir pour effet d'apporter plus de régularité dans le travail en détachant de la roche des éclats moins volumineux. Accueillie avec empressement, la proposition de l'Empereur a reçu son exécution, et la poudre fulminante est maintenant employée, particulièrement du côté de Bardonnèche où la roche offre moins de résistance et alterne avec une ardoise argilleuse.

On sait, d'ailleurs, que le gouvernement français s'est engagé à donner à celui de Victor-Emmanuel 25,000,000 fr. si les travaux du tunnel des Alpes étaient terminés en dix ans, et 30,000,000 fr. s'ils l'étaient en moins de huit années. On voit que les efforts des ingénieurs ne tendent à rien moins qu'à mettre cette dernière grosse somme à la charge de notre budget. Mais qui pourrait songer à s'en plaindre !

L'entrée septentrionale du tunnel, du côté de Modane, se trouve à 1,190 mètres au-dessus du niveau de la mer. La voie devra remonter une rampe de 23 millimètres, sur une longueur de 6,250 mètres, jusqu'à la hauteur de 1,335 mètres. Parvenue à ce point qui devient le point culminant, elle descendra sur une égale longueur de 6,250 mètres une pente de 5 millimètres seulement, jusqu'à l'orifice méridional, qui se trouve à une altitude de 1,324 mètres, c'est-à-dire à 134 mètres au-dessus de celui de Modane. La crête de la montagne, au-dessus du point culminant, atteint une hauteur verticale de 1,600 mètres.

A ces renseignements qui m'ont paru assez intéressants pour être consignés dans ces notes, j'ajoute quelques indications qui achèveront de donner une idée de l'importance des travaux. En 1862, pour 300 mètres exécutés du côté de Bardonnêche, on a employé par jour 582 ouvriers, qui ont percé 45,761 trous et usé 72,538 burins ou ciseaux. On a brûlé pour les mines 18,622 kilogrammes de poudre et 76,000 mètres de mèches. La consommation de l'air comprimé a été de 1,334,000 mètres cubes par jour, équivalant à 8,004,000 mètres d'air atmosphérique

Le nombre des ouvriers est actuellement de 720 à Modane et de 900 à Bardonnèche.

En 1860, le tunnel avait déjà coûté 5,000,000 fr. Les devis approximatifs avaient évalué les frais de construction à 30,000,000 fr. ; mais il est aujourd'hui bien reconnu que cette somme sera de moitié insuffisante et que l'achèvement de cette nouvelle merveille du monde ne coûtera pas moins de 65,000,000 fr.

La somme est assez ronde, comme on voit ; mais la science, à qui nous devons déjà tant de procédés économiques, n'a pas encore trouvé le moyen d'obtenir des merveilles sans délier les bourses ; on ne les paie d'ailleurs jamais trop cher, surtout lorsque, comme le tunnel des Alpes, elles réunissent au mérite de la difficulté vaincue celui bien autrement précieux d'une utilité éternellement féconde.

« Lorsque sera achevée cette œuvre grandiose, il existera peut-être encore des Pyrénées, dit M. Figuier ; mais, sans nul doute, il n'y aura plus d'Alpes. » En attendant le grand jour où l'ouverture de la voie souterraine réalisera cette parole, reprenons l'antique route qui grimpe en serpentant à travers les monts, et qui fut elle-même une merveille pour nos pères.

J'ai dit que l'importance de Modane s'était considérablement accrue depuis l'ouverture des travaux du chemin de fer et du tunnel des Alpes ; j'ajoute qu'il est vivement à souhaiter que l'aisance et le bien-être, qui doivent nécessairement résulter de cet heureux accroissement, exercent leur salutaire influence jusque sur la constitution physique des habitants.

Il est impossible de rencontrer une population plus débile, plus chétive, plus souffreteuse, que celle de cette bourgade : c'est, pour ainsi dire, une race à part, qui semble dégénérée. Petits, maigres, ridés, contrefaits, pâles ou plutôt jaunes, ces pauvres gens sont presque tous, les femmes surtout, frappés d'affections goitreuses, et il n'est pas rare que cette difformité atteigne des proportions si monstrueuses, qu'on soit obligé de les cacher aux yeux sous des blouses en toile grossière. Les jeunes filles de dix à douze ans ne sont point elles-mêmes exemptes de cette hideuse infirmité, et elles en portent déjà la marque apparente.

Les crétins sont aussi plus nombreux dans les environs de Modane que dans toute autre partie de la Savoie. Pendant que les conducteurs et les postillons étaient occupés à changer de chevaux devant l'une des auberges de l'endroit, les diligences furent entourées par une foule de ces malheureux qui demandaient l'aumône d'une voix glapissante, hommes, femmes, vieillards, enfants, tous infirmes, déguenillés, composaient un groupe à défier le crayon de Hogarth ou de Callot. Il y avait parmi eux un pauvre homme qui attira plus particulièrement mon attention, tant il me parut réaliser de tout points le type de la laideur humaine, dont l'illustre auteur de *Notre-Dame de Paris* a esquissé l'idéal dans le portrait resté célèbre de Quasimodo. Enfant, j'avais vu dans les rues de Lisieux un personnage qui avait, avec le sonneur de Notre-Dame, plus d'un trait de ressemblance, et je croyais bien n'avoir plus à rencontrer jamais figure approchant plus près du modèle ; je me trompais : il fallait que je vinsse à Modane pour trouver un être plus hideux, plus difforme, plus triste à voir que le pauvre Lexovien D......., et le pauvre parisien imaginaire Quasimodo. Figurez-vous un buste assez fort, porté sur deux jambes courtes et grêles, tordues, cagneuses, s'arc-boutant aux genoux en s'appuyant à leurs bases sur deux larges pieds plats ; mettez de chaque côté de ce buste deux bras courts et grêles comme les jambes ; placez au-dessus une tête relativement énorme, soudée directement sur les épaules au milieu d'un bourrelet goitreux qui la déborde et retombe sur la poitrine comme la bavure du ciment entre deux pierres qu'on vient de sceller. Imaginez à cette tête une bouche édentée, garnie de lèvres épaisses, grimaçant d'une oreille à l'autre un sourire perpétuel et stupide ; un nez volumineux dont on ne saurait retrouver le point de départ et qui, en s'épatant à droite et à gauche, laisse à découvert la double entrée des fosses nazales ; des yeux d'un gris terne, éraillés, chassieux, que ne protègent plus ni les cils, ni les arcades sourcillaires ; un front bas et fuyant, couronné de cheveux roux et plats, collés sur les tempes, hérissés au sommet du crâne ; ajoutez des rides profondes ; des traces de cicatrices sur les joues, un teint jaune et flétri ; figurez-vous tout cela, et vous n'aurez encore qu'une idée incomplète de la laideur du malheureux crétin de Modane.

J'éprouvai tout d'abord un certain sentiment de répulsion lorsque ce pauvre être s'approcha de la portière où je me tenais et me tendit sa casquette en murmurant quelques sons inarticulés; mais la pitié fit promptement taire cette répugnance irréfléchie, et je lui donnai une pièce de monnaie qu'il reçut en se signant dévotement.

Les diligences s'ébranlèrent alors et nous éloignèrent de ce douloureux spectacle, en nous traînant au-delà de Modane, sur une route extrêmement montueuse qui s'élève à une grande hauteur au-dessus du cours de l'Arc, de l'autre côté duquel on aperçoit un petit village qui offre un charmant coup-d'œil. Un peu plus loin, à l'un des nombreux tournants que fait la route, on commence à découvrir le rocher de l'*Esseillon* et les forts qui le couronnent, au pied duquel nous devons bientôt passer.

Mais tandis que les regards se portent tout naturellement sur ce rocher sauvage, taillé à pic, qui semble fermer la vallée et barrer complètement le passage, on traverse ou l'on aperçoit divers petits villages, bâtis dans les positions les plus pittoresques ; c'est, entr'autres, *Villarodin*, accolé au côté gauche et à 1,000 ou 1,200 mètres environ en contre bas de la route, de telle façon que des portières de la diligence on ne voit absolument que les toits plats des soixante ou quatre-vingts maisons dont il se compose. Au-devant de ce village s'étend un petit bassin tout frais, tout verdoyant, très-bien cultivé.

En passant là, on se figurerait volontiers qu'on effectue un voyage aérien, si les grelots des chevaux, le claquement des fouets et les jurons traditionnels des postillons ne venaient rappeler au voyageur qu'il n'est point emporté dans un poétique ballon, mais très prosaïquement enfermé dans l'étroit compartiment d'une antique diligence, laquelle est elle-même très-péniblement traînée par cinq chevaux de montagne.

Plus loin, au fond de la vallée et sur l'autre rive de l'Arc, on aperçoit un pauvre et misérable village, d'une trentaine de maisons tout au plus, au delà duquel, comme dans le décor d'un théâtre, s'ouvre une gorge étroite fermée à son autre extrémité par un rempart de rochers abrupts, aux pointes aiguës entre lesquelles s'élance, d'une hauteur de quatre-vingts mètres environ, une très-curieuse cascade descendue des glaciers voisins de la *Roche-Chavière*. Ce chétif village, c'est *Arvieux* : c'est là qu'est venu mourir, en 877, le roi de France Charles-le-Chauve, qui tenta le rétablissement de l'Empire de Charlemagne et ne parvint qu'à achever sa destruction en faisant passer dans la loi la féodalité qui n'était encore que dans les mœurs.

Voulant chasser d'Italie son frère Carloman auquel étaient échus les pays du Danube avec le titre de roi de Bavière, Charles-le-Chauve réunit à Kiersy (sur Oise) une diète pour régler la manière dont son fils gouvernerait la Gaule en son absence, et franchit les Alpes. Les trois Bernards, le duc Bozon et Hugues, successeur de Robert-le-Fort devaient lui fournir des secours; mais, soit malentendu, soit tralison, ces secours n'arrivèrent point et à leur place Charles vit s'avancer l'armée de son frère Carloman. Reconnaissant son infériorité et son impuissance, il prit la fuite et vint se cacher à Arvieux où son médecin juif, Sédécias, l'empoisonna. Carloman fut élu empereur, et Louis, fils de Charles, prit le titre de roi des Français.

La route contourne ensuite la base d'une haute montagne, toute couverte de pins sauvages, de mélèzes et de sapins dont la plus grande partie atteint une hauteur de 25 à 30 mètres et un diamètre énorme; puis, après avoir franchi une gorge étroite et assombrie par une forêt de sapins, on traverse un pont-levis et l'on a devant soi le rocher, le fort et les casernes de l'Esseillon.

Ce lieu sauvage, hérissé de rochers nus, dont les cimes portent autant de fortins ou de bastions, offre à l'œil le tableau le plus singulier et le plus curieux. Au fond de la combe, pour parler le langage du pays, se trouve un petit village dominé de tous côtés par ces nombreuses fortifications qui s'élèvent, d'étage en étage, en un immense escalier, et ferment complètement l'étroit défilé où la route vient s'engager. Le Fort principal, qu'on désigne sous le nom de fort Victor-Emmanuel et qui couronne ces redoutables travaux stratégiques, se trouve à plus de 1300 mètres au-dessus du niveau de la mer. Aussi, le climat y est-il rude et le service pénible. Avant l'annexion, le gouvernement piémontais n'y envoyait en garnison que des compagnies de discipline; depuis cette époque, le service est fait par la troupe de ligne française, et lorsque nous passâmes devant l'une des casernes qui est bâtie sur le bord de la route, je pus lire sur le shako du factionnaire qui en gardait l'entrée le numéro du régiment : c'était le onzième de ligne.

Au reste, n'aperçut-on pas même un pantalon garance dans ces tristes parages, qu'on y reconnaîtrait néanmoins la présence des français. Il y a sur le côté droit de la route, scellée à l'angle d'une anfractuosité qui sert d'entrée, une enseigne qui ne se compose que de deux mots, mais de deux mots assez significatifs pour attester l'origine gauloise de celui qui les a fait tracer, s'il ne les a tracés lui-même. Cette enseigne a pour but d'annoncer un restaurant, et le propriétaire de l'établissement n'a pu rien trouver de mieux, pour attirer l'attention des voyageurs que d'y barbouiller en lettres boiteuses et d'inégale hauteur, cette légende : RESTAURANT CHAMPÊTRE, qui forme avec le site sauvage, désert, aride, où la végétation est plus chétive, plus rachitique qu'en tout autre endroit de la Savoie, le contraste le plus complet et le plus piquant. Je ne saurais dire si cet établissement est fréquenté par les nombreux voyageurs, qui, chaque été, parcourent les Alpes, mais, ce que je sais, c'est que, s'il m'eût été possible de sortir de ma boîte roulante, je n'aurais certainement pas manqué de le visiter : j'aurais été curieux de déchiffrer l'énigme que ce mot : *Champêtre*, placé dans de telles conditions, me paraissait voiler; j'aurais voulu juger *de visu* s'il exprimait une réalité ou déguisait une déception, si, enfin, il y avait là, véritablement, un sarcasme gaulois ou une oasis alpestre. Malheureusement, nous arrivions précisément à un endroit où la route commence à descendre une longue rampe élevée au-dessus de l'Arc entre deux affreux précipices, et le moment eût été mal choisi pour solliciter de la complaisance du conducteur le temps d'arrêt nécessaire à l'investigation.

Ma curiosité, d'ailleurs, fut bientôt attirée par le spectacle qu'offrait la route. Nous descendions rapidement la rampe et, en contournant le rocher de l'Esseillon, nous apercevions le sentier qu'on a dû, et à grande peine, tailler dans le roc pour mettre le fort en communication avec la route ; ce sentier aboutit à un joli pont de bois suspendu au-dessus de l'Arc, à une très-grande hauteur, et que dans le pays, on désigne sous le nom de *Pont-du-Diable*, sans doute pour exprimer l'effroi vertigineux qu'on doit éprouver en le traversant, ou plutôt pour faire entendre que le Diable seul a pu avoir l'audace et la puissance de jeter un pont sur ce vaste et effrayant abîme; car pour ces pauvres populations, si peu éclairées, la science, c'est le Diable. Plus loin, au bas de la rampe, on retrouve un autre chemin, plus large que le premier, et qui, traversant l'Arc et suivant les escarpements de la rive, est destiné au service de l'artillerie et des approvisionnements.

On arrive alors au village de *Bramans*.

Le village de Bramans se compose de deux hameaux séparés l'un de l'autre par un pont de bois de trois arches, jeté sur un ruisseau qui devient dans la saison des pluies un torrent impétueux ; l'un de ces hameaux se nomme la *Combe*, l'autre le *Verney*. Entre ces deux agglomérations, sur un tertre qui les domine également, s'élève l'église commune, trait-d'union imposant qui semble convier les habitants à la fraternité évangélique.

Les diligences s'arrêtent un instant au Vernay, devant une auberge qui a pour enseigne un énorme *soleil d'or*, dont les rayons éclatants forment avec le délabrement de l'établissement un contraste qui n'est pas le moins du monde favorable à ce dernier. Là, comme à Modane, les goîtreux, les crétins, les infirmes se donnent rendez-vous à l'heure du passage des diligences, et viennent implorer la commisération des voyageurs. Il est impossible de rester insensible devant tant de misères et de souffrances; c'est alors surtout qu'on regrette de ne pas posséder une escarcelle inépuisable comme la bouteille de Robert Houdin : que d'heureux on pourrait faire, que d'actions de grâces, que de bénédictions vous suivraient dans le reste du voyage. Bien que le hasard m'ait jeté à l'antipode de la fortune et qu'il m'oblige, malgré moi, à mesurer mes largesses, je ne pus néanmoins me défendre de faire jouer le ressort de mon porte-monnaie et de puiser dans cette aumônière, trop étroite, hélas! quelques sous que je déposai dans le bonnet de police d'un vieillard goîtreux qui les implorait en invoquant ses états de service comme ancien soldat du premier empire.

Après le Vernay, la route descend jusqu'au bord de l'Arc qu'elle franchit pour en longer ensuite la rive droite jusqu'à Lans-le-Bourg, et l'on arrive par une pente rapide au village de *Termignon*, situé au confluent de l'Arc et de la Laisse, au pied d'une montagne escarpée.

*

Termignon est un des villages les plus considérables du pays, bien que sa population n'excède pas 200 âmes. L'église, bâtie sur un mamelon élevé qui domine tout le paysage, est ornée d'un clocher à fenêtre romaines que surmonte une pyramide octogonale offrant l'aspect le plus original. Quoique cet édifice remonte à une date très-ancienne assurément, il n'est cependant point le monument le plus antique que possède cet humble village. On y montre, mais transformée en grange, une vieille chapelle dédiée à *saint Colomban*, « ce mission-
« naire hardi qui reformait les rois comme les
« peuples, qui parlait à Theuderic et à Brunehaut
« avec une entière liberté, et dont la présence
« sacrée auprès de Clotaire II sembla légitimer la
« cause de la Neustrie. » On sait qu'après avoir quitté Clotaire II, Colomban traversa les Alpes, passa en Suisse, où saint Gall, son principal disciple, fonda le fameux monastère qui porte encore son nom, et qu'il se retira définitivement en Italie, à Bobbio, où il mourut.

Lorsqu'on a dépassé Termignon, l'on grimpe, pendant une demi-heure environ, une côte très-roide qu'il faut ensuite redescendre par un chemin aussi rapide qu'étroit, dominé à gauche par les hauteurs dénudées des *Champermerettes*, et surplombant lui-même, à droite, le cours de l'Arc, si profondément encaissé à cet endroit qu'on semble réellement suspendu au-dessus de précipices horribles. Dans cette traversée de 2 à 3 kilomètres, la route forme plusieurs coudes dont quelques-uns ne laissent pas que d'être dangereux, et une petite chapelle dite *de la Visitation*, rappelle aux voyageurs l'endroit où une diligence roula, il y a quelques années, du haut du talus et fut se briser, elle et tous ceux qu'elle transportait, sur les roches qui forment le lit de l'Arc.

Je n'aspire point à passer pour ce qu'on est convenu d'appeler un esprit fort, et la superstition n'est pas précisément mon côté faible, mais j'avoue que j'éprouve toujours une très-vive répulsion à la vue de ces monuments, croix ou chapelles, destinés à perpétuer le souvenir des accidents ou des crimes. Je n'en distingue point l'utilité; je comprends qu'une inscription rappelle la maison, le lieu de naissance d'un homme qui s'est rendu célèbre par ses talents, son courage ou ses vertus, parce qu'indépendamment de l'hommage public qu'elle exprime, j'y vois un enseignement pour la population, un sujet de reflexion et d'étude pour le voyageur qui passe. Mais je ne comprendrai jamais qu'on s'attache à éterniser, par un procédé analogue, les crimes commis ou les accidents arrivés sur une route. Quelle autre impression que celle de la crainte, de la frayeur, le voyageur peut-il ressentir à la vue de ces sinistres emblêmes? Je n'y reconnais point l'enseignement qu'ils ont la prétention d'annoncer: je n'y vois qu'une invitation aussi coûteuse qu'inutile à ne point passer par cet endroit périlleux ou fatal.

Cependant, après avoir descendu la rampe longue et rapide, la route s'engage dans une gorge étroite, et, tournant brusquement au couchant, entre dans une vallée d'où l'on aperçoit et le *Mont-Cenis* qui domine toutes les montagnes environnantes en les surpassant de plus d'un quart de leur hauteur, et le village de *Lans-le-Bourg* qui en occupe la base occidentale.

XI

Lans-le-Bourg est un gros village de 1,500 habitants au moins, qui n'est point désagréable. La grande route forme sa rue principale. Les maisons, différentes en cela de celles des autres villages de la Savoie, ont plusieurs étages ; construites avec les gros galets que l'Arc rejette sur ses deux rives avec prodigalité, elles sont généralement noires, enfumées, percées de petites croisées à vitres de papier, et leurs toits plats débordent de huit ou dix pieds. Les églises, au nombre de deux, n'ont rien de remarquable ; elles sont bâties, l'une dans le même style que toutes les églises de la Maurienne, l'autre dans le genre italien. On y montre encore, près d'un pont, à l'entrée de l'ancienne route, une chapelle dédiée à saint Antoine, où un prêtre, entretenu par une pieuse fondation, se tenait autrefois à la disposition des voyageurs pour dire la messe avant la montée, aussitôt qu'il en était requis.

Saint Antoine est d'ailleurs le grand saint du pays : il a dans les montagnes escarpées et couvertes de bois qui s'élèvent sur la droite de l'Arc, un nombre considérable de chapelles, et tous les bestiaux sont placés sous son patronage. « Aussi, le jour de sa fête, à Lans-le-Bourg, dit M. Mortillet, chaque propriétaire d'âne ou de mulet donne un cierge et amène sa bête devant l'église. Le curé, après avoir dit la messe, bénit tous ces animaux, qui, ainsi que leurs maîtres, ont assisté à la cérémonie. »

Cette cérémonie peut aujourd'hui paraître singulière, mais elle est assurément moins ridicule que celle qui se célébrait au moyen-âge dans certaines cathédrales, entr'autres dans celle d'Autun, sous le titre de *Procession de l'Ane*. Les sous-diacres et les enfants de chœurs, après avoir jeté une grande chappe sur le dos d'un âne, allaient le recevoir à la porte de l'église en chantant une antienne en son honneur, sur ce thème : « que la vertu asinine avait enrichi l'église. » En voici un verset :

> Aurum de Arabia,
> Thus et Myrram de Saba
> Tulit in Ecclesia
> Vertus Asinaria.

Mais revenons à Lans-le-Bourg.

Avant que la grande route, construite sous le premier empire, fût terminée, il n'existait pas sur le Mont-Cenis de chemin praticable pour les voitures. Parvenus à Lans-le-Bourg, les voyageurs étaient obligés de faire marché avec des gens du pays qui, en moins de deux heures, démontaient une voiture pièces par pièces, avec autant d'intelligence que de soin, et la chargeaient ainsi sur des mulets pour franchir la montagne. C'était-là la seule industrie des habitants de Lans-le-Bourg à cette époque, industrie née de la position topographique, que l'ouverture de la route nouvelle a supprimée sans la remplacer. On ne voit dans ce village que cafés, auberges, cabarets, charrettes et mulets ; en revanche, on n'y trouve pas de boulangers. Soit à cause du froid, soit à cause de la crudité des eaux, on ne fait point de pain dans cette partie de la Maurienne, et celui qu'on y mange vient ou du Piémont ou de la Basse-Maurienne. Ce n'est donc ni à la fumée des usines, ni à celle des fours que Lans-le-Bourg doit sa noire physionomie, mais aux flots de poussière et aux pluies que les vents soulèvent et chassent avec une violence extrême dans cette contrée. Les vents les plus habituels sont ceux qui soufflent du Piémont et que les habitants du pays appellent la *Lombarde*, et ceux qui viennent en sens contraire des glaciers de la *Vannoise*, dont ils gardent le nom. La rencontre de ces deux courants opposés refroidit singulièrement la température et amène de fréquentes perturbations atmosphériques : il n'est pas rare qu'il pleuve à Lans-le-Bourg, tandis qu'il fait un temps superbe à Termignon et à Bramans ; c'est du reste ce qui eut lieu le jour de notre passage. En gravissant pédestrement la montée au sortir de Termignon, le soleil nous envoyait sur le dos ses rayons les plus brûlants et la sueur roulait sur nos visages rougis en gouttes précipitées ; mais lorsque nous arrivâmes à Lans-le-Bourg et que nous descendimes de diligence pendant le temps d'arrêt réglementaire, une pluie fine, abondante et glacée vint nous surprendre et nous rafraîchir à ce point, que nous dûmes endosser nos par-dessus d'hiver, que nous avions fort heureusement conservés à notre disposition.

La population de Lans-le-Bourg n'a point cet aspect étiolé, chétif, qui attriste le voyageur en apercevant les habitants des autres villages de la

Savoie. Le sang est devenu plus beau au pied du Mont-Cenis ; les goitreux y sont beaucoup moins nombreux. Les hommes sont généralement de bonne taille, trapus, robustes ; les femmes aussi sont vigoureusement constituées, mais, je suis fâché de le dire, elles n'ont point la figure agréable, pas même les jeunes filles, et je n'hésite point à déclarer qu'aucune d'elles n'a la moindre ressemblance avec ces fraîches et sémillantes *bergères des Alpes* que les dramaturges et les auteurs de romances ont pris plaisir à nous présenter sous les traits les plus gracieux et les plus séduisants, dans un costume écourté, plein de coquetterie. Les tableaux de ces messieurs font le plus grand honneur à leur imagination d'artistes, mais en même temps ils réservent à ceux que le hasard amène devant les originaux une terrible déception. Ce sont d'épaisses et lourdes créatures, dont le costume seul trahit le sexe. Leurs vêtements, de grosse étoffe brune, bleuâtre ou grise, mais plus généralement brune qui les fait ressembler à des pensionnaires d'un couvent de Carmélites, sont coupés sans prétention et sans goût, et ont avec les fourreaux de parapluies une parfaite analogie de forme. La crinoline et le jupon empesé sont encore inconnus à Lans-le-Bourg ; et l'on dit pourtant que les modes françaises pénètrent partout !

Les habitants de Lans-le-Bourg, devenus français de par l'annexion de 1860, n'ont pas toujours montré pour la France des dispositions bienveillantes. Pendant les guerres de la République, alors que les Autrichiens occupaient le Mont-Cenis, l'armée française fit, pour les déloger de cette position importante, diverses tentatives qui toutes demeurèrent sans résultat. Les Autrichiens étaient exactement informés par les Lans-le-Bourgeois de tous les mouvements de nos troupes. Mais le général s'en aperçut un jour ou en fut averti : il fit enlever tous les habitants qu'on transporta à Barraux, dans le Dauphiné, et, quelques jours après, nos troupes franchissaient le Mont-Cenis, chassant devant elles les Autrichiens.

Mais l'enthousiasme avec lequel les Lans-le-Bourgeois ont accueilli notre jeune armée à son passage, lors de la dernière campagne d'Italie, doit faire oublier un moment d'erreur et effacer à tout jamais ce souvenir déjà lointain. — A tout péché miséricorde. — Pourtant, si la population en général ne nous traite plus en ennemis, les maîtres d'hôtel, en particulier, semblent ne nous considérer encore que comme des étrangers et non comme des compatriotes ; le prix auquel il taxent l'insipide bouillon qu'ils débitent dans leurs salles enfumées, calculé vraisemblablement en raison inverse de la qualité de la marchandise, excède sensiblement celui qu'on paie dans les buffets des chemins de fer. C'est assez dire qu'à Lans-le-Bourg l'hospitalité ne se pratique pas précisément au même tarif que chez les bons montagnards écossais de la *Dame Blanche*.

Après une halte d'une demi-heure environ, l'un des conducteurs entr'ouvrant la porte de la salle où la majeure partie des voyageurs se tenait enfermée, fit entendre l'appel traditionnel : En voiture ! Et chacun, s'empressant d'obéir à l'injonction, vint reprendre sa place dans les diligences.

Un changement notable que rendait d'ailleurs nécessaire la roideur de la montée que nous allions gravir, avait eu lieu dans l'attelage. Au lieu de cinq chevaux qui depuis St-Michel avaient traîné chacun des véhicules, l'équipage se composait de deux chevaux attelés à droite et à gauche de la flèche, et de quatorze mulets qui les précédaient attachés deux par deux.

Au signal donné par les postillons et répété comme un écho par leurs auxiliaires qui marchent près des mulets pour les guider et les stimuler, les six voitures s'ébranlèrent et la caravane singulièrement allongée se mit en marche.

Le tableau que j'avais alors devant les yeux, me causait une certaine émotion et surexcitait vivement ma curiosité. J'admirais cette route magnifiquement taillée dans le roc, s'avançant hardiment entre d'horribles précipices dont l'œil hésite à sonder la profondeur vertigineuse, et des masses énormes de granit, dont quelques blocs surplombant la chaussée, apparaissent çà et là, disloqués, presque en ruines, près de se détacher et semblant incessamment menacer d'écraser, sous leurs poids inappréciables, hommes, voitures et chevaux. Je mesurais du regard ce mont fameux, dressant à notre droite ses cimes couronnées de neige, dont quelques-unes atteignent jusqu'à trois mille cinq cents mètres de hauteur.

Il me serait difficile non-seulement de rendre compte, mais d'énumérer les diverses pensées qui m'assiégeaient en ce moment. Si le Mont-Cenis me causait une sorte de terreur en comparant sa masse imposante à la faiblesse de l'homme, la route que je gravissais et qui se déployait en serpentant devant moi, les travaux du tunnel de Modane, dont le souvenir était tout récent, attestaient éloquemment à leur tour la puissance et la hardiesse de l'homme qui, toujours aux prises avec la nature, sort souvent victorieux de la lutte. En multipliant ainsi les difficultés et les obstacles, en nous contraignant à les combattre incessamment et à les vaincre, a Providence n'a-t-elle pas voulu imposer à notre activité impatiente un aliment inépuisable, n'a-t-elle pas caché là le véritable mot, le secret, l'*ultima ratio* de l'éternel progrès ?

L'histoire de Pénélope ne serait-elle point aussi celle du travail humain ? Comme la laborieuse compagne d'Ulysse, est-ce que l'homme ne recommence pas sans cesse son travail sans fin ? Hier, il traçait péniblement et à grands frais des routes difficiles ; il gravissait lentement les montagnes en les contournant. — Il recommence aujourd'hui son travail à peine achevé : il remplace les routes pierreuses par des voies ferrées ; au lieu d'escalader les monts, il les perce et les traverse. — Demain, peut-être, dédaignant les voies ferrées, il s'élancera dans l'espace et passera au-dessus des monts dont il avait hier taillé les flancs et transpercé la base. — O nature, qui pourra jamais dévoiler tes secrets ! — Humanité qui te dira tes fins !

Le Mont-Cenis forme le nœud des Alpes Cottiennes et des Alpes Grecques. S'il faut en croire une antique tradition, il était couvert de forêts immenses qui, incendiées toutes à la fois, couvrirent ses flancs d'une énorme quantité de cendres. C'est de cette catastrophe que lui serait venu son nom : *Mons Cineris* ou *Cinereus*, Montagne de Cendre; on l'appelait encore *Mons Geminus*, à cause du passage du grand et du petit Mont-Cenis.

La végétation est généralement peu active sur le Mont-Cenis; on y rencontre néanmoins quelques belles prairies et de bons pâturages. Les acacias, les sapins et les mélèzes y croissent assez vigoureusement et leur ramure couvre de son ombre protectrice des mousses, des fougères, des lichens, des fungus et une foule de fleurs charmantes dont les jeunes filles composent de petits bouquets qu'elles offrent ou, pour être plus vrai, qu'elles jettent aux voyageurs par les glaces abaissées des diligences. C'est une manière odorante de demander l'aumône et d'obtenir un petit sou. — Pauvres enfants! elles trottinent pieds nus, en haillons, le long du chemin, jusqu'à ce qu'enfin, de guerre lasse, on acquiesce à leur requête aussi modeste que parfumée.

Le Mont-Cenis a été bien des fois traversé par des armées, tant dans l'antiquité qu'au moyen-âge et dans les temps modernes. C'est un passage qu'on pourrait à bon droit appeler le Chemin des armées.

Marius et Pompée sont, à ce qu'il paraît, les premiers généraux romains qui le traversèrent avec leurs troupes. Plus tard, en 312, Constantin y fit passer les siennes et battit, au Pas de Suse, l'armée qui voulait s'opposer à son retour en Italie.

Pepin poursuivant Astolphe, roi des Lombards, à travers les Alpes, l'atteignait au pied du Mont-Cenis, dans les environs de Suse, et le mit complétement en déroute. Lorsqu'en 773, Charlemagne résolut d'anéantir la puissance des Lombards, c'est par le Mont-Cenis qu'il se rendit en Italie. Louis-le-Débonnaire y conduisit également son armée, et c'est lui qui fit bâtir, au sommet du mont, l'hospice que nous devons bientôt rencontrer.

Les prétentions de Louis XII et de François Ier sur le Milanais, les guerres qui en furent la conséquence, obligèrent plus d'une fois les deux monarques à franchir les Alpes, et une partie de leurs armées prirent le chemin du Mont-Cenis.

Pendant les longs démêlés de Louis XIV avec les ducs de Savoie, lorsque Catinat conduisit ses armées aux victoires de Staffarde et de Marsaille, où Victor-Amédée fut fait prisonnier, ce fut par le Mont-Cenis qu'il descendit dans le Piémont. Il en fit réparer et élargir la route que la maison de Savoie considérait, à juste titre, comme une des plus solides barrières de ses Etats et qu'elle laissait en conséquence sans aucune amélioration. Jusqu'alors le chemin n'était praticable que pour les chevaux et les bêtes de somme, mais les travaux exécutés à la fin du XVIIe siècle livrèrent le passage à de petites voitures et à l'artillerie légère.

C'est dans cet état que les armées de la République française trouvèrent le Mont-Cenis, lorsqu'elles le traversèrent en 1794.

La route actuelle, construite par les ordres de l'empereur Napoléon Ier et sous la direction de l'ingénieur Fabroni, fut commencée en 1803 et terminée en 1810. Elle a coûté 7,500,000 francs. Elle gravit la montagne par six lacets, chacun d'une longueur d'un kilomètre environ ; sa pente atteint jusqu'à 7 centimètres par mètre. Quatre heures sont nécessaires pour parvenir au sommet, c'est-à dire pour faire une lieue et demie.

Vingt-trois petites auberges numérotées en partant du Piémont, et qu'on désigne sous le nom de Maisons de refuge, sont bâties de distance en distance le long de la route, entre Lans-le-Bourg et Suse, c'est-à-dire entre les deux points extrêmes de la traversée. Ces refuges sont d'une fréquente utilité pour les voyageurs, car le vent est parfois si violent dans ces parages, qu'il culbute des voitures chargées. Ils sont habités par des gardiens, espèces de cantonniers qui reçoivent un traitement fixe, du bois de chauffage, et ont pour mission d'entretenir la route et de porter aide aux voyageurs en cas de besoin.

En sortant de Lans-le-Bourg, on longe à gauche un grand bâtiment carré, percé de meurtrières ; c'est une ancienne caserne bâtie sous le premier Empire, qui n'a aujourd'hui aucune destination. On traverse ensuite l'Arc sur un pont de bois à culées de pierre, et l'on commence immédiatement à gravir le versant du Mont-Cenis.

Au fur et à mesure qu'on s'élève, on découvre de délicieux points de vue sur Lans-le-Bourg et sur un autre village qu'on appelle Lans-le-Villard et que domine un rocher au sommet duquel est bâtie l'église. Puis on voit se dresser devant soi l'énorme massif de la Vannoise, au-dessus duquel s'élève le pic élancé de la Roche-Chavière.

En approchant du refuge n° 20, on laisse à droite un chemin que les gens du pays appellent *le chemin des Canons*. C'était là que les Autrichiens avaient établi les batteries qui devaient empêcher les colonnes de franchir le passage, en 1794.

Le refuge n° 15, situé à l'un des points culminants du mont, est désigné dans le pays sous le nom de *Ramasse;* c'est ainsi qu'on appelle une sorte de traineau dont les habitants se servent pour descendre la montagne, lorsque les neiges en ont rendu les pentes impraticables aux chevaux et aux mulets. Le refuge de la Ramasse est à 700 mètres au-dessus de Lans-le-Bourg et il ne faut que vingt minutes pour en descendre sur ce traineau que le conducteur dirige avec une grande adresse, au moyen de ses talons qui remplissent exactement l'office de gouvernail.

Du refuge n° 18 à celui qui porte le n° 15, la route commence à descendre assez rapidement, et à l'un des coudes qu'elle forme on découvre tout à coup la plaine et le lac du Mont-Cenis, dont on longe la rive orientale avant d'arriver à l'hospice.

Ce lac, élevé à plus de 1,900 mètres au-dessus du niveau de la mer, a deux kilomètres environ de longueur sur un kilomètre de largeur, et sa profondeur, généralement considérable, est dans certains endroits incommensurable. Il appartient à la commune de Lans-le-Bourg qui, moyennant une redevance annuelle, a cédé le droit de pêche à l'hospice. Il nourrit de nombreuses truites saumonées qui jouissent dans le monde gastronomique d'une excellente réputation.

L'hospice du Mont-Cenis a une origine très-ancienne, puisque sa fondation remonte à Louis-le-Débonnaire, le fils et successeur de Charlemagne. Lorsque l'empereur Napoléon Ier fit construire la magnifique route, il racheta tous les biens qui avaient appartenu à l'hospice jusqu'à la révolution et les rendit à leur destination primitive. Il fit en même temps relever et restaurer les bâtiments tels qu'ils existent encore aujourd'hui. Ces bâtiments se composent de deux longues constructions sans ornements, séparées l'une de l'autre vers le milieu par une chapelle. L'aile septentrionale, plus considérable que l'autre, servait autrefois de caserne aux carabiniers piémontais; je n'y ai aperçu aucun uniforme français. Il y a de très-vastes écuries et des salles immenses. L'autre aile est spécialement affectée à l'hospice. Les voyageurs peuvent s'y arrêter, y coucher et y prendre leurs repas, le tout gratuitement. Les salles du rez-de-chaussée sont réservées aux voyageurs pauvres; celles du premier sont disposées pour recevoir les voyageurs plus aisés, et elles abritent chaque année les nombreux artistes qui viennent au Mont-Cenis étudier la nature et chercher dans cette mine féconde de pittoresques sujets de tableaux. On y montre deux petits appartements de deux pièces chacun, qu'on désigne sous les noms de Chambre du Roi et Chambre de la Reine. Une inscription indique que le pape Pie VII a occupé la chambre de la Reine, lorsqu'il vint en France pour le sacre de Napoléon Ier.

L'hospice est fortifié; un mur, percé d'un double rang de meurtrières et flanqué de deux bastions, l'entoure de tous côtés. La route elle-même était autrefois coupée par deux ponts-levis, l'un du côté du Piémont, l'autre du côté de la Savoie; mais ils ont été supprimés pour rendre plus facile ce passage aujourd'hui si fréquenté.

C'est derrière les bâtiments de l'hospice, sur les glaciers de Rochemelon, qu'on vient chercher la glace destinée à l'approvisionnement de Turin.

Lorsqu'on a dépassé l'hospice et ses dépendances, la route se rapproche peu à peu d'un torrent impétueux qui roule au milieu des abîmes avec un fracas épouvantable, sous un berceau d'arbres séculaires à travers lesquels on voit bondir les eaux en écume aussi blanche que la neige. C'est la *Cenise*, un affluent du lac du Mont-Cenis, dont la route longe la rive gauche avant d'arriver à la *Grand'Croix*, pauvre petit hameau qui était autrefois le point de démarcation entre la France et le Piémont.

C'est là que commence véritablement la grande descente du Mont-Cenis.

Les nombreux mulets qui ont aidé à la montée sont alors dételés, et l'équipage de chaque diligence se trouve réduit à deux chevaux frais et vigoureux placés de chaque côté de la flèche.

Si l'ascension du Mont-Cenis est lente et pénible, la descente est rapide et véritablement formidable. Il semble à chaque instant que la diligence va atteindre le fond du gouffre, le long duquel la route déroule ses nombreux zigs-zags, tant les pentes sont roides, les lacets dissimulés, tant aussi la vallée qu'on voit à ses pieds s'ouvre à une grande profondeur. Mais c'est surtout dans les tournants que le danger paraît plus menaçant; malgré toute l'adresse, toute la prudence des postillons qu'on ne saurait vraiment trop louer, la caisse du véhicule vient, à ces moments, toucher l'une ou l'autre des roues de derrière, et le sourd frottement qui résulte de ce contact inattendu, momentané, donne à penser que la voiture va inévitablement verser. Il n'en est rien cependant : le coude franchi, le véhicule reprend son équilibre, et, poussé par son propre poids, continue à descendre avec rapidité.

Mon respectable compagnon de route tressaillait à chacun de ces frôlements sinistres; je sentais ses jambes se roidir, ses mains se cramponner à la banquette, comme si ses efforts eussent pu prévenir ou arrêter la culbute qu'il redoutait incessamment. Aussi, lorsque nous fumes arrivés à Suse et enfermés dans un wagon, me déclara-t-il tout net qu'il ne rentrerait point en France par la route que nous venions de laisser. J'eus beau le rassurer et lui rappeler que la traversée par le Mont-Genèvre ou par la route de la Corniche n'était pas moins périlleuse : il ne voulut rien entendre. — Alors, lui dis-je, nous n'aurons qu'à revenir par Gênes; nous nous embarquerons pour Nice, et là nous reprendrons la voie ferrée. — Mais cette proposition qui flattait singulièrement mes goûts, ne fut malheureusement pas adoptée : la mer était un nouvel obstacle, et nous revînmes modestement, comme nous étions allés, par le Mont-Cenis.

Quant à moi, plus préoccupé du curieux spectacle que j'avais sous les yeux que du danger plus hypothétique que réel que nous semblions courir, je m'en remettais à la Providence du soin de nous faire arriver sains et saufs au terme du voyage et ne cessais d'admirer ce rude et grandiose paysage.

Un peu au-dessous de la Grand'Croix, la Cenise forme une magnifique cascade à droite de la route qu'elle franchit pour se précipiter ensuite, en bondissant de rocher en rocher, dans la gorge profonde de Ferrières.

Laissant à gauche l'ancienne route qu'on voit s'enfoncer dans la gorge de Ferrières par une descente effrayante, on arrive sur un plateau qu'on appelle le plateau de Saint-Nicolas, d'où l'on découvre de nouvelles et superbes cascades formées par les effluents de deux petits lacs, qui ont reçu les noms de *Blanc* et *Noir*.

Pour descendre de ce plateau, la route suit exactement les sinuosités des montagnes qui dominent les hauteurs de *Venaüs* et de *Jaillon*, laissant à droite une galerie aujourd'hui abandonnée que les voitures suivaient autrefois au printemps, pour éviter les avalanches ; elle traverse ensuite un ruisseau qui va se perdre dans la Cenise, dépasse un misérable hameau et vient longer le bord d'un nouveau plateau qui surplombe la fraîche et verte vallée de la Novalaise.

Un tableau splendide s'offre alors aux regards émerveillés. On a à ses pieds le joli petit village de

Venaüs, à demi caché dans un bouquet d'arbres fruitiers ; celui plus important de Ferrières au milieu d'une riante prairie, et celui de Novalaise, à l'est duquel un torrent se précipite dans la Cenise d'une hauteur de deux cents mètres au moins, en glissant à travers un rocher noirâtre ses eaux blanches d'écume qui tombent dans une sorte de vasque pour rejaillir ensuite en deux nappes argentées, formant ainsi une double et admirable cascade qu'enveloppe incessamment une vapeur humide et transparente comme une gaze légère ; — à droite, le glacier de Rochemelon et sa pointe pyramidale qui supporte une antique petite chapelle bâtie, dit-on, par un croisé, Boniface d'Asti, pour remplir un vœu qu'il avait formé alors qu'il était prisonnier des Sarrasins ; — plus loin et devant soi, le bassin de Suse et de Bussoleno, la vallée de la Doire, sillonnés l'un et l'autre par le ruban jaune des grandes routes qui se développe vers Turin, et par les rivières aux eaux blanchâtres ou azurées ; — et derrière soi, comme fond et comme contraste à ce tableau éblouissant de richesse, les roches noires, les glaciers, les précipices, la chaîne dentelée de Rochemelon au Mont-Cenis, sur le versant duquel se dessinent en serpentant les lacets de la route qu'on vient de descendre.

C'est en admirant ce merveilleux panorama qui varie à chacun des tournants de la route sans rien perdre de sa majesté, de sa richesse, et qui laisse à peine le temps de remarquer les deux villages de Molaret et de Jaillon, qu'on arrive à *Suse*, tapie au pied du mont de façon à ne se laisser apercevoir qu'au moment même où l'on rencontre ses premières maisons.

A Suse, on est dans le Piémont, on foule le sol italien, et l'on peut, en descendant de diligence, s'écrier à la manière des vieux compagnons du vieil Enée : Italia! Italia!

J'ai trop de respect pour le lecteur et pour la vérité pour oser dire que ce fut véritablement là le cri poussé par les voyageurs de la caravane. Mon antipathie pour l'exagération, ma prédilection pour l'exactitude et la sincérité m'obligent même à déclarer, au contraire, qu'il ne s'exhala réellement de la poitrine de chacun que de longs bâillements et de formidables soupirs accompagnés de tiraillements et de contorsions qui étaient bien plutôt l'expression exacte et prosaïque de la lassitude du corps que la mimique poétique d'un enthousiasme inspiré par la terre classique des beaux arts.

Il faut dire aussi, à titre de circonstance atténuante, que d'autres préoccupations vinrent distraire les voyageurs et absorber toute leur vigilance.

Si, au débarcadère de Saint-Michel, il faut enlever des fourgons les colis et les bagages pour en charger les diligences, il faut, à Suse, faire l'opération inverse et transborder des diligences dans les fourgons du convoi italien ce colossal matériel. Mais cette opération se complique, à Suse, d'une formalité dont l'alliance des gouvernements français et italien n'est pas encore parvenue à débarrasser les voyageurs : je veux parler de la visite douanière. Il ne s'agit pas seulement de reconnaître et de suivre des yeux ses malles et ses caisses, il faut, de plus, en réunir la collection complète et enfin les ouvrir en présence des employés du fisc italien. Tout cela ne laisse pas d'exiger un certain temps et surtout d'être très-ennuyeux ; mais je me hâte d'ajouter, pour être juste, que les *doganieri* s'acquittent de leur délicate mission avec une célérité et une courtoisie exemplaires.

L'inspection terminée, les malles refermées sont immédiatement enlevées et transportées dans les fourgons ; mais avant de les suivre et de pénétrer dans les salles d'attente, les voyageurs ont à déclarer leur nationalité, et, selon leur déclaration, à produire leurs passeports. A cet égard, les Français jouissent d'un véritable privilège qui est la conséquence toute naturelle de la fraternité des deux peuples ; sur la simple énonciation du mot : Français, un signe du préposé italien vous invite à entrer dans la gare sans qu'il soit nécessaire de déployer la pancarte coûteuse qui, de l'autre côté des Alpes, s'appelle *passa-porto*.

Débarrassé de toutes ces formalités, je demandai combien de temps nous avions encore à passer jusqu'au moment du départ du train, et, sur la réponse qui me fut donnée que nous avions devant nous une bonne demi-heure, je sortis de la gare et courus par les rues explorer la ville et en surprendre la physionomie.

Cette rapide exploration fut toute à l'avantage de Suse. C'est une agréable petite ville de trois mille habitants environ, très-avantageusement située sur les deux rives de la *Doria*, au confluent de la Cenise et au point de jonction des routes du Mont-

Genèvre et du Mont-Cenis. Le passage des nombreux voyageurs qui se rendent à Turin ou qui en reviennent lui donne à certaines heures une animation extraordinaire ; mais la ville par elle-même est un peu triste. Les rues sont larges, bien bâties ; quelques-unes sont bordées d'arcades, comme dans la plupart des villes italiennes ; quelques autres sont étroites et ne se distinguent pas par une extrême propreté.

Suse est d'ailleurs une ville très-ancienne : colonie romaine au temps d'Auguste, sous le nom de *Segurio*, elle devint bientôt et resta longtemps une place de guerre importante, la clé de l'Italie de ce côté de la France, que prirent et dévastèrent successivement les Goths, les Vandales, Constantin, les Sarrasins, l'empereur Barberousse, Louis XIII, en 1629 et en 1630. Elle perdit ainsi peu à peu toute sa prospérité et n'a pu encore la reconquérir.

En exécution du traité conclu entre la République française et le roi de Sardaigne, les fortifications de Suse furent rasées en 1798 ; il ne reste que les ruines d'un fort situé au nord de la ville qu'on appelait le fort de la *Brunette* ou de *Santa-Maria*.

Sur l'emplacement des remparts, au sud de la ville, existe un arc de triomphe en marbre blanc qui fut élevé en l'honneur d'Auguste, huit ans environ avant la naissance de J.-C., par le préfet romain Cottius, le même qui, dit-on, donna son nom à la partie des Alpes qu'on appelle Alpes Cottiennes. C'est un monument de 40 à 50 pieds de hauteur, d'ordre corinthien, orné de bas-reliefs d'un très-bon style, mais que le temps dégrade de jour en jour. Quoique très-endommagé, il surpasse néanmoins en beauté un autre arc de triomphe bâti à l'ouest de la ville, en 1810, et près duquel on passe en descendant la route du Mont-Cenis.

La cathédrale, placée sous l'invocation de saint Just, est un édifice du XIIe siècle. Elle est dominée par une tour carrée percée de six rangées de fenêtres romanes de hauteurs inégales, que surmonte une pyramide quadrangulaire flanquée de quatre clochetons. Cet échafaudage de constructions est d'un aspect bizarre, lourd et peu gracieux.

Il m'eût été bien agréable de parcourir quelques-unes des rues qui avoisinent la cathédrale, car les constructions pittoresques que j'apercevais m'apparaissaient comme un spécimen curieux et varié de l'architecture au moyen-âge. Mais la demi-heure de répit n'allait pas tarder à expirer, et je dus, à mon grand regret, regagner promptement la gare, où j'arrivai juste à temps pour sauter en wagon et entendre siffler le signal du départ.

Le convoi s'éloigne de Suse en franchissant la Cenise presqu'à son embouchure, et, suivant la rive gauche de la Doria, pénètre dans la vallée de ce nom qui va toujours s'élargissant.

Après les rochers sauvages, les glaciers et les précipices du Mont-Cenis, rien n'est plus doux et plus agréable à l'œil que la vue de cette vaste et verte prairie. Le paysage offre d'ailleurs un riche tableau : derrière soi, les pentes abaissées des monts qu'on vient de franchir, avec leurs forêts de sapins sur l'ombre desquelles se détachent de brillantes villas, d'élégants châlets, de nombreux châteaux ;

— à gauche, la chaîne des Alpes se développant à perte de vue, comme un immense rideau, avec ses pics couverts de neige, ses rochers aux formes bizarres, aux couleurs variées, sur les flancs desquels on aperçoit tantôt un hameau, tantôt un torrent qui bondit en cascade, tantôt un étroit sentier qui disparait en serpentant pour reparaître plus haut; — et pour horizon à droite et devant soi, la campagne, la campagne bien cultivée, riche et féconde, déployant sous un soleil splendide ses moquettes dorées de seigle et de froment, sur lesquelles de gros noyers, des muriers taillés en forme d'entonnoir, projettent leur ombre protectrice; — ses champs de maïs, ses magnifiques cultures de chanvre dont les individus atteignent jusqu'à huit et dix pieds de hauteur; — ses vignes ou palissées sur des treillages en forme de berceau, ou échelassées comme en France, ou entrelaçant leurs tiges et leurs rameaux en treilles élevées; — ses rivières ses ruisseaux qui descendent des montagnes et dont le cours est indiqué par les saules têtards qui en bordent les deux rives. Partout la fraîcheur, la richesse et l'abondance, la vie enfin : la traversée de l'âpre Savoie semble n'être plus qu'un rêve.

On comprend que pour exciter l'ardeur de ses troupes, Annibal leur ait montré, du haut des Alpes, ces plaines fécondes dont l'aspect magnifique justifie pleinement ce passage de la proclamation du général Bonaparte à son armée, à l'ouverture de la campagne de 1796 :

« .....Votre patience, le courage que vous mon-
« trez au milieu de ces rochers, sont admirables,

« mais ils ne vous procurent aucune gloire. Je viens
« vous conduire dans les plus fertiles plaines du
« monde..... »

La première ville que l'on rencontre en s'éloignant de Suse, c'est *Bussoleno*, qu'on aperçoit du plateau St-Nicolas, en descendant le Mont-Cenis. Au-dessus des carrières de marbre vert qu'on exploite au nord de cette petite ville, serpente un sentier, praticable aux mulets, qui conduit par un col étroit au bourg de *Fenestrella*, resté célèbre par le passage de l'armée française en 1516, sous François Ier. Plus tard, lors des démêlés de Louis XIV avec la maison de Savoie, Catinat occupa Fenestrella, et le plateau sur lequel étaient dressées les tentes de son armée porte encore aujourd'hui le nom de *Pré-Catinat*.

Xavier de Maistre fut quelque temps détenu dans cette petite ville, et c'est là qu'il écrivit son fameux *Voyage autour de ma chambre*.

Les fortifications de Fenestrella, comme celles de la plupart des autres villes de la contrée, ont été détruites en 1796; il ne reste plus que les ruines d'un fort, dit le fort *Mutin*, que Louis XIV avait fait élever pour dominer la vallée, défendre le col et contenir les Huguenots.

Dépassant une foule de petits villages jetés à droite et à gauche, la voie ferrée contourne une colline qui se dresse au milieu de la plaine, franchit la Doria au village de *Borgone*, traverse celui de *San-Antonino* et arrive au bourg de *Condove*, situé au pied des monts.

A droite de ce bourg, sur une montagne élevée

d'un millier de mètres environ, on découvre un couvent dont l'église offre bien plutôt l'aspect d'un château fort que d'un édifice religieux. Elevé en 999, par Hugues de Montboisier, ce couvent fut ruiné pendant les guerres de religion. Il a été réédifié par ordre du roi Charles-Albert.

On distingue au-dessus de ce couvent les rares maisons d'un pauvre petit village qu'on appelle *Chiusa*, dont le nom perpétue le souvenir d'une muraille, longue d'au moins 5,000 mètres, qui avait été construite en 591 entre les montagnes de Picheriano et de Civrari, pour arrêter les invasions des Francks, et que l'on désignait sous le nom de *Chiuse lombarde*, Portes lombardes.

San-Ambrogio, que l'on traverse ensuite, est un village qui se distingue des précédents par une jolie église, décorée d'un portail avec fronton et colonnes, le tout en briques et d'assez bon goût.

Quelques kilomètres plus loin on rencontre la ville d'*Avigliana*, jetée au milieu d'un petit bassin entouré de collines verdoyantes, au delà desquelles se dessine l'église gothique d'un bourg appelé *San-Antonio de Rinverso*.

La station suivante emprunte son nom au village de *Rosta* que traverse la voie ferrée, mais en réalité elle dessert une ville assez importante qu'on aperçoit à quelque distance, sur la rive droite de la Doria, et qui s'appelle *Rivoli*.

Rivoli! — Voilà un nom qui sonne bien à des oreilles françaises, et qui va certainement rappeler à mes lecteurs l'une des pages les plus glorieuses de nos fastes militaires. En l'écrivant, il me semble les voir s'arrêter et sourire; j'entends les plus enthousiastes s'écrier : Oh! ce nom-là, nous le connaissons; nous savons l'histoire de ce village.

Il m'en coûte énormément, chers lecteurs, d'avoir à vous désillusionner; mais je tiens essentiellement à ne vous point laisser inutilement griser par cette odeur de poudre qui s'exhale de ce nom célèbre, et je dois, pour éviter toute méprise et prévenir toute confusion, vous déclarer que le *Rivoli* dont il est ici question, n'est point le *Rivoli* qui a donné son nom au duché du général Masséna, et à la splendide rue de notre beau Paris.

De même qu'il y a fagots et fagots, il y a *Rivoli* et *Rivoli*. — Ne confondons pas et entendons nous.

Le *Rivoli* immortalisé par la victoire du général Bonaparte sur les Autrichiens, le 14 janvier 1797, est un pauvre petit village de 600 habitants tout au plus, situé au delà du fameux quadrilatère, dans le Tyrol, sur le côté oriental du lac de Garde, à peu de distance de la ligne ferrée de Verone à Trente et à Inspruck. — Il est encore, hélas! au pouvoir des Autrichiens, qui depuis 1849 ont fait élever plusieurs forts sur les plateaux voisins.

Quant au *Rivoli* qui nous occupe en ce moment, c'est une ville de 6,000 habitants, qui, n'ayant, grâce à Dieu, rien à démêler avec les Autrichiens, se livre avec succès à la fabrication des toiles et des étoffes de laine et de soie. Elle est dominée par un château magnifique où naquit, en 1562, Charles-Emmanuel Ier, et dans lequel mourut prisonnier d'Etat, en 1732, Victor-Amédée II.

Les villas, les chàlets, les maisons de campagne

de tout style et de toutes couleurs qui entourent Rivoli et qu'on aperçoit à droite et à gauche de la voie, formant une guirlande gracieuse et coquette à peine interrompue par la ville d'*Alpignano* et les villages de *Pianezza* et de *Collegno*; — les routes de terre qu'on voit dans la plaine se rapprocher insensiblement les unes des autres, en faisant converger leurs rubans dorés vers le centre commun auquel elles doivent aboutir; — le changement de culture; — les petits clos entourés de murs; — les jardins qui se succèdent, — tout annonce l'approche d'une grande cité.

Bientôt, en effet, on découvre une grande ville dont les tours, les dômes et les clochers, s'élançant au-dessus d'une épaisse et verte ceinture d'arbres magnifiques, se dessinent sur l'azur du ciel, offrant aux regards un tableau imposant.

Tandis que l'œil examine curieusement ce riche panorama, les sifflements de la locomotive retentissent à l'oreille et donnent le signal de l'arrivée; le train, ralentissant sa marche, pénètre dans la gare et s'arrête : nous sommes à Turin.

XIII.

Torino! Torino! — Ce nom, crié sur les tons les plus variés par les avertisseurs du débarcadère, résonne à nos oreilles de la façon la plus douce; car il n'est pas seulement pour nous le nom d'une grande ville, de la capitale de l'Italie, mais il annonce aussi le terme, au moins provisoire, de notre voyage; il nous offre en expectative les charmes d'un repos momentané que trente-six heures de séjour en wagon ou en diligence ont rendu sinon absolument nécessaire, du moins utile à nos corps harassés. Aussi est-ce avec une vive satisfaction que nous sortons lestement de notre boîte capitonnée, et peu s'en faut-il que nous ne nous surprenions à redire par avance ce vieux refrain, toujours vrai, malgré son grand âge et en dépit des changements survenus dans les systèmes de locomotion :

 Qu'on est heureux de trouver en voyage
 Un bon souper, mais surtout un bon lit !

La visite que subissent les colis à la douane de Suse étant définitive et ne se renouvelant point à la gare de Turin, nous fûmes promptement mis en possession de nos bagages. Très-agréablement surpris de ce procédé expéditif, auquel les us et coutumes mis en pratique dans les diverses gares de la bonne ville de Paris ne nous avaient point préparés, nous nous mîmes gaiment en devoir de faire notre entrée dans la ville et d'aller demander l'hospitalité...... à l'hôtel.

A l'hôtel... mais lequel ? Voilà la question qui se présenta tout d'abord à notre esprit et que nous nous adressâmes réciproquement, mon compagnon de route et moi.

Des amis auprès desquels nous avions pris, à Paris, quelques renseignements, nous avaient donné respectivement l'adresse d'un hôtel, et une adresse différente; mais nous ne nous étions point fait l'ouverture de cette particularité pendant les loisirs du trajet, et nous avions conséquemment songé bien moins encore à fixer notre choix. Le moment était venu de prendre un parti; la délibération fut ouverte et presque aussitôt close : mon respectable ami paraissant tenir beaucoup à l'indication qui lui avait été donnée, je cédai par déférence et nous optâmes ainsi à l'unanimité pour l'hôtel *Féder*, au détriment de la *Dogana Vecchia*, qui m'avait été désigné.

Les omnibus qui font le service des hôtels s'étant éloignés pendant notre courte délibération, nous fîmes avancer une voiture de place, et vingt minutes après nous étions rendus à l'endroit indiqué, rue Saint-François-de-Paul, ou, si mieux vous l'aimez, *via S. Francesco di Paolo.*

Un vieux proverbe dit : Qui s'assemble, se ressemble. Je ne veux certainement pas contester ici la valeur de ce dicton populaire; je me permettrai néanmoins de remarquer que la rime, même riche, n'entraîne pas forcément la conséquence, bien qu'elle doive toujours, selon le précepte du législateur, s'accorder avec la raison, et je crois qu'on peut se ressembler sans s'assembler. C'est du moins ce que me porte à penser la parfaite similitude qui existe entre les cochers de Paris et les cochers de Turin, non quant à la tenue et à l'uniforme, mais quant au moral.

La distance qui sépare les deux capitales, la barrière des Alpes, un peu roide pour leurs *rossinantes* respectives, ne permettent guère à ces modernes automédons de s'assembler, mais j'affirme qu'elles ne les empêchent nullement de se ressembler au moins par un point : la rapacité envers les étrangers ; seulement, au lieu de l'exprimer carrément, quelquefois même avec insolence, comme les cochers de Paris, les Italiens la dissimulent sous les dehors les plus obséquieux, derrière un sourire tout bénin. Mais si la forme diffère, les instincts sont identiques.

Un tarif appendu dans l'intérieur du véhicule m'avait appris que le prix de la course était de un franc, et comme il ne stipulait aucun chiffre pour le transport des bagages, je crus me montrer suffisamment généreux en ajoutant un autre franc pour le transport de nos deux malles et le pourboire traditionel en tous pays. J'avais compté sans mon hôte, qui, après avoir examiné la pièce blanche que je lui remettais, revint vers moi le sourire aux lèvres, le chapeau à la main, et se mit à baragouiner une longue période en italien dans laquelle l'expression *bagagli* (bagages) revint fréquemment et qui se termina par deux mots, bien français, ceux-là, nettement articulés : six francs !

Je n'eus pas de peine à comprendre, mais je ne voulais pas entamer une discussion qui pouvait s'éterniser, et je n'eus pas l'air d'avoir compris. La pancarte affichée dans l'intérieur de la voiture m'indiquait suffisamment qu'à Turin comme à Paris les cochers peuvent régner, mais ne gouvernent pas, et qu'il devait y avoir quelque part un réglement plus explicite et sans doute aussi un tarif moins élevé pour les colis que celui dont l'automédon essayait l'application sur mon porte-monnaie. Je repris très-tranquillement de sa main la pièce qu'il me présentait, et je lui tournai le dos pour entrer à l'hôtel. Un Français attaché au bureau de l'hôtel, auquel je racontai en deux mots ce qui venait de se passer, prit à son tour les deux francs et sortit; trois minutes après il rentrait et me remettait cinquante centimes. La spéculation avait avorté devant la menace d'une plainte, et l'avide cocher se retirait, tête basse, avec trois cents pour cent de perte...... sur ses espérances.

Cet incident qui devait, deux jours plus tard, avoir une seconde édition, ne nous empêcha pas de souper gaiment et de bon appétit surtout, après quoi nous nous séparâmes pour aller rendre nos hommages à Morphée que, pour mon compte personnel, j'avais complétement négligé les deux nuits précédentes.

L'hôtel Féder est un des meilleurs hôtels de Turin; les appartements sont vastes, soigneusement entretenus; la table, servie à la française, y est excellente; on y trouve, en un mot, tout le comfort désirable, et, ce qui n'en diminue pas le charme, à des prix raisonnables, sensiblement inférieurs à ceux des hôtels de certaines villes de France.

Dès le lendemain à sept heures, j'étais sur pied, alerte et dispos, et je poussais une première reconnaissance à travers les rues voisines de l'hôtel.

Le soleil m'avait devancé : il dorait de ses tièdes rayons les tuiles rouges des toits, l'ardoise des clochers et des dômes. La ville s'éveillait, les rues commençaient à s'animer; des gens de toutes conditions allaient et venaient déjà, mais en petit nombre, paraissant peu affairés, et je n'avais pas besoin, pour circuler,

> . . . . de fendre la presse
> D'un peuple d'importuns qui fourmillent sans cesse ;

je ne retrouvais point cette animation, cette activité, je n'entendais point ce bruit de voitures, ce brouhaha, ces cris, qui déjà retentissent à Paris à cette heure matinale. Il est vrai de dire aussi que Turin ne compte que 180,000 habitants, juste dix fois moins que Paris, et que le tumulte se trouve conséquemment réduit dans les mêmes proportions.

Turin n'en est pas moins une grande et belle cité, dont l'intérieur confirme pleinement l'idée que l'aspect magnifique qu'elle offre à l'extérieur fait tout d'abord concevoir. Les rues sont larges, irréprochablement alignées pour la plupart, et se coupent toutes à angle droit ; il y circule une brise rafraîchissante descendant des montagnes voisines, qui tempère agréablement la vive chaleur des rayons solaires. Mais les maisons, hautes de trois à cinq étages, construites en briques généralement, quelques-unes badigeonnées à la chaux, percées d'un petit nombre d'étroites fenêtres garnies de persiennes presque toujours fermées, ces maisons, dis-je, sont d'une architecture lourde, dont l'uniformité à peu près absolue ne manquerait pas de devenir monotone, si elle ne se trouvait rompue, de distance en distance, par les belles et nombreuses places dont la ville est ornée.

Le pavage diffère essentiellement de celui de nos villes de France : on n'y connaît ni le large et révolutionnaire pavé de grés, ni le glissant pavé de porphyre qui menace de détrôner à son tour le boueux macadam parisien. Il est formé tout simplement de petites pierres, cailloux ou galets, choisis de forme oblongue, qu'on assujétit perpendiculairement dans une couche épaisse de ciment que le temps se charge de durcir. Les innombrables aspérités résultant de ce système de pavage devant inévitablement procurer au piéton une prompte fatigue et aux voitures un cahotement incessant et insupportable, on a remédié à ces inconvénients en disposant dans toute la longueur des rues, et suivant leur largeur, deux ou quatre rangées de dalles en granit, formant ainsi, comme les rails des chemins de fer, une double voie sur laquelle le promeneur marche à l'aise, et les voitures roulent sans bruit et sans cahots. Ce système de pavage n'est pas particulier à Turin ; il est également appliqué dans toutes les villes du Piémont et de la Lombardie.

En errant ainsi au hasard, j'arrivai à la rue du Pô, la principale rue de Turin. C'est une longue voie, macadamisée celle-là, bordée des deux côtés et dans toute son étendue par des arcades comme celles de la rue de Rivoli ; mais les magasins qu'abritent ces portiques sont loin d'offrir l'élégance et le luxe parisiens ; à peine l'étalage de quelques-uns rappelle-t-il la grande ville. Les piliers et les arcades sont occupés par une foule d'industriels en plein vent : bimbelottiers, parfumeurs, merciers, modistes, marchands de fruits, de limonades, de bouquins, de journaux, d'allumettes, etc., etc., qui, le soir venu, emportent dans une malle et la boutique et la marchandise tout à la fois.

Malgré cet encombrement plus pittoresque qu'attrayant, les habitants de Turin font des portiques de la rue du Pô leur promenade favorite ; on s'y donne rendez-vous, on y flâne absolument comme sous les galeries du Palais-Royal ; les prêtres y coudoient les militaires, les négociants se croisent avec les fonctionnaires, les grisettes et les biches se faufilent prestement à travers la foule. On y trouve de beaux cafés, devant lesquels, à certaines heures, on s'assemble pour échanger les nouvelles du jour et causer affaires, bourse, théâtre, politique, comme à la Rotonde ou sur le boulevart Montmartre.

En descendant cette longue voie à l'extrémité de laquelle j'apercevais le fleuve dont elle a reçu le nom, je songeais à Jean-Jacques Rousseau cherchant dans cette même rue, en 1728, un gîte, « plus selon sa bourse que selon son goût, » qu'il découvrit enfin chez la femme d'un soldat, qui retirait à un sou par nuit les domestiques hors de service. — « Je trouvai chez elle, dit il dans ses
« *Confessions*, un grabat vide et je m'y établis.
« Elle était jeune et nouvellement mariée, quoi-
« qu'elle eût déjà cinq ou six enfants. Nous cou-
« châmes tous dans la même chambre, la mère,
« les enfants, les hôtes, et cela dura de cette façon
« tant que je restai chez elle. Au demeurant, c'était
« une bonne femme, jurant comme un charretier,
« toujours débraillée et décoiffée, mais douce de

« cœur, officieuse, qui me prit en amitié et qui
« même me fut utile. »

Ce fut, en effet, par l'entremise de cette bonne femme que Jean-Jacques entra chez Mme de Vercellis en qualité de laquais.

Je songeais à ce jeune homme de seize ans, venu à Turin, la bourse légère et la tête pleine des plus brillants projets de fortune, rêvant peut-être au choix du palais qu'il habiterait, puis, abjurant le calvinisme et jeté brutalement sur le pavé par ses nouveaux coreligionnaires, tombant dans le plus complet dénûment et se voyant réduit à coucher dans la rue ; — je songeais à l'étrange destinée du philosophe subissant la misère et les dures humiliations de la domesticité avant de signer de son nom immortel les pages d'*Emile* et du *Contrat social* ; — je me rappelais les diverses aventures de l'adolescent dans la capitale du Piémont ; — les noms de la douce et gracieuse Mme Bazile, de Mme de Vercellis, me revenaient à la mémoire, et j'aurais probablement passé ainsi en revue les divers chapitres des *Confessions*, si la vue du Pô et des collines environnantes n'eût arrêté mes réminiscences et donné à mes idées une autre direction.

Le tableau qui se présente alors devant les yeux est tel, en effet, qu'il suffit à lui seul et largement pour captiver l'attention.

En s'approchant du fleuve, la rue du Pô s'élargit brusquement à droite et à gauche pour former une vaste place quadrangulaire, dont le quai se trouve être le côté méridional.

C'est la place Victor-Emmanuel ; entourée d'une ceinture d'arcades, comme la rue elle-même, elle semble l'intérieur d'un grandiose théâtre, dont la rive gauche forme la scène où se développe un magnifique panorama.

Un pont de cinq arches, très-beau monument élevé sous la domination française, unit en cet endroit les deux rives du fleuve qui roule ses eaux rapides et toujours troubles sur un lit de galets et de sables variables profondément encaissé.

Au delà de ce pont, sur le premier plan de ce vaste amphithéâtre que forment les collines de la rive gauche, s'élève une église placée sous l'invocation de la *Mère de Dieu, Gran Madre di Dio*, qui fut construite, en 1818, pour perpétuer le souvenir de la restauration des anciens souverains sur le trône du Piémont.

A droite, sur un plateau plus élevé, la tour octogone du couvent des Capucins *del Monte* se dessine sur la verdure des hauteurs qui l'entourent ; un peu plus loin, sur le même côté, à l'extrémité d'une longue avenue de peupliers, on aperçoit la *Vigne de la Reine*, délicieuse résidence sous les ombrages de laquelle la famille royale vient passer une partie de la saison d'été. Construite par le prince Maurice de Savoie, qui déposa la pourpre de cardinal pour épouser sa nièce, fille de Victor-Amédée Ier, cette royale maison de plaisance fut d'abord appelée *Villa Ludovica* ; ce fut Anne d'Orléans, épouse de Victor-Amédée II, qui lui donna le nom qu'elle porte aujourd'hui.

A gauche, la *Superga*, la plus haute des collines, au sommet de laquelle se dresse une église dédiée à la Vierge, et dont les galeries souterraines sont destinées à recevoir les dépouilles mortelles des rois de Sardaigne.

Partout de riches châlets, d'élégantes villas, dont l'ombre se projette sur la verdure sombre des bois ou des vignobles qui tapissent les versants de ces pittoresques collines.

La Superga, qui se trouve à deux lieues environ de Turin, est le but ordinaire d'une délicieuse excursion pour les étrangers dont les regards émerveillés planent sur le tableau le plus splendide; à leurs pieds s'étend la vaste et riche plaine du Piémont, traversée par le long et sinueux sillon que trace le cours du Pô, la ville de Turin, dont les rues et les faubourgs se développent sur une surface de plus de 12,000 mètres, et pour horizon la chaîne des Alpes depuis le Mont-Viso jusqu'au Mont-Rose, immense rideau circulaire que dominent les cimes neigeuses du Mont-Iseran et du Grand-Paradis.

La belle église de la Superga fut élevée en 1706 par le roi Victor-Amédée Ier, pour l'accomplissement d'un vœu fait à la Vierge, si les Français levaient le siège de Turin. On sait comment ce vœu fut exaucé. L'armée française, commandée par le duc Philippe d'Orléans, mais de fait par le maréchal La Feuillade que Louis XIV avait imposé à son neveu, fut mise en déroute par le prince Eugène, et abandonna ainsi les pays de Modène et de Mantoue, Milan, Naples et le Piémont. Le duc d'Orléans, couvert de blessures et dévoré de honte, fut obligé de se retirer derrière les Alpes.

La Superga est un édifice en forme de rotonde, avec un peristyle de huit colonnes d'ordre corinthien, auquel on accède par un escalier de dix marches. Il est surmonté d'une coupole et flanqué de chaque côté d'un bâtiment couronné par une tour à jour et affecté à la résidence des chanoines. Sa construction a présenté des difficultés considérables : l'eau a dû être apportée depuis le Pô à dos de mulet; les marbres, les pierres, en un mot, tous les matériaux ont dû être montés à l'aide de machines puissantes.

Les tombeaux les plus remarquables que renferme cette église sont ceux de Victor-Amédée II et de Charles-Emmanuel III.

Au centre du transept s'élève le tombeau où sont provisoirement déposées les dépouilles mortelles du dernier souverain : le brave et infortuné Charles-Albert y repose en ce moment.

Appuyé sur le parapet du quai qui borde le Pô, je ne pouvais détacher mes regards de ce magnifique spectacle qui causait de si vives jouissances au comte Xavier de Maistre, lorsqu'enfermé dans l'une des chambres hautes de la citadelle de Turin, il grimpait à sa fenêtre pour contempler la campagne environnante, interrompant ainsi le récit de son *Expédition nocturne*, cette suite spirituelle au spirituel *Voyage autour de ma chambre*.

Si, comme lui, je ne pouvais dire : « Charmante
« colline! tu m'as vu souvent rechercher tes re-
« traites solitaires et préférer tes sentiers écartés

« aux promenades bruyantes de la capitale ; tu
« m'as vu souvent perdu dans tes labyrinthes de
« verdure, attentif au chant de l'allouette matinale,
« le cœur plein d'une vague inquiétude et du désir
« ardent de me fixer pour jamais dans tes vallons
« enchantés, » — avec lui du moins et de grand
cœur je répétais ces souhaits : « Je te salue, col-
« line charmante! tu es peinte dans mon cœur!
« Puisse la rosée céleste rendre, s'il est possible,
« tes champs plus fertiles et tes bocages plus touf-
« fus ! Puissent tes habitants jouir en paix de leur
« bonheur, et tes ombrages leur être favorables et
« salutaires ! »

Et j'ajoutais de mon propre fond : Puisse ton
heureuse terre, affranchie pour toujours du joug
étranger, n'offrir plus d'asile qu'à des Italiens indé-
pendants et libres!

Cependant, malgré tout mon enthousiasme, je
ne pouvais rester éternellement planté à cette place
comme un point d'admiration au bout d'un majes-
tueux Alexandrin ; le soleil, d'ailleurs, commençait
à rendre la position peu commode. Je me décidai
donc à poursuivre mon excursion tout en cherchant
à me rapprocher de l'hôtel par une autre voie que
celle que j'avais suivie pour m'en éloigner.

Après avoir pendant quelques instants longé le
quai, je rentrai dans l'intérieur de la ville par une
rue parallèle à celle du Pô, et, marchant à l'aven-
ture, tournant tantôt à droite, tantôt à gauche,
j'arrivai à l'angle d'une rue d'apparence un peu triste,
qu'une plaque indicatrice m'apprit s'appeler la *Via
Cavour*. C'est dans cette rue que demeurait l'illustre

ministre piémontais, et l'édilité turinoise s'est empressée, pour perpétuer le souvenir de ce fait, de substituer au nom primitif et sans doute indifférent de la voie publique, le nom si populaire du vaillant champion de l'indépendance italienne.

Je m'engageai dans cette rue au nom sympathique, et au bout d'une centaine de pas environ je me trouvai au milieu d'un carrefour, dont l'un des angles était formé par une petite église ou plutôt une chapelle. J'aperçus alors, flottant au-dessus de la porte d'entrée de cet édifice, une bannière frangée aux couleurs nationales, sur le fond blanc de laquelle était peinte, en lettres noires, à l'antique, cette inscription que je me hâtai de transcrire en m'abritant sous la porte d'une maison voisine :

IN QVESTO GIORNO

SACRO AL DOLORE DI TVTTO POPOLO

FERVIDE PRECI

PORGIANO A DIO GVSTO MISERICORDIAS

LA PACE DEL CIELO IMPLORANDO

ALL' ANIMA

DI CAMILLO BENSO DI CAVOUR

CHE LA VIRTV' D'ELL' ALTO INGNANO

RIVOLSE INTIERA

A FARE INDEPENDENTE LIBERA E GLORIOSA

LA PATRIA SVA

et dont voici la traduction :

En ce jour

Sacré pour la douleur de tout un peuple

Adressons à Dieu juste et miséricordieux

De ferventes prières,

Implorant la paix du ciel

Pour l'âme

DE CAMILLE BENSO DE CAVOUR

Que son sublime génie

A vouée tout entière

A faire indépendante, libre et glorieuse

Sa patrie.

Questo giorno, ce jour, c'était le 6 juin, l'anniversaire de la mort de M. de Cavour : un service commémoratif allait être célébré dans cette chapelle en l'honneur du grand ministre que l'Italie indépendante pleure encore et regrettera toujours.

Lorsque j'eus fini de transcrire l'inscription, — et Dieu sait si cet innocent travail m'attira les regards des passants, car on n'est pas moins curieux à Turin qu'à Paris et ailleurs, — j'entrai dans la chapelle pour rendre mes humbles et pieux hommages aussi bien au ministre, dont le patriotisme avait eu toutes mes sympathies, qu'à l'orateur éminent dont le talent avait plus d'une fois provoqué mon admiration.

L'intérieur était entièrement tendu de noir. Un

riche catafalque s'élevait au milieu du sanctuaire ; d'innombrables cierges brûlaient sur des gradins disposés alentour et éclairaient seuls de leur lumière rougeâtre cette étroite enceinte qui revêtait ainsi la lugubre apparence d'un caveau funéraire. Des prêtres priaient en attendant l'heure du service solennel, et la foule entrait, silencieuse et recueillie, s'agenouillait, priait et se retirait, après avoir jeté l'eau sainte sur le catafalque.

J'imitai la foule, non en mouton de Panurge, mais en ami de l'Italie accomplissant un devoir.

Je regagnai donc la rue Saint-François-de-Paul dont je ne m'étais pas trop éloigné dans cette première exploration, et je rentrai à l'hôtel où mon vieux compagnon m'attendait tranquillement... en déjeunant.

Il va sans dire que je ne me fis pas prier pour suivre l'exemple de mon honorable ami : ma promenade matinale m'avait ouvert l'appétit.

Le repas terminé, et après une promenade de quelques minutes sous les arcades de la rue du Pô, je m'occupai de l'affaire pour laquelle j'étais venu en Piémont.

J'avais avant tout besoin de m'éclairer des conseils d'un homme de loi du pays sur une question de procédure, et je me mis en conséquence en quête de la demeure d'un avocat ou d'un avoué. Un libraire auquel je m'adressai me communiqua une sorte d'Almanach dans lequel je trouvai, en effet, une longue liste de *Procuratori* et de *Causidici*, — c'est ainsi que s'appellent messieurs les avoués et messieurs les avocats de l'autre côté des Alpes.

— Je pris quelques noms au hasard et j'allai, plein de confiance, aux adresses indiquées. Mais le hasard avait, à ce qu'il paraît, trahi ma confiance : soit fatalité, soit inexactitude du rédacteur de l'annuaire, soit prononciation défectueuse de ma part en articulant les noms italiens, toujours est-il que je ne pus parvenir à rencontrer un seul des huit ou dix personnages que j'avais choisis de préférence.

Fatigué de courir inutilement ainsi de la *Via Barbaroux* à la *Via della corte d'Apello*, et de frapper de porte en porte, je pris le parti d'aller à l'ambassade française et d'y demander le nom et l'adresse de l'homme de loi attaché à la légation. Ce renseignement me fut immédiatement donné avec une complaisance toute gracieuse par un jeune employé que mon embarras fit sourire. L'adresse était exacte cette fois, et je trouvai *il procuratore Prospero Girio* dans une vaste pièce élégamment meublée, dont aucun de nos riches avoués parisiens n'aurait dédaigné de faire son cabinet.

Quant à l'*ufficio*, à l'étude proprement dite, elle ressemblait à s'y méprendre à toutes les études passées, présentes et futures des avoués français. C'était une salle, tant soit peu sombre, dont le mobilier consistait en casiers fixés le long des murs et bourrés, à regorger, de paperasses poudreuses; en trois ou quatre tables noircies, garnies de pupitres sculptés à coups de canif et décorés d'inscriptions, d'arabesques, de portraits grotesques. Quatre ou cinq pauvres diables, courbés sur ces pupitres, s'escrimaient, à qui mieux, à noircir de pattes de mouches illisibles, — véritables hiéroglyphes mis en usage dans tous les pays civilisés par les Champollions de la chicane, — un papier jaunâtre et grossier estampillé au timbre royal.

Il était visible qu'en important en Italie ses principes démocratiques, le code Napoléon n'avait laissé à la frontière ni l'onéreux usage des grimoires, ni l'escorte traditionnelle des petits-clercs à maigre échine.

Après avoir reçu, moitié en français, moitié en italien, l'éclaircissement que j'étais venu chercher, je pris congé du signor Girio et fus rejoindre mon ami qui m'attendait impatiemment pour parcourir avec moi les rues et les places de la ville.

Nous nous trouvâmes bientôt sur la place du Château, *Piazza Castello*, la plus grande place de Turin ; c'est un vaste parallélogramme auquel aboutissent, sur trois côtés différents, les trois rues principales de Turin : la rue *du Pô* à l'est, la *Dora Grossa*, à l'ouest, la *Via nova*, au sud ; le côté septentrional est fermé par une longue série de bâtiments réguliers, avec arcades, qu'occupent les ministères de la guerre, de la marine, des finances, etc., etc., et aussi par le *Palazzo Reale*, Palais du Roi, dont la cour d'honneur est séparée de la place du Château, comme la cour des Tuileries de la place du Carrousel, par une grille dorée.

Au centre de cette place s'élève un palais ou château qu'on désigne sous le nom de *Palais-Madame* ; c'est un édifice du quatorzième siècle dont l'architecture primitive a été sensiblement altérée par de nombreuses réparations et des agrandissements successifs. Les hautes tours en briques dont chacun de ses angles est flanqué, conservent à peu près seules leur physionomie originelle. La façade orientale ne date que du commencement du siècle dernier ; elle fut construite par Juvara, qui devait la reproduire sur les trois autres côtés, mais les événements dont le Piémont devint et resta si longtemps le théâtre, empêchèrent la réalisation de ce projet.

Dès 1416, ce château fut réparé et agrandi par Amédée VII, et il devint alors la résidence des Ducs de Savoie. Il fut plus tard occupé par la duchesse de Nemours, femme de Charles-Emmanuel II, et c'est depuis cette époque qu'il a pris le nom de *Palais-Madame.*

Ce palais a cessé d'être aujourd'hui la résidence royale. Le Sénat ou Chambre des Pairs y tient depuis quelques années ses séances, et il renferme en outre la *Galerie royale des Tableaux*, qui possède une foule d'œuvres précieuses signées des noms les plus illustres, ceux de Raphaël, du Guerchin, de Giorgone, de J. Romain, de l'Albane, de Philippe, Wouwermans, de P. Potter, d'Albert Durer, etc., etc.

Le Palais du Roi n'offre, à l'extérieur, rien de remarquable : c'est un long édifice d'une architecture simple et froide, d'un aspect monotone, presque triste, qui ne révèle pas assurément sa royale destination. Bâti par Charles-Emmanuel II sur les dessins du comte Amédée di Castellamonte, il a pu suffire aux anciens Ducs de Savoie, mais il ne saurait convenir aujourd'hui au Roi d'Italie. A l'intrépide soldat de l'indépendance italienne il faut une résidence plus splendide, royale enfin : — l'Italie la possède quelque part et l'offrira bien quelque jour au Roi *galantuomo*.

Quant à l'intérieur, je n'en saurais parler ; il renferme, assure-t-on, de magnifiques collections de vases de Chine et du Japon, une riche Bibliothèque et un Médailler, des plus complets et des plus précieux, recueilli par Charles-Albert ; — mais il ne m'a point été donné de visiter ces trésors.

La place du Château est assurément le point le plus fréquenté de Turin : le voisinage du Palais du roi, du Sénat, des Ministères, du Musée, du Grand-Théâtre, y entretient une animation qu'on ne rencontre guère plus que dans les rues du Pô, Neuve et de la Dora Grossa. Les équipages s'y croisent dans tous les sens avec les fiacres, les omnibus et les voitures de tous genres, tandis que les piétons, promeneurs ou gens affairés, circulent par rangs pressés sous les arcades, garantis ainsi tout à la fois contre les accidents, les ardeurs du soleil et les caresses de la pluie.

A propos des omnibus, il ne faut pas se faire illusion et s'imaginer qu'ils ressemblent à ceux de Paris ou de Londres ; on se tromperait fort : ils n'ont aucune similitude de formes. Les omnibus de Turin sont tout simplement de légères tapissières, de modestes chars-à-bancs qui peuvent contenir dix personnes au plus et semblent bien plutôt des véhicules de famille que des voitures publiques. Montés sur quatre roues très-basses, fermés de tous côtés par des rideaux en coutil rayé bleu et blanc, ils sont traînés par deux chevaux dont la maigre encolore rappelle les haridelles attelées jadis aux coucous de la place de la Concorde et de la Porte-Saint-Denis.

Après avoir fait le tour de la place du Château, nous nous engageâmes dans la *Via nova*, qui se développe au sud, en face du Palais du Roi. La Via nova est l'une des plus importantes et des plus gaies de Turin; c'est celle aussi, selon moi, dont les magasins rappellent, sinon par l'importance et le développement, du moins par l'étalage, le luxe et l'élégance des magasins de Paris. Cette ressemblance nous fut extrêmement agréable. Nous nous mîmes à flâner de boutique en boutique, comme deux bons Parisiens, nous arrêtant devant chaque vitrine où nous retrouvions exposés ces mille articles de Paris dont le bon goût révèle l'origine bien plus sûrement qu'une étiquette.

Le matin, lorsque je descendais seul la rue du Pô, le souvenir de Jean-Jacques cherchant un gîte s'était représenté à mon esprit; notre promenade dans la Via nova devait, quelques heures plus tard, me rappeler un autre épisode de la vie du philosophe. C'était dans cette rue que demeurait Mme Bazile, cette jeune marchande, *brune et piquante, de si bonne grâce et d'un air si attirant*, chez laquelle Jean-Jacques trouva pendant quelques jours une modeste occupation.

— Savez-vous le regret que j'éprouve en ce moment? dis-je à mon ami, en lui rappelant cette page des *Confessions*.

— Oh! je m'en doute, rien qu'à la façon dont vous me posez la question : vous regrettez que

Rousseau n'ait pas donné d'indication plus précise sur la demeure de la gracieuse madame Bazile, n'est-il pas vrai?

— Précisément.

— Parbleu! j'en étais sûr, et vous seriez allé visiter la maison.

— Assurément; c'eût été pour moi un grand plaisir, un vrai bonheur.

— C'est-à-dire que vous y auriez couru avec enthousiasme.

— Pourquoi le nierais-je? Cette maison a été le modeste théâtre d'un petit drame intime, et je me serais plu à en évoquer les acteurs, à en recomposer les diverses scènes. J'aurais aimé à voir la chambre proprette et parfumée où Jean-Jacques et la jolie marchande échangèrent leurs muettes déclarations interrompues par Rosina, et je ne me serais pas éloigné sans passer par la salle à manger, dont l'étroite table ne pouvait contenir les convives réunis le jour où M. Bazile apparut inopinément et précipita le dénoûment de l'intrigue en voie de formation en expulsant Rousseau....

— Qui devint, à quelques jours de là, le domestique de Mme de Vercellis.

Cependant, tout en causant ainsi, nous étions arrivés à l'extrémité de la Via nova et nous nous trouvions sur la place *Saint-Charles*, sinon la plus vaste, assurément la plus belle de Turin. C'est un carré long de 500 pieds environ sur 250 de large, dont les côtés sont formés par les églises Saint-Charles, Sainte-Catherine, et par des constructions élégantes et régulières qui donnent à ce quartier un aspect imposant. Au milieu s'élève la statue en bronze d'Emmanuel-Philibert, œuvre très-remarquable du sculpteur Marochetti, sortie, il y a plusieurs années déjà, de l'une des fonderies de Paris.

Nous traversâmes cette place dans toute sa longueur, et, tournant ensuite tantôt à droite, tantôt à gauche, à travers les rues qui aboutissent à son extrémité méridionale, nous rencontrâmes un jardin public élevé sur les anciens bastions de la cité et qu'on appelle *il Giardino dei Ripari*. C'est une sorte de boulevart, b en plutôt qu'un jardin proprement dit, qui emprunte à sa situation une forme bizarre ; il est planté d'arbres vigoureux dont les longues ramures étendent sur les allées une ombre bienfaisante et y entretiennent la fraîcheur. Il y a dans ce jardin une vaste rotonde où les habitants de Turin viennent le soir, dans la belle saison, prendre des rafraîchissements et entendre de la musique. Mais ce qui attira plus particulièrement notre attention, ce fut un monument tout récemment élevé, dans l'un des nombreux angles que forme cette promenade, à la mémoire de Manin, le célèbre défenseur de Venise en 1848. Ce monument est d'une extrême simplicité : un buste en marbre blanc scellé sur un socle de granit, avec cette seule inscription : A MANIN, voilà tout ; mais cette simplicité même a quelque chose de si imposant, ce buste est si artistement sculpté, cette inscription est si éloquente dans sa briéveté, qu'on approche et qu'on admire.

Les sentiments que j'exprime ici ne seront peut-être pas du goût de tous mes lecteurs ; mais que ceux qui ne les partagent pas veuillent bien me permettre de leur dire que je n'ai pas l'orgueilleuse prétention d'imposer mes idées : je me contente de les exprimer tant mal que bien. Comme l'auteur des *Messéniennes*,

J'ai des chants pour toutes les gloires,
Des larmes pour tous les malheurs,

et je plains sincèrement les cœurs étroits qui marchandent le respect au patriotisme qui s'affirme ailleurs que sous leur tente, et limitent leur égoïste admiration au héros qui s'élève ou tombe dans leurs rangs ; le courage et le génie se glorifient sous tous les drapeaux : nos respects et notre admiration n'ont point à distinguer les couleurs qu'ils arborent.

Après nous être reposés quelques instants sur l'un des bancs de pierre qui bordent les allées du jardin dei Ripari, nous nous mîmes en devoir de regagner l'hôtel Feder. En excursionnistes bien dressés, nous nous gardâmes de reprendre la Via Nova que nous avions suivie, et, désireux de faire connaissance avec les divers quartiers de la ville, nous nous engageâmes à travers de nouvelles rues. Je dois dire qu'elles ne se faisaient pas remarquer par une grande animation, et il nous vint tout d'abord à la pensée qu'au lieu de nous rapprocher de notre but, nous nous en éloignions. Mais notre illusion fut de courte durée : le bruit et le mouvement nous apprirent bientôt que nous avancions vers le cœur de la ville, et, de crochets en crochets, de zigs-zags en zigs-zags, nous nous trouvâmes sur une place que nous n'avions pas encore visitée.

C'était la place *Carignan* : nous avions dépassé notre point de mire, et nous ne le regrettâmes pas. Ce fut pour nous l'occasion d'admirer la belle statue de marbre blanc élevée, dans les dernières années, à la mémoire du philosophe turinois, Vincenzo Gioberti.

Le palais Carignan, où se tiennent les séances des Députés italiens, occupe l'un des angles de cette place. C'est un vaste édifice dont le mauvais goût est loin de faire honneur à l'architecte, le jésuite Guarini. Il était autrefois la résidence des princes royaux piémontais ; le roi Charles-Albert l'a offert au domaine.

En face se trouve le théâtre Carignan qui fut bâti sur les dessins du comte Alfieri, l'oncle de l'illustre poëte du même nom, qui fit, à la fin du siècle dernier, représenter ses tragédies sur cette scène même.

Deux larges affiches roses, placardées de chaque côté de l'entrée du théâtre, étalaient magnifiquement le programme de la représentation du soir et ne manquèrent pas d'attirer nos regards. Nous n'eûmes pas besoin de nous approcher pour reconnaître qu'aucune des pièces annoncées n'appartenait au répertoire tragique du poëte italien, dont la salle Carignan avait été le berceau ; ces titres : *Philiberte*, *la Corde sensible* nous indiquaient clairement qu'une troupe d'artistes français donnait là ses représentations. Ce fut pour nous une agréable découverte et nous nous décidâmes sur-le-champ à venir le soir même applaudir nos compatriotes. Je me promettais, pour mon compte, un plaisir d'autant plus vif que le nom de quelques artistes ne m'était pas absolument étranger et que j'avais même particulièrement connu le directeur de cette compagnie, M. Meynadier, alors qu'il était acteur au Panthéon et aux Variétés.

Nous nous hâtames en conséquence de regagner l'hôtel, dont nous n'étions, du reste, pas très-éloignés, et nous nous fîmes servir à dîner. Au moment où nous nous levions de table pour nous diriger tranquillement vers le théâtre, un garçon vint nous avertir que quelqu'un désirait nous parler : notre étonnement fut grand, on doit le penser ; nous ne connaissions personne à Turin qui pût avoir à nous rendre visite, et nous nous regardâmes l'un l'autre comme pour nous demander quel pouvait être ce visiteur inattendu, ; le personnage lui-même que le domestique nous présenta bientôt, nous donna l'explication de l'énigme : ce n'était autre que l'un des clercs de l'étude du procureur chez lequel nous étions allés dans la journée.

Après notre départ, M*e* Prospero Girio avait longuement réfléchi à la demande que nous lui avions adressée, et, revenant sur l'avis qu'il nous avait donné, il nous engageait à nous rendre à *Vercelli* pour obtenir sur l'affaire qui nous avait amenés, des renseignements plus circonstanciés sur lesquels il pourrait alors exprimer son avis définitif.

Les gens de loi ne m'ont point paru moins prolixes en Italie qu'en France, et d'un côté des Alpes aussi bien que de l'autre, les clercs semblent toujours disposés à renchérir encore sur leurs patrons. Le titre d'avocat à la Cour impériale de Paris que portait mon respectable ami et qu'il avait décliné en se présentant dans l'*officio* de Mᵉ Girio, exerçait visiblement un certain prestige sur l'imagination du jeune ambassadeur, qui, en digne enfant de la bazoche, saisit l'occasion d'étaler son érudition et de faire parade de son savoir naissant. Il développa longuement sa thèse dans un langage emphatique entremêlé de phrases italiennes et de mots français, qui ne manquait pas d'être très-pittoresque, et bien qu'il ne fût pas toujours parfaitement lucide, il nous convainquit néanmoins de la nécessité de nous rendre à Vercelli.

Le voyage fut donc résolu.

Mais l'heure du spectacle était passée depuis longtemps, lorsque le clerc de Mᵉ Girio nous quitta, et il ne nous restait plus, pour achever la soirée, qu'à préparer nos malles pour le lendemain matin.

XIV.

Le lendemain donc nous allâmes reprendre la voie ferrée au point où nous l'avions quittée l'avant-veille ; car Vercelli, où nous devions nous rendre, se trouve située à égale distance de Turin et de Milan, sur le chemin de fer qui relie ces deux villes et qui n'est autre que le prolongement du Victor-Emmanuel.

Cette fois encore nous avions choisi un compartiment de première classe, où nous espérions être seuls et prendre ainsi nos ébats. Nous nous félicitions déjà de cette bonne fortune et attendions impatiemment le signal du départ, lorsque la portière s'ouvrit brusquement et livra passage à un voyageur attardé, dont le costume et les allures attirèrent notre attention.

Après avoir donné quelques pièces de monnaie à un commissionnaire qui l'avait suivi avec un panier de fruits dans les bras, — et qui, par paranthèse, ne parut pas extrêmement satisfait de la gratification qu'il reçut, — ce voyageur jeta vivement de côté son chapeau, mit bas son paletot, et nous laissa voir, sans plus de façons que s'il se fut trouvé dans sa propre chambre à coucher, une chemise de laine du plus beau rouge et une large ceinture de même couleur entourant la taille.

Nous échangeâmes un regard, mon compagnon et moi, comme si nous eussions voulu nous interroger réciproquement sur la manière dont nous devions accueillir ce singulier personnage ; mais, mettant son sans-gêne sur le compte de l'originalité, nous le laissâmes agir à son aise et nous contentâmes de le regarder faire.

C'était un homme de petite taille, déjà d'un certain âge ; il avait les cheveux rares et longs, rouges et grisonnants comme les poils de sa barbe qu'il portait entière ; sa figure et ses mains étaient marquées de petites taches de rousseur ; une longue chaine d'or massif, à laquelle pendait une multitude de breloques, descendait de son cou et disparaissait dans le gousset du pantalon ; des bagues, des anneaux, des chevalières, brillaient aux doigts de chacune de ses mains.

Ce sans-façon, ce costume, ces bijoux provoquaient ma curiosité, et je cherchais à deviner quel homme était cet étrange voisin. L'idée m'était venue que ce pouvait être un des compagnons, un des amis de Garibaldi, et l'envie me prit de m'en assurer pour entamer ensuite avec lui une conversation dans laquelle mon imagination se plaisait par avance à puiser des renseignements, des détails dont elle comptait bien faire son profit.

Mais toutes mes tentatives échouèrent ; mon silencieux voisin se tournait et se retournait sans cesse, s'étendait sur la banquette, se cachait la figure sous un foulard pour se garantir du soleil, mais il ne parlait pas.

A tout hasard et pour commencer le feu, je dis quelques mots à l'oreille de mon honorable ami et laissait échapper le nom de Garibaldi.

Pas plus de réponse qu'auparavant.

Seulement, le foulard qui voilait la figure du voyageur taciturne se souleva légèrement, et un coup-d'œil rapide et profond jeté sur toute ma personne m'apprit que j'avais été entendu et me donna à penser qu'il pouvait y avoir du vrai dans mes suppositions.

Mais ce fut tout ; et à cette heure encore j'en suis réduit aux conjectures.

Pendant ce temps, le convoi s'était mis en marche et nous emportait au-delà de Turin. La beauté du tableau que j'avais devant les yeux donna bientôt un autre aliment à ma curiosité. Je laissai mes compagnons de route dormir à leur aise chacun de son côté et je me mis à admirer.

Le chemin de fer s'avance fièrement au milieu d'une campagne riche et verdoyante, splendide paysage encadré au nord par la chaine des Alpes dont les cimes neigeuses s'étendent à perte de vue et se confondent avec les nuages ; au midi, par les collines de Turin couvertes de vignes et de bois, du milieu desquels se détachent les villas, les châteaux, et que domine majestueusement la Superga, comme un phare gigantesque destiné à éclairer la route de Turin à... Venise !

Franchissant quelques torrents qui descendent des Alpes et roulent avec bruit leurs eaux blanchâtres sur un lit de cailloux, le chemin de fer s'arrête un instant à *Settimo*, petite ville de 2,400 habitants, sur la rive gauche du Pô.

Sans cesser d'offrir au voyageur un tableau riche et pittoresque, le paysage se modifie sensiblement et change d'aspect entre Settimo et *Brandizzo*, bourg important par l'élevage en grand des vers à soie.

La campagne jusqu'alors dépourvue de plantations, se couvre peu à peu d'arbres touffus et vigoureux, qu'au premier coup-d'œil un normand ne manquerait pas de prendre pour des pommiers, mais qui ne sont autres que des mûriers dont le vert feuillage, soigneusement récolté, sert à l'éducation des vers à soie.

Le mûrier qu'on cultive en Piémont offre la même variété que celui qu'on rencontre en Provence, en Languedoc et dans le midi de la France. Aussi, si la qualité de la soie est supérieure de l'autre côté des Alpes, cette supériorité n'est évidemment due qu'à la manière de la filer et de la préparer, en même temps qu'au climat, dont la température plus douce, moins variable est plus favorable à l'éducation du précieux Bombyx.

Chivasso, que l'on rencontre à 3 kilomètres au-dessus de Brandizzo, est une petite ville, très-agréablement située, qui servait autrefois de résidence aux ducs de Montferrat.

Elle était l'une des places les plus fortes du Piémont. Les Français s'en emparèrent le 28 avril 1800 et en détruisirent les fortifications.

C'est dans les environs de Chivasso, sur la rive droite du Pô, qu'on découvrit, en 1745, les ruines d'une ville antique que l'on désigne sous le nom d'*Industria*; la plus grande partie des nombreux objets d'antiquité qui ont été trouvés dans les débris orne le musée de Turin.

Pendant la guerre de 1859, dont nous allons commencer à rencontrer quelques traces, les Piémontais avaient élevé à Chivasso quelques retranchements pour défendre les approches de la capitale qui n'en est éloignée que de 23 kilomètres.

Lorsqu'on a dépassé Chivasso, le chemin de fer s'éloigne définitivement du Pô, dont il a jusqu'alors longé la rive gauche à une distance assez rapprochée.

La campagne devient de plus en plus fertile ; la chaleur se fait aussi plus vivement sentir. Les femmes que l'on voit travailler dans les champs, à droite et à gauche, se couvrent la tête d'un chapeau de paille dont les larges bords se nouent sous le menton, ce qui ne laisse pas que de leur donner une forme assez singulière ; ces robustes travailleuses, brunies par le soleil, s'arrêtent de temps à autre ; on les voit se redresser et agiter leurs éventails pour suppléer à l'air dont l'absence est attestée par l'immobilité complète des feuilles et des plantes.

Bientôt on atteint *Torazza*, petit bourg au-delà duquel on franchit, sur un pont magnifique, la *Dora-Baltea*, qui court se jeter dans le Pô, et l'on arrive à *Saluggia*.

Ici, la scène change complètement d'aspect ; le paysage s'élargit démesurément.

Le cadre formé par les collines de Turin, qui bornaient la vue au midi, s'efface et disparaît ; au nord, la chaîne des Alpes s'éloigne insensiblement pour s'effacer bientôt à son tour derrière un nuage humide qui se confond avec l'azur du ciel.

L'œil embrasse alors un immense horizon de plaines fertiles et parfaitement cultivées ; ce sont les plaines fameuses du Piémont et de la Lombardie, où la guerre a tant de fois porté la dévastation, la terreur et la mort.

Livorno, *Bianze*, *Tronzano*, que l'on rencontre successivement, sont de petites villes ou pour mieux dire de gros bourgs, qui n'ont de remarquable que la fertilité du sol sur lequel s'élèvent leurs maisons en briques.

Tronzano cependant mérite une note particulière : lorsqu'en 1859 les Autrichiens envahirent le Piémont, c'est dans ses environs qu'ils s'arrêtèrent. La marche rapide et l'arrivée subite de l'armée française ne leur permirent pas de s'avancer au-delà de cette ligne.

Santhia, qui n'est située qu'à 3 kilomètres de Tronzano, est un centre de population plus important auquel se rattachent quelques particularités historiques qui ne sont pas sans intérêt.

C'est dans cette ville que Charlemagne, sur la tête duquel le pape avait récemment posé la couronne d'empereur d'Orient, reçut l'ambassadeur du calife de Bagdad, Haroun-al-Raschid. On sait qu'entre autres présents le calife fit offrir à l'empereur les clefs du Saint-Sépulcre, un singe, un éléphant, et enfin la première horloge sonnante qui parut en Europe.

Santhia devint plus tard la résidence des ducs de Savoie, et François II, duc de Modène, y mourut en 1658.

Chef-lieu d'arrondissement du département de la Sésia sous le premier Empire, Santhia est aujourd'hui un chef-lieu de mandement de la province de Tercelli.

L'embranchement d'Ivrée, qui vient y rejoindre la ligne principale, lui communique une certaine animation.

Je ne sais s'il y avait ce jour-là foire ou marché à Santhia même ou dans les environs, mais une foule assez compacte, qui se pressait dans l'embarcadère et attendait bruyamment l'arrivée du train qui nous portait, m'en donna la pensée.

Au milieu de cette cohue bruyante et endimanchée, qui se précipita sur le quai de la station, se trouvaient quelques jeunes femmes de la campagne dont le costume et la physionomie accusaient le véritable type de la paysanne italienne : c'étaient de robustes créatures au teint bruni, à l'œil noir, vif et bien fendu, dont les cheveux d'ébène, soigneusement nattés et roulés en cercles, étaient retenus derrière la tête par de longues épingles de formes diverses, les unes en or, les autres en argent. Deux ou trois d'entre elles étaient coiffées d'un madras aux couleurs éclatantes, noué sous le menton ; les autres étaient tête nue. Un corsage d'étoffe tantôt brune, tantôt bleu de ciel enserrait leur taille ; le jupon, rayé horizontalement de bandes multicolores, semblable à ceux qu'exposent les marchands de nouveautés sous l'étiquette de *jupons milanais*, était coupé très-court et laissait voir les jambes et les pieds entièrement nus.

J'avoue que cette absence de bas et de chaussures me surprit quelque peu. — Pour un Parisien, un bas blanc et bien tendu, une bottine mignonne et délicieusement cambrée ont tant d'attrait que cette regrettable lacune me choqua : elle contrastait par trop singulièrement d'ailleurs avec des toilettes qui annonçaient sinon la richesse, du moins une certaine aisance. — Mais tous les goûts sont dans la nature, et c'est la coutume du pays. — Après tout, mieux vaut encore cette mode, — si cela peut s'appeler une mode, — que celle des larges souliers ferrés qui font à nos paysannes françaises des pieds difformes, pour ne pas dire monstrueux.

Quelques minutes suffisent à la locomotive pour faire franchir au convoi la distance qui sépare Santhia de *San-Germano*, petite ville agréablement située au milieu de vastes prairies où paissent de nombreux troupeaux de vaches, de genisses et de jeunes bœufs destinés au labourage.

C'est à partir de San-Germano que commencent les fameuses rizières du Piémont.

J'avais bien des fois entendu parler de ces rizières lors de la dernière campagne d'Italie ; j'avais lu les descriptions qu'en avaient donné les journaux en publiant les bulletins de l'armée alliée, mais j'avoue, — et cela ne fait sans doute pas honneur à mon intelligence, — qu'il ne m'était pas resté une idée bien claire et bien précise de ce que ce pouvait être, et ce n'est véritablement qu'en les voyant moi-même que je me suis rendu un compte exact des difficultés qu'elles apportaient à la marche des troupes.

Qu'on se figure de grandes pièces de terre parfaitement planes, unies comme un jeu de boules, dominées par un fossé plein d'eau qui peut s'y décharger à volonté au moyen d'écluses et les submerger au degré convenable.

Ces pièces de terre sont divisées par carrés d'environ 6 à 8 ares, au moyen de petites digues de 20 à 30 centimètres de hauteur, larges de 30 à 35 centimètres à leur sommet, de 45 à 50 à la base.

Lorsque le riz est nouvellement sorti de terre, quelques centimètres d'eau seulement couvrent les carrés ; on en augmente le volume au fur et à mesure que la plante grandit et que la chaleur augmente.

Mais si la température s'abaisse assez sensiblement pour faire jaunir les feuilles du riz, on retire les eaux, et, à cet effet, il existe toujours à la partie inférieure des rizières un canal de décharge disposé de façon à pouvoir dessécher promptement le terrain.

La description qu'à mon tour je viens d'esquisser n'est sans doute pas complète et exprimée en termes suffisamment techniques ; mais, telle qu'elle est, elle me semble suffisante pour donner une idée des rizières, et surtout pour faire comprendre combien il est difficile et pénible à un corps d'armée d'avancer rapidement et en bon ordre dans un terrain ainsi délayé, incessamment hérissé de petits monticules de chaque côté desquels on enfonce jusqu'à mi-jambes.

Tandis que le convoi franchissait les 13 kilomètres qui séparent San-Germano de Vercelli, et tout en examinant curieusement ce genre de culture tout nouveau pour moi, ma pensée se reportait à trois années en arrière, au début de la guerre d'Italie, et mon imagination repeuplait ces rizières des uniformes de nos régiments. Je me figurais les zouaves et les chasseurs allant en reconnaissance sur Vercelli, où les autrichiens s'étaient retirés dès les premiers jours de mai 1859, à l'approche des 3me et 4me corps de l'armée française descendus par le Mont-Cenis ; je voyais ces braves soldats patauger dans ces terrains humides, franchir les digues, s'enfoncer, se relever en maugréant ; j'entendais un loustic dégoiser ses lazzi ou lancer à son chef de file un gros mot emprunté au vocabulaire des casernes, un *Mahomet* à trois chevrons, jurant de faire payer cher aux Autrichiens les dégradations faites à sa chaussure et à son équipement. — Montebello devait bientôt voir la réalisation de cet énergique serment.

Cependant des clochers et des tours apparurent à quelque distance, dominant ces vastes plaines et révélant par leur nombre et leur importance une ville considérable.

Le train s'arrêta : nous étions à Vercelli.

Là, comme dans tous les grands centres de population, des omnibus appartenant aux divers hôtels, attendent l'arrivée des trains, et, fidèles à la tradition, leurs conducteurs se disputent la préférence des voyageurs.

Nous échappâmes à ces ennuyeuses sollicitations, grâce aux indications du jeune clerc de Me Girio, qui nous avait signalé, comme étant le plus confortable de la ville, l'*Albergo dei tre Re*, autrement dit l'hôtel des Trois-Rois, et nous avait même donné pour le propriétaire, une recommandation, crayonnée sur un chiffon de papier, qui nous qualifiait de *personnes très-respectables et illustres*, ni plus, ni moins. Nous allâmes droit à la voiture de l'*Albergo dei tre Re*, qui nous emporta dans l'intérieur de la ville.

XV.

Vercelli, située sur la Sesia dont le nom a plus d'une fois retenti pendant la rapide et glorieuse campagne d'Italie, en 1859, est une ville de 20 à 25,000 habitants; elle est entourée de boulevards spacieux d'où l'on a, sur les Alpes, une vue magnifique. Mais quoique ses rues soient généralement larges et bien bâties, elle n'offre point cette physionomie animée, cet aspect agréable qu'on s'attend et qu'on aime à rencontrer dans une ville de cette importance. Il semble qu'elle ait conservé quelque chose du moyen âge et qu'elle porte encore l'empreinte des nombreuses vicissitudes auxquelles le pays a si longtemps été soumis. La plupart des maisons et même des boutiques est fermée par des portes épaisses et basses, bardées de fer et garnies de gros clous à têtes saillantes qui leur donne toute l'apparence des portes de nos prisons, et semblent transformer ces habitations bourgeoises en autant de citadelles. Et, de fait, la guerre a tant de fois passé par là, que les habitants ont dû chercher les moyens de se protéger contre le pillage et la violence de la soldatesque vaincue ou victorieuse.

Vercelli est d'ailleurs une ville très-ancienne. Justin en fait remonter l'origine à l'an 603 avant notre ère et en attribue la fondation à Bellovèse, le chef gaulois, qui, à la tête des tribus composées de Senones, d'Eduens, de Carnutes et d'Arvernes, battit les Etrusques sur les bords du Tessin, s'empara du Piémont et de la Lombardie, et éleva *Mediolanum*, aujourd'hui Milan.

C'est dans les plaines qui entourent Vercelli qu'en l'an de Rome 652 Marius et Catulus défirent les Cimbres et les Teutons.

République aux XIIIe et XIVe siècles, Vercelli passa en 1427 au pouvoir des ducs de Milan, puis des ducs de Savoie.

Elle fut prise en 1523 par Pescaire, qui cherchait à enfermer, en Italie, l'armée française commandée par Bonivet. Celui-ci, qui attendait un corps de 10,000 Suisses, se replia à la hâte sur Novarre ; mais les suisses, arrivés à Galtinara, refusèrent d'aller plus loin. Bonivet résolut de les joindre ; il franchit la Sesia à Romagnano, les atteignit et se dirigea sur Ivrée pour repasser les Alpes. Pescaire le poursuivit et fit de sa retraite un combat perpétuel. Blessé à l'arrière garde, Bonivet remit le commandement de l'armée à Bayard. Le chevalier sans peur et sans reproche tomba bientôt lui-même frappé d'une pierre lancée par une arquebuse à crocs qui lui traversa le côté droit et brisa l'épine dorsale.

Atteint mortellement, le brave chevalier rassembla ses forces défaillantes et ranima sa voix pour commander d'aller à la charge, et, se faisant placer au pied d'un arbre : « Mettez-moi de manière, dit-il, « que mon visage regarde l'ennemi. » Puis, voyant le connétable de Bourbon s'appitoyer sur son sort : « Ce n'est pas moi qu'il faut plaindre, ajouta-t-il ; « mais vous qui combattez contre votre patrie. » Et il expira quelques instants après.

Ce n'est pas d'aujourd'hui, comme on voit, que le sang français a arrosé ce coin de terre qui semble être devenu le théâtre privilégié de la bravoure et de l'intrépidité nationales.

Tombée au pouvoir des Espagnols en 1630, Vercelli fut prise par les Français en 1704, puis reprise par les Impériaux deux ans plus tard, après la fameuse défaite essuyée par La Feuillade sous les murs de Turin.

Au commencement de notre siècle, Vercelli fut

avec le Piémont réunie à la France et devint le chef-lieu du département de la Sesia.

Rendue au roi de Sardaigne en 1814, elle fut un instant occupée, en 1859, par les Autrichiens qui firent peser sur elle et sur Novarre le poids le plus lourd de leurs réquisitions.

Le brillant combat de Montebello, où le général Beuret perdit la vie, et à la suite duquel le général Forey fut si glorieusement acclamé par ses troupes, contraignit les Autrichiens à évacuer Vercelli. En se retirant, ils firent sauter deux arches du pont en maçonnerie, jeté sur la Sesia, qui sert tout à la fois au passage du chemin de fer et à la circulation ordinaire.

Le maréchal Canrobert, à la tête des 3e et 4e corps s'y établit provisoirement et la division piémontaise du général Cialdini vint bientôt l'y remplacer.

Quelques jours plus tard, l'Empereur, venant d'Alexandrie, y établissait son quartier général et l'armée piémontaise, franchissant à son tour la Sesia, accomplissait le brillant fait d'armes de Palestro.

Vercelli renferme plusieurs édifices remarquables, au premier rang desquels il convient de placer la cathédrale, élevée au XVIe siècle sur les dessins de Pellegrino Tibaldi et d'Alfieri; — le palais archiépiscopal, autrefois résidence du gouverneur, dont on aperçoit l'élégante façade de la gare du chemin de fer; — l'église *San-Andrea*, monument très-curieux des XIIIe et XIVe siècles; — les palais *Gattinara* et *Tizzoni*, où l'on voit de très-belles fresques de *Lanino* et de *Gaudenzio Ferrari*, fâcheusement restaurées par des mains inhabiles.

On montre dans la bibliothèque de la Cathédrale une traduction latine et manuscrite du *Livre des Evangiles*, que l'on dit avoir été copiée au IV⁰ siècle par Eusèbe 1ᵉʳ, évêque de Vercelli

Par une association d'idées toute naturelle, la vue de cet antique et très-curieux manuscrit des Evangiles me fit songer à l'*Imitation de Jésus-Christ* et à Jean Gerson ou Gersen, qui fut abbé de Vercelli au XIV⁰ siècle et que l'on reconnaît aujourd'hui comme l'auteur véritable de ce livre, « le plus beau, « dit Fontenelle, qui soit sorti de la main de « l'homme, puisque l'Evangile n'en vient pas. »

Je dis : que l'on reconnaît aujourd'hui, parce que la paternité de l'œuvre sublime a, pendant deux siècles au moins, été le sujet d'une vive querelle entre les savants et les théologiens : les uns l'attribuaient à Jean Gerson ; les autres la revendiquaient pour un chanoine prussien, Thomas-à-Kempis, et de tous les monastères sortirent des dissertations contradictoires, mais toutes d'une égale véhémence, qui contrastait singulièrement avec la morale douce et sereine du livre, objet de la discussion, et laissait clairement voir que, d'un côté comme de l'autre, si l'on tenait beaucoup au nom de l'auteur, on se souciait peu de mettre en pratique ses fraternels préceptes.

Il fut enfin démontré que Thomas-à-Kempis n'avait guère fait autre chose durant sa vie que de transcrire des missels, qu'il avait laissé une copie magnifique de la Bible en 4 vol. in-fol., et que s'il avait signé un manuscrit de l'*Imitation*, c'était simplement comme copiste et non comme auteur.

Tout en parcourant la ville et en visitant les édifices, nous n'avions pas perdu de vue l'objet de notre voyage, et un jeune avocat, *causidico*, nommé Campacci, auquel nous exposâmes notre affaire, se chargea de nous procurer les renseignements que nous étions venus chercher.

Nous regagnâmes l'hôtel, et nous fîmes servir à déjeuner.

La salle où l'on nous introduisit, toute tendue d'étoffes aux couleurs éclatantes, le linge déployé sur les tables dressées comme dans nos restaurants, les couverts, tout enfin révélait sinon le confortable des hôtels de premier ordre, au moins une propreté très-rassurante, et faisait pressentir à nos estomacs impatients une satisfaction d'autant plus agréable que l'hôtelier en personne, il signor Gadino, la serviette sur le bras, se chargeait du service.

Nous nous mîmes donc à table pleins de confiance et d'appétit.

Mais, ô cruelle déception, nous avions compté sans la cuisine italienne, à laquelle la table de l'hôtel Feder, de Turin, servie à la française, ne nous avait nullement préparés.

On nous présenta une friture d'assez bonne apparence, mais dont il nous fut impossible d'avaler une seule bouchée : à l'huile frite était mêlée une dose abondante d'eau de fleur d'oranger qui donnait au poisson une saveur étrange contre laquelle notre estomac se révoltait énergiquement.

Le ragoût qui succéda à la friture ne reçut pas

de nous un meilleur accueil : le sucre et le vinaigre s'y confondaient avec le beurre et la farine, et lui procuraient un goût insipide qui flatte probablement les palais qui y sont habitués, mais qui pour nous était détestable et que nous ne pûmes supporter.

Grande fut la surprise de notre hôtelier quand il nous vit refuser de toucher aux plats qu'il s'était donné la peine de préparer et de servir lui-même. Le pauvre homme fut littéralement stupéfait, et il ne se consola un peu qu'en nous voyant prendre parti en riant de notre mésaventure, et en nous entendant lui demander, en échange de ses chefs-d'œuvre, des œufs sur le plat et des côtelettes au naturel.

Brillat-Savarin, qui ne se serait probablement pas contenté du modeste déjeuner que nous venions de faire, prétend que le café doit tomber chaud sur les aliments. La déconvenue de notre hôtelier ne nous fit point oublier le précepte du célèbre auteur de la *Gastronomie*, et nous nous dirigeâmes, en conséquence, vers un *caffè* que nous avions remarqué quelques heures auparavant à l'un des angles de la *Piazza grande*.

Il y avait là nombreuse et bruyante compagnie, au milieu de laquelle nous fûmes quelque peu surpris de rencontrer un certain nombre de prêtres, attablés à droite et à gauche, riant, causant, buvant et faisant gaillardement leur partie de cartes ou de dominos.

On ne manquerait pas, dans nos villes de France, de crier au scandale si l'on voyait les prêtres entrer dans les cafés de la localité et s'y installer pendant quelques heures comme habitués de l'établissement ; en Italie, personne ne le remarque et n'y fait attention : c'est une chose toute simple, toute naturelle, passée à l'état d'habitude.

Si nous avions eu à nous plaindre de notre déjeuner, nous n'eûmes que des éloges à donner au café qu'on nous servit : il était excellent, et nous oubliâmes bientôt, en le savourant délicieusement, les affreux mélanges de la cuisine italienne.

Puis, reprenant notre exploration à travers la ville, malgré l'ardeur du soleil, nous allâmes visiter les bords de la Sésia, l'usine à gaz, *Stabilimento del Gaz*, qu'un industriel français avait récemment fondée sur la rive droite de la rivière, les promenades, et nous revînmes, par de longs détours, à l'*ufficio* del causidico Campacci, situé près de la Grande-Place.

On dit généralement en Espagne et en Italie, qu'on ne peut rencontrer en plein midi, dans les rues, que les chiens et les Français : nous venions de justifier une fois de plus ce dicton. Nous n'avions pas, dans notre longue pérégrination, rencontré dix personnes : à l'exception des militaires que les besoins du service obligent à sortir de leurs casernes, tout le monde reste confiné dans l'intérieur des appartements derrière les persiennes hermétiquement fermées.

Me Campacci nous attendait dans son étude.

Les renseignements qu'il s'était déjà procurés étaient loin d'être suffisants, et il ne pouvait les obtenir complets et définitifs que dans la soirée, et peut-être même dans la matinée du lendemain. En nous ajournant ainsi, il nous fit comprendre que ce ne serait point à Vercelli que nous obtiendrions la solution de notre affaire, et que, selon toute vraisemblance, nous aurions à nous remettre en route pour aller la chercher sur un autre point du Piémont, à Casale ou à Novi.

Force nous était donc d'attendre.

Mais que faire pour occuper le reste de cette longue et belle journée ? — Nous ne pouvions pas recommencer incessamment nos promenades dans les rues désertes de Vercelli ? — Je ne pouvais, quant à moi, me résoudre à m'enfermer, par un si beau temps, dans une chambre d'hôtel sombre et nue.

Je pris le parti d'aller immédiatement à Magenta, que je m'étais bien promis de visiter en venant à Vercelli et que je savais d'ailleurs n'être éloigné que de 45 kilomètres.

J'offris à mon honorable compagnon de m'accompagner; mais, exténué de fatigue et de chaleur, il préféra rester à l'hôtel, et je m'acheminai seul vers la gare où je devais, quelques minutes plus tard, prendre le train de Milan qui me conduisait à ma destination.

XVI.

Après avoir franchi la Sesia sur ce même pont dont les Autrichiens avaient fait sauter deux arches en se retirant sur Novarre à l'approche des colonnes françaises, la voie ferrée s'engage de nouveau dans la plaine, remontant insensiblement vers le nord.

Mais le paysage se trouve sensiblement modifié : les Alpes, dont on se rapproche peu à peu, apparaissent de nouveau sur la gauche, décrivant une ligne festonnée qui se confond avec les nuages ; la campagne n'offre plus cet aspect riant et fertile qui récréait la vue dans la contrée que traverse le chemin de fer entre Turin et Vercelli : elle devient monotone. Quelques villages se dessinent au loin à droite et à gauche, mais on ne rencontre plus de gaies villas, d'élégants châlets.

Les rizières se continuent, mais il est facile de reconnaître au premier coup d'œil qu'elles sont loin d'être aussi bonnes que celles des environs de Chivasso et de San-Germano. Une foule de plantes parasites, telles que le jonc, l'iris des marais, le typha, y croissent avec le riz qu'elles enserrent et finissent par étouffer.

Quelques minutes suffisent pour arriver à *Borgo-Vercelli*, gros bourg de 3,000 habitants environ, au milieu duquel on aperçoit un magnifique château entouré de jardins spacieux.

Lorsqu'après le brillant combat de Palestro, l'armée alliée se mit en marche sur Novarre pour se rapprocher du Tessin et le franchir, en dissimulant à l'ennemi son mouvement de conversion, Borgo-Vercelli fut successivement occupé par divers corps.

La division sarde du général Fanti, qui avait franchi la Sesia, sur la rive droite de laquelle l'armée piémontaise avait été quelque temps massée, s'y présenta la première.

Elle traversait le village pour aller au delà prendre ses cantonnements, lorsqu'elle se trouva en présence d'un gros de cavalerie autrichienne, qui venait lui-même en reconnaissance par la route de Novarre avec l'intention de pénétrer dans le bourg.

Le général Fanti mit son artillerie en batterie, lança sur l'ennemi quelques décharges à mitraille qui tuèrent une dizaine d'hommes, mit le désordre dans les rangs et obligea la reconnaissance à se replier et à se dérober dans les terrains boisés environnants.

Le 2e corps de l'armée française l'occupa le 31 mai, et le général Mac-Mahon, qui le commandait, y établit son quartier-général, qui fut, dès le lendemain, transporté à Novarre.

Orfingo, Comecciano, Ponzana, Casalgiate, villages plus ou moins importants que l'on traverse ou qu'on laisse à droite et à gauche, ne rappellent aucune particularité. La lutte glorieuse sur le théâtre de laquelle la vapeur nous conduisait n'y a laissé d'autres souvenirs que ceux du passage des armées et des réquisitions écrasantes des Autrichiens.

Il n'en est pas de même de *Novarre,* dont on aperçoit bientôt l'antique château, dessinant sa silhouette crénelée sur l'azur du ciel.

Située près de la frontière qui séparait la Lombardie du Piémont, Novarre a souvent eu à souffrir de la guerre, et son territoire a plus d'une fois été ensanglanté par les armées qui se disputaient la possession de cette partie de l'Italie.

C'est une ville de 20,000 âmes environ, entourée de fossés et d'une muraille bastionnée, aux rues étroites, longues et tortueuses, qui attestent son antiquité.

Novarre était, sous la domination romaine, un municipe considérable.

Déchirée par les guerres civiles, au moyen âge, elle passa successivement sous la domination des Torriani, des Visconti et des Sforza.

Lors de la formation du royaume d'Italie, elle devint le chef lieu du département de l'Agogna ; cédée à la Savoie avec une partie du Milanais, par le traité de Vienne, en 1736, elle est aujourd'hui le chef-lieu de la province qui porte son nom.

Lorsqu'en 1513, après avoir fait alliance avec les Vénitiens, Louis XII résolut de reprendre le Milanais et y envoya une armée de 16,000 fantassins et 2,000 lances sous la conduite de la Trémoille et de Trivulzio, toutes les villes du duché se rendirent, à l'exception de Novarre, où Sforza courut s'enfermer et se défendit courageusement. Forcé de lever le siége, La Trémoille fut poursuivi par les assiégeants, qui l'attaquèrent à l'improviste près de la Riotta. L'armée française ne put résister à leur choc impétueux : elle laissa 10,000 hommes sur le champ de bataille, et ses débris furent contraints de repasser les Alpes, abandonnant le Milanais au pouvoir de Sforza.

Le 23 mars 1821, l'armée constitutionnelle du Piémont fut battue par les Autrichiens dans la plaine qui s'étend au sud de Novarre, entre l'Agogna et le torrent de Terdoppio.

C'est encore dans ce même endroit, vingt-huit ans plus tard, jour pour jour, c'est-à-dire le 23 mars 1849, qu'eut lieu la bataille désastreuse si courageusement soutenue contre Radetzki par le roi

Charles-Albert, auprès duquel combattit glorieusement le duc de Gênes, son fils, aujourd'hui roi d'Italie sous le nom de Victor-Emmanuel II.

On sait qu'à la suite de cette défaite, dont le soldat piémontais peut parler avec tout autant d'orgueil que le soldat autrichien, l'infortuné Charles-Albert abdiqua en faveur de son fils, et se réfugia en Portugal, où la mort ne tarda pas à mettre un terme aux chagrins qui le dévoraient.

Dix ans plus tard, une nouvelle armée piémontaise, mais alliée cette fois à l'héroïque armée française, se trouvait réunie dans cette même contrée et se disposait encore une fois à combattre pour la même cause, pour la cause sacrée de l'Indépendance italienne.

Le 1er juin 1859, le 4e corps de l'armée française, commandé par le général Niel, entra dans Novarre, dont toutes les maisons étaient pavoisées de drapeaux aux couleurs nationales.

Il y fut rejoint le même jour par le général Mac-Mahon à la tête du 2e corps, dont les divisions allèrent s'établir en avant de la ville, entre la route de Milan et la Bicocca, c'est-à-dire à l'endroit même où, dix ans auparavant, le général toscan Czarnowski avait pris position par ordre de Charles-Albert.

L'empereur, à son tour, quittant Vercelli, transporta son quartier-général à Novarre, où il entra aux acclamations unanimes d'une population enthousiaste qui saluait déjà en lui le libérateur de l'Italie.

Dès le lendemain, à cinq heures du matin, l'empereur se rendit sur le terrain même où s'était livrée la bataille du 23 mars 1849; il visita les emplacements occupés par le 4e corps, et son regard put embrasser le vaste demi-cercle formé par l'armée alliée, s'étendant des bords de la Sesia aux rives du Tessin et à la route de Milan.

Il était prêt à l'éventualité d'une grande bataille, si l'ennemi voulait tenter une seconde fois le sort des armes sur ce terrain où il avait naguère si chèrement payé sa victoire.

Mais le Dieu des armées en avait décidé autrement : l'heure marquée pour la terrible lutte à laquelle chacun se préparait n'était point encore sonnée, et les champs de Novarre ne devaient pas être pour la troisième fois arrosés de sang humain.

La victoire avait choisi et une autre date et un nouveau théâtre.

Au delà de Novarre, le pays prend une physionomie nouvelle: la plaine est coupée de lignes de saules, de peupliers, de chênes qui se croisent et la divisent en parcelles de formes et de dimensions diverses.

A droite du chemin de fer s'étendent des landes garnies de genêts et de broussailles, au delà desquelles on aperçoit çà et là des moissons jaunissantes, des champs plantés de vignes dont les pampres s'enlacent aux branches des mûriers; à gauche, des prairies, des rizières, bordées les unes et les autres d'arbres aquatiques au-dessus desquels les Alpes élèvent leurs cimes dentelées et couronnées de neige.

Les villages, les hameaux, entourés de vergers et de massifs d'arbres, apparaissent nombreux, rapprochés, comme autant de taches rouges et blanches sur ce fond de verdure sombre.

On arrive à *Trecate*, gros bourg de 2,500 habitants environ, jadis fortifié, qui fut occupé l'avant-veille de la bataille de Magenta par la division Espinasse; — la veille par la division Mellinet, des grenadiers de la garde; — et le jour même par les corps du général Niel et du maréchal Canrobert.

Un peu plus loin on rencontre *San-Martino*, hameau formé de quelques maisons et des bâtiments qu'occupait la douane piémontaise avant la campagne de 1859.

San-Martino, c'est le premier plan de cette scène immense où s'est joué le drame terrible de Magenta! c'est la tête du pont jeté sur le Tessin que les Autrichiens essayèrent de faire sauter en se retirant sur la rive gauche de la rivière pour arrêter la marche rapide de notre armée.

C'est dans ce pauvre village, dans une sorte d'auberge, un cabaret, ou plutôt un bouchon, qui n'est guère hanté que par les rouliers et les paysans des environs, que l'empereur vint établir son quartier-général le soir même de la victoire qui lui ouvrait les portes de Milan. Enveloppé dans son caban, il se jeta sur un mauvais lit, tandis que les officiers de sa maison militaire, réunis dans une autre pièce, s'étendaient les uns sur des bottes de foin, les autres sur des sacs de maïs, et que les Cent-Gardes et les Guides bivouaquaient sur la route et dans la cour d'une ferme voisine.

Franchissant le Tessin sur un pont magnifique que les Autrichiens essayèrent aussi de détruire, le chemin de fer décrit une légère courbe, à droite, dès l'issue du pont, gravit les hauteurs qui conduisent à un canal appelé le *Naviglio-grande*, traverse ce canal et court ensuite sur une rampe en talus pour atteindre successivement le bourg de *Buffalora* et la ville de *Magenta*, sillonnant ainsi le théâtre même de la lutte que je venais visiter.

Ma curiosité allait donc être satisfaite !

J'allais enfin fouler ce sol arrosé du sang généreux de nos soldats, parcourir ce coin de terre immortalisé par leur valeur, retrouver peut-être quelques traces à demi effacées de cette lutte héroïque.

Mon impatience était extrême : bien que j'examinasse avidement ce panorama désormais historique, que j'interrogeasse l'un après l'autre chacun des accidents de terrain qui se produisaient à ma vue, les 10 kilomètres qui séparent San-Martino de Magenta me paraissaient interminables : il me semblait que le train demeurait immobile.

Aussi, fus-je saisi d'une vive émotion lorsque le sifflet de la locomotive annonça l'entrée du convoi dans la gare, et n'attendis-je pas, pour m'élancer sur le quai, que les surveillants vinssent ouvrir les portières en faisant entendre l'avertissement réglémentaire : *Magenta, che descende ! Magenta, che descende !*

XVII.

Mais avant d'aller plus loin, avant d'entrer dans la ville et d'entamer le récit de mon excursion sur le champ de bataille, je crois devoir m'arrêter un instant pour donner sur le *Tessin* et le *Naviglio-grande* quelques détails qui me paraissent intéressants et qui pourront être utiles pour l'intelligence du récit qui suivra.

Le Tessin, *Ticino*, est une des rivières les plus considérables de l'Italie; descendue du mont Saint-Gothard, elle traverse le lac Majeur et va se joindre au Pô, un peu au-dessous de Pavie, après un parcours d'environ 250 kilomètres. C'est une rivière, large de 400 à 500 mètres au moins, qui roule avec fracas ses eaux jaunâtres sur un lit d'inégale profondeur, formé de roches et de nombreux bancs de galets. Comme tous les cours d'eau qui descendent des Alpes dans le nord de l'Italie, le Tessin est sujet à des débordements subits, et il devient alors un torrent extrêmement redoutable qui entraîne tout sur son passage.

Avant la paix de Villafranca, il marquait la frontière entre le Piémont et la Lombardie.

C'est sur ses bords qu'Annibal remporta ses premières victoires en Italie.

Pendant la campagne de 1805, les Français et les Autrichiens s'y rencontrèrent et s'y livrèrent combat le 31 mai.

Mais à cette dernière époque aucun pont ne réunissait les deux rives; ce ne fut qu'en 1810 que Napoléon Ier fit commencer celui de *San-Martino*, qu'on appelle plus particulièrement pont de *Buffalora*, parce qu'il conduit à ce dernier village, beaucoup plus considérable que San-Martino. Il fallait alors franchir le Tessin sur un bac, formé de deux bateaux réunis ensemble par un plancher solide sur lequel on embarquait voitures, chevaux, bagages et voyageurs.

C'est ainsi que dut le traverser, en 1796, la commission chargée par le Directoire exécutif d'aller visiter et recueillir, dans les pays conquis en Italie par les armées françaises, les monuments d'art et de science dignes d'entrer dans nos musées.

Cette commission, composée des savants Berthollet, Monge, La Billardière, Thouin, des artistes Moitte, sculpteur, et Berthelmy, peintre, effectua la traversée sans encombre et gagna Buffalora sans accident, bien que les eaux du Tessin, considérablement grossies depuis quelques jours, eussent rendu le passage extrêmement difficile et périlleux.

Mais la veille même du jour où la docte société franchit la rivière, et précisément au même endroit, il était arrivé un événement terrible dont les anciens du pays ont conservé le souvenir.

Voici comment l'un des membres de la commission, M. Thouin, raconte cette affreuse catastrophe, dont il a recueilli les détails de la bouche même de l'une des victimes, échappées par miracle :

« Un colonel français, nommé Abafour, venant de l'armée des Pyrénées, s'était présenté le jour d'auparavant, vers les trois heures, sur le bord du Tessin, dans une voiture, avec sa femme, jeune, belle, enceinte, et une petite fille de deux à trois ans. Il était, en outre, accompagné d'un officier piémontais, d'un domestique et de quelques autres passagers.

« Tous sont reçus, ainsi que la voiture, dans un

bateau pareil au nôtre (deux barques réunies par un plancher).

« Ce bateau est remonté à bras d'hommes, le long du rivage, jusqu'à une certaine hauteur. Il quitte le bord, se met dans le courant; il y est entraîné. Le batelier tente de se diriger vers le passage entre deux bancs de galets : il manque son coup; la barque touche contre des rochers et s'arrête un instant. La résistance qu'oppose une de ses parties engagées donne plus de force au courant; le bateau pirouette un instant sur lui-même, et, après une course d'une vitesse accélérée, frappe contre d'autres rochers et s'ouvre en quelques endroits. Les passagers, effrayés, poussent des cris; les bateliers perdent la tête : la barque se brise, s'emplit d'eau et est bientôt submergée. La voiture roule quelque temps emportée par les flots. Des planches qui se détachent du bateau sont saisies par quelques personnes qui s'y cramponnent et surnagent. Tous les autres, après s'être débattus plus ou moins longtemps, sont engloutis et ne reparaissent plus.

« La femme du colonel Abafour, son enfant, l'officier piémontais et un autre passager périrent dans ce naufrage. Le colonel s'était sauvé avec son domestique et les bateliers; il perdit sa voiture, ses effets, sa fille et une femme charmante qu'il aimait beaucoup et qui était sur le point d'accoucher.

« Cet officier supérieur était un homme d'environ soixante ans; le malheur semblait l'avoir rendu insensible.

« C'est de lui, dit en terminant M. Thouin, que je tiens le récit de cette horrible catastrophe. »

Peut-être bien que les savants eussent hésité à tenter le passage s'ils avaient connu cet évènement avant de s'embarquer ; mais les bateliers avaient jugé prudent de n'en pas parler.

Le *Naviglio-Grande* dérive du Tessin, à Tornavento, petit village situé sur la rive gauche, à quelques kilomètres en amont de l'endroit choisi par le général Lebœuf pour l'établissement des ponts sur lesquels, le 2 juin, la division des voltigeurs de la garde, commandée par le général Camou, et, le lendemain, le corps du général Mac-Mahon franchirent la rivière.

Il descend dans la direction du sud-est, en s'écartant peu à peu de la rive gauche du Tessin, pour atteindre Turbigo, qui a donné son nom au brillant combat d'avant-garde où se distinguèrent les Turcos, passer devant Buffalora et Magenta, gagner Abbiate-Grasso et Milan, s'embrancher ensuite, à Castelletto, à un autre canal, nommé Bereguardo, et de là se joindre à l'Olonna et à Mortesana pour former le canal de Pavie et se perdre enfin dans le Pô, après un parcours de 50 kilomètres environ.

Ce canal, large et profond, sert au transport des marbres, des granits et des marchandises diverses provenant de la partie élevée de la Lombardie et des bords du lac Majeur.

Il s'élève peu à peu pour couler à mi-côte, entre deux rives escarpées, dans la traversée de Buffalora et de Magenta.

Ses abords sont garnis de villas, de maisons de campagne, de fermes, d'usines, d'habitations de tous genres qui annoncent le voisinage d'une grande ville, et cette grande ville, c'est Milan, qui n'est éloignée que de 25 kilomètres.

Le pays, du reste, justifie pleinement la préférence dont il est l'objet de la part des Milanais : la quantité de mûriers, de pruniers, de noyers, de pêchers, d'ormes, de peupliers, de micocouliers, dont il est boisé, lui donne tout l'aspect et tout l'attrait d'un véritable bocage. La vigne enlace ses pampres vigoureux aux branches des arbres fruitiers, entre lesquels croissent le maïs, le lin, le lupin bleu et blanc, les céréales, les légumes, ou bien encore s'étale le vert tapis des prairies artificielles, qu'on arrose à volonté au moyen de petits canaux disposés avec une rare intelligence.

La terre, de couleur jaunâtre, mi-partie argileuse et sablonneuse, profonde et substantielle, est d'une remarquable fécondité : non-seulement la pratique des jachères y est inconnue, mais le même sol produit sans effort deux récoltes par an et même quelquefois trois.

Buffalora est un gros bourg de 1,500 habitants, situé à un kilomètre et demi environ de San-Martino, de l'autre côté du Tessin et sur la rive gauche du canal ; de sorte que pour y arriver à partir de ce dernier village, il faut traverser le pont jeté sur le Tessin, tourner ensuite à gauche, à une centaine de pas du bord de la rivière, et franchir ensuite le Naviglio sur un second pont, à chaque extrémité duquel se trouvent quelques maisons isolées du reste du bourg.

En 1245, les Milanais battirent à Buffalora l'empereur Frédéric II, qui voulait à tout prix forcer le passage du Tessin.

Le sang français avait déjà coulé dans les environs de ce village avant la terrible journée du 4 juin 1859. Lorsque Bonaparte descendit du mont Saint-Bernard, en 1800, pour dégager Masséna, que Ott tenait bloqué dans Gênes, et pour empêcher Mélas de franchir le Var, qu'il menaçait, en coupant ses communications, avec le reste de l'armée autrichienne, le général Loudon voulut lui barrer la route de Milan et prit position à Buffalora; mais il y fut culbuté, et le premier consul, s'ouvrant un passage à travers l'armée ennemie, franchit le Tessin, puis le Pô, arriva quelques jours après dans la plaine d'Alexandrie et remporta sur Mélas, le 14 juin, la fameuse victoire de Marengo.

Magenta est une ville de 6,000 âmes, bien bâtie, dont la fondation est attribuée à l'empereur Maximilien-Hercule.

Elle aussi avait connu les horreurs de la guerre avant la journée à laquelle elle a donné son nom : elle fut saccagée, en 1167, par l'empereur Frédéric-Barberousse. La présence des Autrichiens en 1859 ne lui a pas été moins funeste.

Située sur la rive gauche du Naviglio, elle communique avec la rive droite au moyen de deux ponts, dont l'un, appelé *Ponte-Nuovo*, donne passage à la grande route de Milan. Comme à Buffalora, aux deux extrémités de ce pont sont groupées quelques maisons, deux ou trois sur la rive droite, quatre ou cinq sur la rive gauche, isolées du reste de la ville.

L'autre pont, désigné sous le nom de *Ponte-Vecchio*, est à plusieurs centaines de pas du précédent sur la droite; plus rapproché du centre de la ville, ses deux extrémités sont aussi protégées par quelques maisons.

Entre Ponte-Nuovo et Ponte-Vecchio, à 600 mètres environ du premier, se trouve un troisième pont sur lequel la voie ferrée franchit le Naviglio avant d'atteindre les bâtiments de la station, qui s'élèvent à quelque distance en arrière de Ponte-Nuovo.

Buffalora, le Naviglio, Ponte-Nuovo, le pont du chemin de fer, la gare, Ponte-Vecchio, sont les points où se sont déroulées les scènes principales de ce grand drame militaire dont le dénoûment, véritable hécatombe humaine, s'est accompli dans la ville même de Magenta, qui lui a donné son nom.

XVIII.

Il ne saurait me venir à l'idée d'entreprendre ici le récit complet et minutieux de la bataille de Magenta.

Pour remplir dignement cette tâche difficile et délicate, il faut des connaissances stratégiques que je n'ai pas le bonheur de posséder, et qui sont ici d'autant plus nécessaires que la lutte sanglante dont le territoire de Magenta a été le théâtre s'est livrée dans des conditions véritablement exceptionnelles.

La journée de Magenta, en effet, n'a pas été une bataille dans la stricte et rigoureuse acception du mot, ce qu'on appelle techniquement une bataille rangée. Elle n'a réellement atteint cette proportion grandiose que dans ses dernières péripéties, alors que le général Mac-Mahon, par une manœuvre aussi savante qu'habile, amena son corps d'armée sur le champ du carnage et contraignit ainsi la victoire à se fixer une fois de plus dans les rangs de nos intrépides soldats.

Jusqu'à ce moment solennel et décisif, elle n'a été qu'un ensemble de combats partiels, une réunion de luttes isolées, une longue série de chocs subits, imprévus, se renouvellant sans cesse, ici entre des divisions ou des brigades, là entre des régiments ou de simples bataillons. Jusque-là, chaque général, chaque colonel, chaque officier supérieur, pour ainsi dire, dut surtout ne compter que sur lui-même, s'inspirer de sa propre situation et prendre souvent l'initiative de mouvements et de résolutions que la nature et la disposition du terrain ne permettaient pas toujours au chef suprême de reconnaître urgentes et de commander en temps opportun.

Le péril n'en fut que plus grand ; mais la victoire aussi n'en fut que plus glorieuse.

Pour coordonner cette multiplicité d'épisodes héroïques et en composer un tableau unique et saisissant, il faut un habile pinceau, une main puissante, le talent ou le génie d'un maître ; et je n'ai, moi pauvre et obscur écrivain, qu'une humble et modeste plume, qui s'arrête confuse, hésitante, devant la grandeur et la délicatesse d'un tel sujet.

Je laisse donc à d'autres, plus autorisés et plus illustres, le soin difficile d'écrire définitivement cette page mémorable de notre histoire contemporaine, et me borne à en essayer une ébauche, qui, à défaut de tout autre mérite, aura du moins celui d'être sincère et consciencieuse.

Que les lecteurs qui ont eu la patience de me suivre jusqu'ici veuillent bien m'accompagner encore et visiter avec moi chacun des endroits où la lutte s'est produite plus ardente, plus menaçante ; et j'ai l'espoir qu'après avoir accompli ce pèlerinage patriotique, rassemblant par la pensée ces scènes éparses, ils parviendront ainsi à composer d'eux-mêmes une image fidèle de cette grande journée du 4 juin 1859.

Jetons d'abord un coup-d'œil d'ensemble sur le vaste panorama qu'embrasse le champ de bataille.

Nous avons franchi le Tessin sur le pont de San-Martino, dont les Autrichiens ont tenté de faire sauter deux arches, et nous nous avançons sur la route de Milan.

Arrêtons-nous à douze cents mètres environ de ce pont.

Là, nous sommes à l'endroit même où l'Empereur, anxieux, mais calme, impassible et résolu, s'est tenu pendant toute la durée de l'action.

Nos regards, ainsi tournés vers l'Orient, se portent tout d'abord sur une longue ligne, exhaussée en forme de terrasse, qui coupe diagonalement le paysage du nord-ouest au sud-est, et semble ainsi barrer le passage. Cette ligne, qui s'élève progressivement au fur et à mesure qu'elle s'étend en s'éloignant à droite, c'est la levée du Naviglio-Grande ; le talus que nous apercevons s'inclinant vers nous, couvert de verdure, de bouquets, d'arbres et de broussailles, borde la rive droite du canal.

A notre gauche, au-delà du canal, les toits rouges d'un vieux château et de quelques hautes maisons se dessinent au-dessus des arbres qui les environnent ; — c'est le château et le bourg de Buffalora.

En face de nous, à quatre ou cinq cents pas environ, sur la route même où nous sommes arrêtés, et qui monte en pente douce pour atteindre le canal et le franchir, se trouve *Ponte Nuovo di Magenta*, avec son groupe de maisons qui nous masquent les bâtiments de la douane et de la station de Magenta.

Ces trois points, San-Martino, Buffalora, Ponte Nuovo, marquent ainsi les angles d'un triangle rectangle dont la route de Milan forme la base et Buffalora le sommet.

A notre droite court le rail-way de Turin à Milan, sur une rampe qui, tout en décrivant une courbe légèrement accentuée, s'élève aussi peu à peu en s'avançant vers les hauteurs en amphithéâtre qui bordent le canal, se voûte à deux endroits pour donner passage à deux cours d'eau. Pour défendre l'entrée de ces voûtes, les Autrichiens ont établi à la hâte, du côté de la voûte de terre, deux ouvrages avec parapets. Plus loin, à l'endroit où s'ouvre dans les hauteurs du Naviglio la tranchée qui laisse pénétrer le chemin de fer, l'ennemi a construit une puissante redoute qui commande toute la voie et devant laquelle sont amoncelés des pierres, des arbres entiers, des voitures, des pièces de bois, des obstacles de toute nature.

15

De l'autre côté de la rampe du chemin de fer, dépassant à peine le niveau du remblais, apparaissent les tuiles rouges des quelques maisons assises à l'entrée de Ponte-Vecchio, et plus loin, en arrière, un peu sur la gauche, le toit à quatre pans d'un clocher carré, qui nous révèle la position de la ville de Magenta, étendue de l'autre côté du canal, derrière la partie comprise entre Ponte-Nuovo et Ponte-Vecchio.

Autour de nous, à droite et à gauche, en avant et en arrière, le large espace compris entre le Tessin, le canal et le chemin de fer est, ou coupé dans tous les sens par des haies souvent épaisses qui entourent tantôt de petits prés humides, tantôt de petits champs d'orge, d'avoine, de maïs, ou sillonné par des cours d'eau, des fossés; là, il est couvert de broussailles, de bouquets d'arbres, de vignes et de mûriers; ailleurs, le sol est inondé par l'eau des rizières.

De l'autre côté du canal, l'aspect du pays est le même; de distance en distance, à travers les éclaircies, les murs blancs et les toits rouges de quelques villages, de fermes, d'usine et de briqueterie se détachent sur ce fond de verdure. A gauche de la route, ce sont les villages de Robecchetto, Turbigo, Indumo, Cugione, Casate, Marcallo, la ferme de Cascina-Nuova; à droite, en arrière du Naviglio et au-delà de la ligne du chemin de fer, Carbetta, Robecco, la ferme de San-Damiano, Abbiate-Grasso.

Et maintenant que nous avons pris connaissance du terrain, voyons où se trouvent les deux armées qui l'ont inondé de leur sang.

Après les brillants combats de Montebello et de Palestro, qui avaient surtout pour but de donner le change à l'ennemi, en lui faisant supposer une marche sérieuse vers Robbio ou une attaque décisive sur Mortara, l'armée alliée, par un habile mouvement de conversion, s'était vivement portée d'Alexandrie sur Vercelli, où elle avait passé la Sesia, et de là sur Novarre, pour franchir ensuite le Tessin et porter le théâtre de la guerre dans les plaines lombardes.

La journée du 4 juin a été fixée par l'Empereur pour effectuer le passage et prendre possession de la rive gauche du Tessin.

Le corps du général Mac-Mahon, suivi de toute l'armée du Roi de Sardaigne, doit franchir la rivière vers Turbigo, où la division Camou l'a précédé pour protéger l'établissement des trois ponts jetés par le général Lebœuf; le passage accompli, il marchera sur Magenta par Cugione, Buffalora et Marcallo.

Les corps du général Niel et du maréchal Canrobert, quittant leurs positions de Trécate et de Novarre, doivent franchir le Tessin au pont de San-Martino, précédés de la division des grenadiers et des zouaves de la garde, qui, dans cette marche hardie, forme l'avant-garde de toute l'armée, après en avoir été l'arrière-garde et la réserve.

Malgré les précautions prises pour dissimuler à l'ennemi cette manœuvre, le général Giulay ne tarda pas à être informé que les alliés avaient surpris le passage du Tessin à Turbigo. Il donna aussitôt l'ordre à trois corps de son armée d'abandonner les positions formidables qu'ils occupaient à Stradella et à Mortara, de repasser le Tessin à Vigévano, et d'aller s'établir sur tous les points de la rive gauche, depuis Abbiate-Grasso jusqu'à Buffalora.

Ces ordres avaient été rapidement et ponctuellement exécutés, et, dès le 4 au matin, tandis que le général Mac-Mahon s'avançait de Turbigo sur Buffalora, avant que les généraux Niel et Canrobert aient pu atteindre San-Martino, 125,000 Autrichiens occupaient les fermes, les villages, les hauteurs du chemin de fer et du Naviglio.

C'est contre cette masse formidable que la division des grenadiers et des zouaves de la garde, avec laquelle marchait l'Empereur, vint se heurter et lutta glorieusement pendant de longues heures.

Accompagnons un instant cette héroïque division, qui eût l'honneur d'engager le feu.

Elle a, dès le matin, remplacé à San-Martino la division Espinasse qui l'occupait la veille, et qui, sur un ordre de l'Empereur, a dû quitter cette position pour se diriger sur Turbigo à la rencontre du corps de Mac-Mahon, qu'il doit rejoindre.

L'une de ses brigades, celle du général Wimpfen, composée des 2e et 3e grenadiers, avait pour mission spéciale de protéger l'établissement d'un pont de bateaux que la prudence commandait de jeter promptement à côté de celui que les Autrichiens avaient essayé de faire sauter en l'abandonnant. Ce dernier pont ne compte pas moins de onze arches ; les deux plus rapprochées de la rive gauche étaient seules endommagées : le jeu des fourneaux de mine les avait fait déverser l'une sur l'autre, descellant et brisant quelques pierres ; une compagnie du génie avait jeté à la hâte quelques madriers sur les cavités produites, et rétabli ainsi un tablier provisoire ; mais on avait lieu de craindre qu'il n'offrît pas une solidité suffisante pour le passage de plusieurs corps d'armée, surtout de l'artillerie, et pour qu'aucun accident ne vînt retarder la marche des troupes, on se décide à jeter un pont de bateaux un peu en amont du pont de pierre.

Les grenadiers franchissent le pont sous les yeux de l'Empereur qu'ils saluent de leurs acclamations, et vont se masser à droite et à gauche de la route, attendant impatiemment l'ordre d'attaquer l'ennemi.

Mais avant de donner cet ordre, l'Empereur, pressentant une action sérieuse, veut être assuré que le corps du général Mac-Mahon est en marche et s'avance sur sa gauche.

Au débouché du pont de San-Martino, sur la rive gauche du Tessin, il se trouve une petite maison d'un seul étage et de chétive apparence ; quelques officiers d'ordonnance de l'Empereur y pénètrent et grimpent sur le toit pour observer les mouvements de l'ennemi et signaler l'approche de Mac-Mahon dès qu'il apparaîtra à l'horizon.

Pendant ce temps, le 2ᵉ grenadiers, conduit par le colonel d'Alton, s'engage à travers les buissons, les bouquets d'arbres et les rizières qui longent la rive droite du canal, se dirigeant vers le pont qui mène à Buffalora.

Rien ne s'oppose à sa marche et n'annonce la présence de l'ennemi. Il avance toujours et atteint les hauteurs du canal ; mais il lui faut renoncer à l'espoir un instant caressé de pénétrer dans le village : le pont qui l'en sépare est rompu.

A peine a-t-il pu reconnaître ces obstacles que, de toutes les fenêtres des premières maisons, une grêle de balles pleut sur le régiment.

Les grenadiers y répondent, mais leurs feux sont impuissants pour écarter les Autrichiens abrités derrière les berges de la rive gauche.

Quelques soldats se dévouent et offrent de se jeter dans le canal pour établir une communication au moyen des débris du pont amoncelés sur l'autre rive ; mais le colonel s'y oppose. La mort fait assez de victimes : deux commandants sont déjà tombés ; il ne veut pas, dès le début de l'action, prodiguer le sang de ses hommes ; il sait, d'ailleurs, que le corps du général Mac-Mahon s'avance, et, prévoyant que l'arrivée prochaine de cette force imposante ne saurait manquer de préoccuper l'ennemi et d'apporter une diversion qui lui permettra d'aviser et d'agir, il se résigne à la défensive pour conserver sa position.

L'événement a bientôt justifié ses prévisions.

Une violente canonnade éclate tout à coup à l'autre extrémité du village. Les Autrichiens, pour faire tête à ce nouvel ennemi, se replient sur le village et paraissent même se disposer à s'en éloigner.

Alors une dizaine de grenadiers se jettent à l'eau, traversent le canal à la nage, s'emparent des matériaux depuis longtemps convoités et improvisent une passerelle qui permet au régiment tout entier d'atteindre le bord opposé et de gagner Buffalora, où le général Lamotterouge pénétrait lui-même peu d'instants après par un autre côté.

Le général Lamotterouge commandait une des divisions du corps de Mac-Mahon. Parti de Turbigo, il avait successivement traversé les villages d'Indumo et de Cugione sans rencontrer l'ennemi, dont la présence ne fut signalée qu'à Casate, petit hameau que les Turcos occupèrent après avoir échangé quelques coups de fusil. Délogés de cette position, les Autrichiens se replient sur Buffalora, où le 45ᵉ de ligne les poursuit et pénètre avec eux, tandis que douze pièces d'artillerie font taire leurs canons, balayent la route et criblent à jour les premières maisons, dont l'occupation devient ainsi impossible.

Le reste de la division s'engage à son tour dans le village sans trouver de résistance, le traverse sans que le feu de l'ennemi s'oppose à sa marche, et gagne ainsi les maisons voisines du canal, surpris de rencontrer les grenadiers de la garde là où il comptait avoir à lutter contre les Autrichiens.

Pendant ce temps, un aide-de-camp du général Mac-Mahon avait gravi l'escalier du clocher de Cugione. Du haut de cet observatoire, il aperçoit d'épaisses colonnes autrichiennes, dont la marche trahit l'intention de séparer les divisions Camou et Lamotte-Rouge, qui s'avancent sur Magenta par Buffalora, de la division Espinasse, qui se dirige vers le même point par Marcallo, et d'isoler ainsi cette dernière de toute l'armée, dont elle forme l'extrême gauche.

Le général Mac-Mahon donne ordre de prévenir les généraux Camou et Espinasse.

Mais où rencontrer ce dernier, dont la présence n'est pas encore signalée? — On attend. — Une heure se passe ainsi sans nouvelles d'Espinasse. La situation peut d'un instant à l'autre devenir extrêmement critique.

Le général Mac-Mahon frémit d'impatience. Enfin, n'y tenant plus, il s'élance au plus grand galop de son cheval dans la direction qu'a dû prendre Espinasse. Son Etat-Major le suit, rapide comme un ouragan, franchissant les haies, les fossés, tous les obstacles, sans que rien arrête ou ralentisse même cette course furibonde.

Deux fois on rencontre de petits détachements ennemis : le premier, surpris et effrayé, tend ses armes qu'on ne songe pas même à recevoir; le second envoie quelques coups de feu sur ce tourbillon humain et oblige les officiers de l'escorte à dégaîner. Le général Mac-Mahon, lui, ne voit rien, n'entend rien de tout cela : il continue de courir ventre à terre droit devant lui, sans se détourner, sans se douter du danger auquel il s'expose au milieu de ces terrains perfides.

Mais il a rencontré le général Espinasse; il lui a donné ses instructions : le projet de l'ennemi sera déjoué.

Tandis que le général Mac-Mahon accomplit cet acte inouï de dévouement et d'intrépidité, que s'est-il passé au pont de San-Martino, où nous avons laissé les grenadiers de la garde?

L'Empereur a entendu le canon qui tonne à Buffalora; c'est le signal qu'il attendait, et l'ordre est aussitôt donné aux grenadiers de se porter en avant,

Mais, dès les premiers pas, ces braves soldats sont assaillis par un feu terrible de mousqueterie et d'artillerie venant tout à la fois des maisons du pont, des hauteurs et de la redoute du chemin de fer. C'est de ces deux derniers points surtout que part le feu le plus meurtrier; c'est aussi sur eux que le général Wimpfen lance le 3e grenadiers.

En un instant le talus du chemin de fer est gravi, les murailles de la redoute escaladées, et bientôt au sommet apparaît un grenadier agitant son bonnet à poil au bout de son fusil.

La redoute ainsi envahie, l'ennemi se retire derrière le canal et s'enfonce dans les massifs d'arbres pour reformer ses colonnes et revenir à la charge. En fuyant, il tente de faire sauter le pont; mais le sous-officier qui va mettre le feu à la mine est aperçu: un caporal de grenadiers court à lui, l'étend à ses pieds d'un coup de baïonnette, pendant que son capitaine arrache la mèche et la jette dans le canal.

La position est enlevée, mais s'y maintenir devient impossible tant qu'on n'aura pas également enlevé les maisons de Ponte-Nuovo, d'où l'ennemi envoie un feu écrasant sur nos soldats qu'il voit pénétrer dans la redoute.

Un bataillon du 3e grenadiers redescend alors le talus du chemin de fer, suit la levée du canal, dont les broussailles l'abritent, arrive au pied des maisons, les attaque et s'en empare, tandis que, de l'autre côté, le 2e grenadiers, accourant de Buffalora pour se rallier à sa division, exécute la même manœuvre et obtient le même résultat.

Mais les maisons de la rive gauche sont encore occupées par les Autrichiens; il faut s'en emparer à tout prix et promptement, car dans celles de la rive droite les grenadiers ont trouvé des barils de poudre, des mèches, des pics, des pioches, tout l'appareil enfin propre à établir des mines et à faire sauter le pont; sans nul doute, il aura pris les mêmes dispositions sur la rive gauche.

Le général Cler fait avancer les zouaves de la garde; il dispose le régiment en trois colonnes : tandis que l'une franchit le pont au pas de course et le dépasse à travers une pluie de balles, l'autre se glisse à droite et à gauche le long des maisons, enfonce les portes, tue ou jette par les fenêtres les Autrichiens qui n'ont pas eu le temps de fuir, et la troisième, tournant brusquement à droite, court vers la redoute prêter son précieux concours au général Wimpfen, qui fait des efforts inouïs pour conserver sa position.

Ponte-Nuovo est à nous.

Le combat, jusque-là resserré sur cet étroit théâtre, s'étend et se développe au delà des maisons, à droite et surtout à gauche de la route. Le 1er grenadiers, conduit par son colonel, Lenormand de Bretteville, accourt y prendre part, suivi de six pièces de canon que les artilleurs de la garde mettent résolûment en batterie, moitié sur la route, moitié dans les terrains à gauche de la chaussée.

La lutte alors devient générale, furieuse, terrible · le sang coule à flots des deux côtés. Grenadiers et zouaves combattent avec un acharnement héroïque; mais leurs rangs s'éclaircissent sous le feu toujours croissant des troupes autrichiennes, dont le nombre augmente sans cesse, à la faveur des haies et des bouquets d'arbres qui en masquent les mouvements et l'approche; car le canon de Buffalora a cessé de se faire entendre, et l'ennemi, n'ayant plus à s'occuper de cette attaque éloignée, dirige tous ses efforts sur Ponte-Nuovo, dans le but d'isoler les intrépides bataillons qui ont dépassé le Naviglio des corps d'armée qui n'ont point encore franchi le Tessin.

L'infériorité numérique de nos troupes n'a pas échappé à l'ennemi, et cette remarque excite son ardeur en ranimant son espoir de reprendre la position qu'il s'est laissé enlever. Vainement les colonels De Bretteville et Guignard se multiplient pour rallier les compagnies et les lancer partout où le danger se montre plus pressant : l'intrépidité des chefs, l'héroïsme des soldats ne peuvent arrêter le flot autrichien qui monte sans cesse, gagne du terrain et menace de les cerner tous; en vain les artilleurs de la garde précipitent leurs décharges avec une activité furieuse, désespérée, l'ennemi avance toujours, il n'est plus qu'à une trentaine de pas de la bouche des canons.

Les généraux Regnault de Saint-Jean-d'Angely, Mellinet, Cler, sont là, eux aussi, appréciant l'imminence du péril, mais impuissants, eux aussi, à le conjurer, malgré leurs prodigieux efforts.

Deux fois démonté, le général Mellinet n'en continue pas moins de parcourir ce champ de carnage, communiquant sa bouillante ardeur à la brave division qu'il commande.

C'est dans ce moment critique, au milieu de ce tourbillon de fer et de feu, qu'une balle atteint le général Cler. Frappé en pleine poitrine, le général étend les bras, laisse échapper ces seuls mots : « Oh! mon Dieu! » et tombe à terre inanimé :

Quelques grenadiers s'empressent autour de lui et se mettent en devoir de l'enlever : deux de ces hommes tombent mortellement frappés à ses côtés. On le transporte enfin loin du théâtre de cette scène sanglante. Son officier d'ordonnance, le lieutenant Tortel, qui a respectueusement accompagné ce triste cortége, revient en toute hâte sur le lieu du combat et court droit au général Mellinet pour lui annoncer la fatale nouvelle. A peine a-t-il achevé de parler qu'une balle l'atteint à son tour et le renverse mort aux pieds de son cheval.

Qu'il me soit permis de m'arrêter un instant auprès du corps inanimé de ce vaillant général, et de saisir l'occasion qui s'offre à moi de rendre à sa mémoire l'humble hommage de mes regrets personnels.

J'ai eu l'honneur de connaître le général Cler, et dans les relations délicates, malheureusement trop courtes, que j'ai eues avec lui, alors qu'il était chef de bataillon au 6e léger, il m'a été donné d'apprécier sa belle et noble nature et de reconnaître en lui les qualités précieuses d'un officier de grand mérite.

Le général Cler était d'une taille élevée, svelte, élégante; le regard pénétrant de ses yeux noirs éclairait son mâle visage, que le soleil d'Afrique avait bruni sans en effacer l'expression d'énergie et de franchise qui le caractérisait. Tout son extérieur, où se réflétait sa nature ardente, résolue, loyale, captivait tout d'abord l'attention et attirait vers lui par une sorte de charme que la distinction et l'affabilité de ses manières augmentaient encore.

Modérant le respect du devoir et la sévérité de la discipline par la justice et la bonté, le général Cler était l'idole du soldat. Tous les *chacals* du 2ᵉ de zouaves, à la tête desquels il fit la campagne de Crimée, se seraient fait tuer pour lui jusqu'au dernier.

Cler (Joseph-Gustave), était né le 2 décembre 1814, à Salins, dans le Jura. Entré à l'école de Saint-Cyr en 1832, il en sortit en 1835. Lieutenant en 1838, il fut nommé capitaine au 2ᵉ bataillon d'infanterie légère en 1841 et passa en Afrique. Major au 6ᵉ léger, en 1848, il devint lieutenant-colonel au 21ᵉ de ligne en 1852, et bientôt après colonel du 2ᵉ régiment de zouaves.

Ce fut ce dernier régiment qui, à la bataille de l'Alma, accomplit cette prodigieuse ascension qui décida la victoire en notre faveur, et ce fut le colonel Cler qui, de sa propre main, planta le drapeau du régiment sur la tour du Télégraphe.

A Inkermann, à la Tchernaïa, l'intrépide colonel fit des prodiges de valeur qui le firent nommer général de brigade devant l'ennemi.

Rentré en France, il reçut le commandement de la 2ᵉ brigade de la Garde, composée des 1ᵉʳ régiment de grenadiers et des zouaves.

C'est en cette qualité qu'il était parti pour l'armée d'Italie, où la mort, qui ne respecte ni les talents, ni les nobles cœurs, a si prématurément anéanti son bras vaillant, qui pouvait rendre encore au pays de grands et nombreux services.

J'éprouverais un grand plaisir à raconter quelques-uns des nombreux faits de bravoure, de sang-froid et de noblesse qui jalonnèrent cette existence si brusquement tranchée; j'aurais ainsi la douce satisfaction de faire aimer certainement de ceux qui n'ont pas eu le bonheur de le connaître cet intrépide général, dont la patrie gardera le nom parmi les plus glorieux et les plus respectés. Les limites de cette narration s'y opposent; mais si les lignes qui précèdent ont pu inspirer à quelques-uns de mes lecteurs le désir de mieux connaître le général Cler, je ne saurais trop les engager à lire un volume anonyme intitulé : *Souvenirs d'un officier du 2e zouaves*, publié à Paris peu de temps avant la campagne d'Italie. C'est là qu'ils apprendront à le connaître tout entier, par le cœur et par l'intelligence, car ces souvenirs sont ceux du général lui-même, qui avait occupé ses loisirs à les écrire.

Cependant la mêlée est devenue horrible; le cercle de fer et de feu au milieu duquel luttent nos braves bataillons se rétrécit de plus en plus : grenadiers et zouaves, malgré leur intrépidité, ne peuvent plus tenir; ils se replient sur la tête du pont, résolus à mourir tous, chefs et soldats, plutôt que d'abandonner la position où le salut de l'armée entière est en jeu, puisque là est le seul passage par où les généraux Canrobert et Niel puissent, à leur arrivée, aborder l'ennemi et l'empêcher de réaliser l'idée qu'il poursuit d'isoler les deux corps attendus de celui de Mac-Mahon.

L'artillerie elle-même ne peut plus de ses feux multipliés contenir l'élan des masses autrichiennes. Les pièces en batterie sur la route envoient une dernière volée de mitraille qui fait dans les rangs ennemis une épouvantable trouée; les artilleurs profitent de cette minute de désordre et de confusion pour atteler et se reporter vers le pont. Deux des trois pièces établies dans les terrains à gauche de la route parviennent aussi à exécuter le même mouvement et se rapprochent du Naviglio; mais la tête d'une colonne ennemie surgit tout à coup derrière les haies et les broussailles au milieu desquelles la troisième est placée : à peine les artilleurs ont-ils le temps de faire feu qu'ils se voient cernés de tous côtés. Ils mettent le sabre à la main, entourent la pièce et la défendent avec l'intrépidité du désespoir. Mais que peut cette poignée de braves contre cette masse formidable! Criblés de balles, percés de coups de baïonnettes, ils tombent les uns après les autres, enlaçant de leurs bras défaillants les roues, l'affût de la pièce qui leur a été confiée; étreinte sublime, héroïque expression du sentiment patriotique de ces valeureux soldats.

C'en est fait; la garde ne peut plus se maintenir sur la rive gauche du canal : elle est forcée d'abandonner les maisons qui bordent le pont de ce côté, et elle se rejette dans celles de la rive droite.

L'Empereur, prévenu de ce qui se passe par les aides-de-camp du général Regnault de Saint-Jean-d'Angely, répond aux demandes de renforts que chacun lui adresse « qu'il faut tenir quand même. »

— Et l'on tient! — Pendant ce temps ses officiers

d'ordonnance courent, bride abattue, dans toutes les directions, au devant du maréchal Canrobert, au devant du général Niel, pour presser l'arrivée de leurs corps d'armée, au devant du général Mac-Mahon, dont le canon a tout à coup cessé de se faire entendre depuis l'attaque de Buffalora.

Il y eut alors pour tous ces braves cœurs un moment de terrible angoisse : on ne comptait plus vaincre, on ne songeait plus qu'à mourir, et chacun était prêt au sacrifice de sa vie pour l'honneur de la France.

Tout à coup le canon tonne au loin sur la gauche, dominant de sa voix de bronze le bruit de la fusillade de Ponte-Nuovo.

C'est le général Mac-Mahon qui s'avance sur Magenta, attaquant à la fois toutes les positions qu'occupe l'ennemi entre cette ville et Ponte-Nuovo.

Presque au même instant débouche du Pont de San-Martino la division du général Vinoy, du corps d'armée du général Niel. L'Empereur la lance immédiatement vers Ponte-Nuovo, où son arrivée ranime l'ardeur des grenadiers.

Bientôt les maisons de la rive gauche sont reprises, et conservées cette fois.

Le canon de Mac-Mahon préoccupe et trouble les Autrichiens. Pour faire tête à ce nouvel ennemi, les masses qui s'efforcent d'enlever Ponte-Nuovo se dégarnissent, se retournent et s'éloignent. Le général Vinoy se jette résolûment à leur poursuite et s'avance sur la route, où bientôt il rencontre une colonne qui sort des vignes, franchit la route au pas de course et disparaît à droite, derrière les haies, dans la direction de Ponte-Vecchio. Il laisse alors au général Martimprey la mission de continuer avec sa brigade sa marche sur Magenta, tandis que lui-même, faisant conversion à droite, se met à la poursuite des Autrichiens.

Suivons-le à Ponte-Vecchio.

Là aussi la lutte a été longue, sanglante, terrible, héroïque.

Sept fois cette position a été prise, abandonnée, reprise.

Lorsque le général Wimpfen, à la tête du 3e de grenadiers, s'était si résolûment emparé de la redoute du chemin de fer, il avait immédiatement envoyé quelques compagnies en reconnaissance sur sa droite, d'où partait un feu meurtrier qui rendait l'occupation de la redoute impossible de ce côté. Cette petite troupe, dirigée par le commandant La Blanchetée, n'avait pas tardé à signaler la présence de colonnes autrichiennes considérables, abritées derrière les fermes et les bouquets d'arbres. Déployant ses hommes en tirailleurs, le commandant put seul, pendant quelque temps, tenir l'ennemi à distance; mais les colonnes ennemies augmentaient sans cesse, et elles auraient sans doute écrasé les tirailleurs si le général Picard, dont la brigade formait l'avant-garde du corps du maréchal Canrobert, ne fût arrivé en toute hâte sur ce point menacé.

D'un coup d'œil il a reconnu l'imminence du danger : l'ennemi, poursuivant opiniâtrement le but qu'il s'est proposé, va faire de nouveaux efforts pour séparer les troupes qui ont dépassé le Tessin des corps d'armée qui n'ont point encore franchi le pont de San-Martino. Le général fait aussitôt mettre les sacs à terre et s'élance, la baïonnette en avant, sur la première colonne qu'il rencontre, la repousse et l'oblige à se retirer au delà de Ponte-Vecchio.

Des maisons de ce pont, où l'ennemi s'est fortement barricadé, pleut une grêle de balles : le 8ᵉ bataillon de chasseurs s'y porte avec fureur, enlève les barricades, enfonce les portes, les fenêtres, et fait prisonniers une masse d'Autrichiens surpris par cette irrésistible attaque.

Les maisons de la rive droite sont à nous.

Mais là, comme à Buffalora, l'ennemi a fait sauter le pont qui relie les deux rives du canal, et de la levée de gauche un feu meurtrier accueille les chasseurs dans les maisons dont ils viennent de s'emparer.

Une nouvelle colonne est signalée, s'avançant sur la droite et menaçant de tourner la position pour se porter sur la redoute. Le général court à elle avec quelques compagnies, laissant le reste du bataillon à la défense de la tête du pont. Il a si peu de monde avec lui que le commandant autrichien le somme de se rendre. Les chasseurs lui répondent par un cri formidable de *Vive l'Empereur!* se jettent, tête baissée, sur la colonne et l'obligent à reculer.

Quatre fois le général Picard est forcé de répéter la même manœuvre, de se porter alternativement de Ponte-Vecchio aux colonnes autrichiennes, qui reparaissent incessamment à sa droite et sont toujours refoulées.

Les secours lui arrivent enfin.

C'est d'abord le colonel Charlier, débouchant entre

la redoute et Ponte-Vecchio, qui lance le 90e de ligne sur l'ennemi, le repousse, et tombe mortellement frappé ;

C'est le maréchal Canrobert, dont la présence ranime les troupes épuisées, et qui s'élance lui-même au plus fort du danger pour disposer ses tirailleurs,

C'est ensuite le général Vinoy, que nous avons vu abandonner la route de Magenta, et qui se jette sur les maisons de la rive gauche, s'en empare sous le feu le plus violent et fait un grand nombre de prisonniers ;

C'est encore le général Charrière, qui conduit le 85e le long de la rive droite et vient soutenir les troupes épuisées qui depuis quatre heures défendent l'entrée du pont de ce côté.

Mais le pont lui-même est rompu ; les troupes qui en occupent les deux extrémités ou qui s'avancent sur les deux rives ne peuvent se rejoindre.

Déjà le général Vinoy ne peut plus se maintenir ; la mitraille fait de terribles ravages dans ses rangs, son cheval est abattu. Le peu d'hommes qui lui restent sera bientôt impuissant à arrêter l'ennemi, qui cherche à traverser la partie du village dont il vient de s'emparer. Il envoie demander des renforts à son tour.

Le 41e arrive au pas de course : à sa tête est le général Renault ; il joint ses efforts à ceux du général Vinoy, et, malgré le feu violent qui l'assaille, fait rétablir le pont par une compagnie du génie.

Les maisons de la rive droite et de la rive gauche restent enfin en notre pouvoir après des efforts héroïques sept fois renouvelés.

Mais la lutte n'est pas finie à l'extrême droite. L'ennemi n'a pas encore abandonné l'espoir de repousser jusqu'au Tessin les troupes qui maintenant l'ont franchi et de les empêcher, en s'emparant du Naviglio, de se joindre au reste de l'armée. Ses colonnes se reforment sans cesse, protégées tantôt par les bâtiments isolés des fermes voisines, tantôt par les haies ou les plis du terrain. Le colonel de Senneville, de l'état-major du maréchal, rassemble quelques compagnies éparses, leur crie : « En avant! mes amis, c'est le cœur qui fait la force, plus que le nombre, » et s'élance intrépidement à leur tête au devant de l'une de ces colonnes ; mais avant que cette petite troupe ait pu aborder l'ennemi, il tombe frappé de plusieurs balles. Les soldats, entraînés par son héroïque élan, se ruent sur la colonne, la repoussent et ramènent le corps inanimé de leur chef.

Le général Trochu accourt à la voix du maréchal Canrobert ; il amène sur le champ de bataille le 19e bataillon de chasseurs et le 43e de ligne. Il fait aussitôt battre tous les tambours, sonner tous les clairons ; il ordonne à la musique du 43e de jouer ses morceaux les plus retentissants, et s'avance ainsi résolûment bien au delà de Ponte-Vecchio, dont l'entrée est obstruée par des cadavres. Ce formidable tapage interdit les Autrichiens et leur donne à penser que des renforts arrivent en masses considérables. L'ennemi cesse enfin ses manœuvres offensives sur ce point et se borne à continuer un feu nourri de mousqueterie jusqu'au moment où la nuit vient étendre ses ombres sur cette scène sanglante.

Tandis que le général Vinoy fait barricader les

entrées du village, créneler les maisons et les murs des jardins, prendre enfin toutes ses dispositions contre un retour aggressif; tandis que le maréchal Canrobert, dont le corps d'armée arrive enfin, désigne l'emplacement que doit occuper chacune de ses divisions et veille lui-même à leur installation sur le champ de bataille, repassons le Naviglio et rejoignons le corps d'armée du général Mac-Mahon, dont le canon s'est tout à l'heure fait entendre et a ranimé l'ardeur des combattants épuisés de Ponte-Nuovo, de la redoute et de Ponte-Vecchio.

Lorsque le général Mac-Mahon était revenu à la droite de sa ligne de bataille, après avoir si intrépidement porté ses instructions au général Espinasse, le bruit intense de la fusillade qu'il entendait du côté de Ponte-Nuovo lui avait révélé que de ce côté la lutte était plus ardente, plus opiniâtre. Il comprit que l'ennemi, jugeant son corps d'armée retenu à Buffalora, avait réuni toutes ses forces sur ce point pour barrer le passage aux troupes qui débouchaient du pont de San-Martino.

Alors il précipita la marche de ses divisions pour attaquer l'ennemi sur tous les points à la fois qui s'étendent entre Buffalora et Magenta, donnant à ses lieutenants pour point de ralliement le clocher de Magenta, qu'on aperçoit de tous côtés au-dessus des arbres.

Le général Lamotterouge s'empare d'une ferme importante appelée *Cascina-Nuova*, y fait plusieurs centaines de prisonniers et poursuit le reste de la colonne autrichienne jusque dans les bâtiments d'une briqueterie, qu'il envahit à son tour.

De son côté, le général Espinasse a traversé Marcallo sans obstacles ; mais au sortir de ce village, il rencontre plusieurs colonnes autrichiennes qui sortent de Magenta : ce sont les colonnes signalées par le général Mac-Mahon qui cherchent à couper en deux le corps d'armée. Le général Espinasse lance sur elles la brigade Castagny, les rejette sur Magenta et poursuit sa marche vers la droite, laissant le général Gault à Marcallo.

Ce dernier confie la garde du village à un bataillon de chasseurs et donne ordre au colonel Duportal, du 71e, d'en surveiller les abords en s'avançant vers la droite de façon à protéger en même temps les derrières de la brigade Castagny. Le régiment s'est à peine éloigné de quelques centaines de pas du village qu'il se trouve en face d'une colonne autrichienne. Un bataillon se précipite sur elle à la baïonnette, l'oblige à rétrograder, et se replie ensuite sur Marcallo.

Mais une nouvelle colonne se présente et va lui barrer le passage ; le colonel s'efface derrière un pli de terrain, la laisse avancer, et lorsqu'elle n'est plus qu'à une centaine de mètres environ, il envoie une décharge terrible qui renverse les premiers rangs et jette la confusion dans les autres. Le régiment s'élance alors sur ces compagnies en désordre ; la baïonnette achève l'œuvre des balles et ouvre le passage pour regagner Marcallo.

Ainsi, des luttes partielles sont engagées de tous côtés et se renouvellent incessamment, jusqu'au moment où les brigades dispersées vont se donner la main sur un terrain plus favorable et réunir leurs efforts pour attaquer la ville elle-même d'où partent les colonnes ennemies.

Tandis que le 71e dispersait les Autrichiens aux abords de Marcallo, le général Espinasse avait à lutter contre trois colonnes marchant dans trois directions différentes dans le but d'envelopper la brigade Castagny; mais les charges terribles à la baïonnette du 2e régiment de zouaves et du 1er régiment étranger les arrêtent.

Tout à coup un cri formidable domine le bruit de ce combat furieux : c'est le 45e de ligne, de la division Lamotterouge, qui arrive, se joint au 2e de zouaves et le soutient dans sa lutte acharnée.

Les colonnes autrichiennes décimées se replient en désordre sur Magenta, laissant un de leurs drapeaux entre les mains de nos soldats.

Le but que l'ennemi n'a pas un seul instant cessé de poursuivre est complétement déjoué : la jonction des divisions Espinasse et Lamotterouge, si impatiemment attendue par le général Mac-Mahon, est enfin accomplie, et ce chef aussi habile qu'intrépide, n'ayant plus à redouter de voir son corps d'armée coupé en deux, donne aussitôt l'ordre d'attaquer vigoureusement la ville sur tous les points à la fois.

C'est alors que la lutte atteint des proportions véritablement gigantesques : de part et d'autre on comprend que le drame sanglant touche à son dénouement, que le sort de la journée se joue définitivement à cette heure suprême, et les combattants redoublent d'énergie.

Le corps d'armée du général Mac-Mahon avance toujours; il approche de Magenta, d'où sortent à chaque instant, par toutes les issues, des colonnes autrichiennes qui envahissent la chaussée du chemin de fer.

La mêlée est furieuse : le sang coule à flots sous une grêle de mitraille.

Mais rien n'arrête l'élan de nos soldats; les bataillons du général Lamotterouge, escaladent les talus de la voie ferrée, dispersent les Autrichiens, renversent les barricades qui défendent l'entrée de la gare, dont les bâtiments restent en leur pouvoir.

Au même moment, le général Auger accourt avec trente pièces d'artillerie qu'il met en batterie sur le chemin de fer, et dont les unes envoient leur mitraille sur les lignes ennemies, les autres leurs boulets sur le clocher de la ville, d'où part un feu plongeant et meurtrier.

Deux autres pièces sont amenées dans l'intérieur même des bâtiments, font feu par les fenêtres et balayent la rue qui mène au centre de la ville.

Le général Espinasse, à la tête du 2e de zouaves, a, de son côté, également franchi la chaussée. Le feu terrible qui l'accueille ne l'empêche pas d'avancer : il atteint la ville à son tour et s'engage dans l'une des rues qui débouchent sur le chemin de fer. Deux canons en défendent l'entrée; le sol est couvert de cadavres, les chevaux glissent à chaque pas sur le terrain inondé de sang.

Le général Espinasse met pied à terre; son officier d'ordonnance, le lieutenant Froidefond, et le général Castagny, qui marchent à ses côtés, l'imitent; mais à peine le jeune lieutenant a-t-il touché le sol qu'une balle l'atteint au ventre. Il s'adosse au mur pour se soutenir, et tout aussitôt une dizaine d'autres projectiles le frappent et le renversent pour toujours.

Son général a pu voir d'où les coups étaient partis : ils venaient d'une grande maison à trois étages qui forme l'angle gauche de la rue. Il la désigne aussitôt à ses zouaves et leur crie d'enfoncer la porte pour déloger les Autrichiens. La porte, barricadée intérieurement, résiste aux efforts des soldats, dont les cadavres s'entassent aux abords de la maison.

A la vue de tant de sang généreux versé, le général exaspéré s'élance d'un bond furieux au pied de cette terrible forteresse, et frappe du pommeau de son épée la persienne de l'une des fenêtres en s'écriant : « Par là! entrez par là! »

Mais à peine a-t-il prononcé ces quelques mots qu'un coup de feu part de la persienne même, lui brise le bras, s'enfonce dans les reins et le renverse expirant.

Les zouaves alors se jettent avec une rage inouïe sur la maison, brisent les persiennes, escaladent les fenêtres, se répandent dans les appartements et font des trois cents chasseurs tyroliens qui les occupaient un épouvantable carnage.

Le général Castagny réunit les hommes de sa brigade qui se trouvent à sa portée et continue de s'avancer vers l'intérieur de la ville, faisant, pour ainsi dire, le siège de chaque maison, d'où les balles pleuvent par les fenêtres, par les greniers, par les portes, ou jaillissent par les soupiraux des caves, par les murs crénelés.

« Rien, disait un officier supérieur, rien ne pourra

jamais donner l'idée de cette lutte effroyable, de ce tumulte plein de sang, de ces cris, de ces détonations de l'artillerie s'unissant à la fusillade de cette mêlée furieuse, implacable, resserrée entre des rues étroites : nos hommes, dans leurs efforts héroïques, désespérés, semblaient prendre les maisons corps à corps. »

Tandis que le général Espinasse payait de la vie son ardeur impétueuse, le combat se poursuivait avec un égal acharnement sur les autres points de la ville.

Le colonel Polhès attaquait résolûment l'église et parvenait à en déloger les Autrichiens.

Le général Gault, accouru de Marcallo avec le 71e et le 11e bataillon de chasseurs, se présentait à la droite de la ville, où le 1er et le 2e régiments étrangers étaient venus se placer sous ses ordres. Ces deux brigades réunies attaquent simultanément les masses compactes qui leur barrent le passage, les dispersent après une lutte acharnée, corps à corps, et gagnent enfin une des places de la ville, où le général Castagny ne tarde pas à les rejoindre avec ses zouaves décimés.

Les deux généraux prennent leurs dispositions pour se maintenir là où ils sont parvenus après de si longs et si sanglants efforts.

Mais leurs sages précautions devenaient inutiles : l'ennemi, délogé de toutes les maisons de Magenta, abandonnant enfin les positions qu'il avait défendues avec toute l'énergie du désespoir, commençait déjà son mouvement de retraite.

Bientôt ce mouvement se prononce plus distinctement : les colonnes autrichiennes, laissant prisonniers tous ceux de leurs combattants que les balles et les baïonnettes de nos intrépides soldats ont épargnés dans les maisons de Magenta, s'ébranlent pour regagner les villages de Robecco, Corbetta et Castellano, et, protégées par quelques batteries de fuséens, s'engagent sur la route qu'elles avaient suivie le matin même, animées par l'espoir du triomphe.

Mais le bon ordre qu'elles affectent d'observer dans leur marche ne dure pas longtemps.

Le général Auger accourt avec quarante bouches à feu ; il les met en batterie sur la chaussée du chemin de fer qui s'étend presque parallèlement à la route de Robecco, ouvre un feu foudroyant qui, les prenant d'écharpe et de flanc, renverse des rangs entiers et jette le désordre et la confusion dans les autres : c'est un ouragan de boulets et de mitraille qui change cette retraite en une déroute sanglante.

Ce fut le dernier épisode de cette grande journée du 4 juin 1859, qui ouvrit à notre armée victorieuse les portes de Milan.

Il était huit heures et demie environ quand la lutte cessa.

Elle avait duré sept heures.

Les Autrichiens laissaient entre nos mains quatre canons, deux drapeaux, douze mille fusils, trente mille sacs et sept mille prisonniers.

La mort avait fait dans les deux armées une sinistre moisson de trente mille cadavres.

XIX

Quelques jours avant mon départ pour l'Italie, j'étais allé à Versailles.

Le hasard m'avait donné pour compagnon de voyage, pendant le trajet de retour, un homme jeune encore, privé du bras gauche, et portant à sa boutonnière le ruban de la Légion-d'Honneur; son costume civil ne parvenait point à dissimuler sa désinvolture toute militaire.

La conversation s'étant engagée entre nous comme elle s'engage d'ordinaire entre fumeurs, c'est-à-dire en échangeant du feu pour allumer nos cigares, j'appris que mon compagnon de route avait été officier. Blessé à Solferino, l'amputation qu'il avait dû subir l'avait condamné à une retraite prématurée.

La campagne d'Italie était ainsi tout naturellement venue sur le tapis, et, confidence pour confidence, je lui fis part à mon tour de mon prochain voyage à Vercelli et du désir que j'avais d'aller au moins jusqu'à Magenta, si même je ne pouvais suivre plus loin la trace de notre vaillante armée.

Il m'avait fort encouragé dans mon dessein, en me faisant surtout remarquer que le trajet de Vercelli à Magenta, par le chemin de fer, ne demandait qu'une heure et demie tout au plus.

Le nom de cette dernière ville avait sans doute ravivé ses souvenirs; car, après quelques secondes de silence, il avait ajouté brusquement, sans transition, avec un sourire d'orgueilleuse satisfaction :

« Magenta! la Gare! là où nous nous sommes tant
« battus!... »

Puis le convoi s'était arrêté dans la gare Saint-Lazare; nous avions échangé un salut et nous étions séparés.

Dix minutes après j'avais complétement oublié et cette rencontre, fort ordinaire dans les wagons de la ligne de Versailles, et cette conversation parfaitement indifférente en elle-même ; je ne songeais pas alors qu'elles dussent un jour se représenter à ma mémoire.

Je me trompais.

Je me les rappelai à Magenta même.

A peine eûs-je mis le pied sur le quai de la station et jeté autour de moi un rapide coup d'œil, que la figure de mon interlocuteur passa devant mes yeux avec son fier sourire et qu'il me sembla entendre sa voix me répéter : « C'est là où nous nous sommes tant battus! »

C'est que tout ce que je voyais en effet confirmait pleinement ces paroles, qui seraient sans nul doute venues spontanément sur mes lèvres si elles n'eussent frappé mes oreilles comme un écho !

Je compris alors le ton et le sourire enthousiaste du brave officier. On pouvait être fier, en effet, d'avoir pris part à ce rude combat, d'avoir échappé à cet ouragan de fer et de feu qui, pendant plus d'une heure, enveloppa la gare de Magenta.

Trois années s'étaient écoulées depuis le jour de cette terrible bataille, dont le récit qui précède n'a pu donner qu'une pâle esquisse, une incomplète idée ; mais le temps, qui emporte cependant si rapidement les hommes et les choses, n'avait point entièrement effacé les traces affreuses que la guerre laisse toujours derrière elle.

Les balles et les boulets avaient imprimé leurs profondes empreintes sur les murs des bâtiments de la station ; la truelle des maçons, la brosse des badigeonneurs avaient essayé, mais vainement, de les faire disparaître : leurs tentatives de réparation n'avaient eu pour résultat que de rendre au contraire ces traces plus visibles en les élargissant, et l'on pouvait encore lire sur ces pages de pierre les efforts héroïques des combattants des deux armées.

J'explorai du regard la campagne environnante que domine la chaussée du chemin de fer. Quelques peupliers décapités, des marronniers et des mûriers amputés de leurs plus vigoureuses branches, ou n'offrant plus que leurs troncs mutilés, montraient assez que l'aveugle canon n'avait pas même épargné ces spectateurs impassibles de la lutte, qu'ombrageait leur verdoyant feuillage.

Un instant, je me figurai les colonnes en marche à travers les riches moissons, paraissant tout à coup au milieu des blonds épis ou dans les carrés de verdure, puis disparaissant aussitôt derrière les haies et les bouquets d'arbres, au-dessus desquels s'élevait un nuage de fumée qui trahissait leur passage ; il me semblait entendre le grondement du canon, le crépitement de la fusillade, le son des clairons, le bruit des tambours, la voix des chefs, les cris des blessés et des mourants, et je me surpris regardant à mes pieds si le sol que je foulais n'était point encore imprégné du sang généreux des enfants de la France et de l'Autriche.

Cette muette contemplation m'avait tellement absorbé que je ne m'étais pas même aperçu de l'éloignement du train qui m'avait amené, et je serais sans doute resté longtemps encore le jouet de cette illusion, si l'un des employés de la gare ne m'eût dit, en me touchant légèrement l'épaule : *la sua polizza, signore;* ce qui signifiait : donnez-moi votre bulletin, monsieur, et n'était en réalité qu'une façon polie de m'inviter à m'éloigner.

J'obéis machinalement à cette invitation et je sortis de la gare lentement, en continuant de promener à droite et à gauche des regards étonnés, interrogateurs.

Je me pris alors à regretter de ne pas m'être arrêté d'abord à la station de Buffalora, pour de là gagner à pied la ville de Magenta et suivre en quelque sorte la marche de nos colonnes le long du Naviglio. Mais il n'était plus temps de revenir sur mes pas, et pour réparer autant que possible l'oubli que je venais de commettre, je me décidai, puisque je me trouvais à Magenta, à faire ce trajet en sens inverse, c'est-à-dire à retourner à la station de Buffalora en suivant, autant que le terrain me le permettrait, les bords du canal.

Cette détermination arrêtée, je m'acheminai vers l'intérieur de la ville.

La rue qui fait face à la gare et dans laquelle je m'engageai était précisément celle qu'avait suivie la colonne du général Espinasse. Chassés des bâtiments de la station, les Autrichiens s'étaient retranchés dans les maisons de cette rue et avaient contraint nos soldats à faire en quelque sorte le siége de chacune d'elles. Les unes avaient été restaurées, récrépies ou badigeonnées à la chaux, suivant l'usage du pays; les autres laissaient encore voir leurs blessures, notamment celles qui forment les encoignures de la rue et de la place qui s'étend devant la station.

La maison qui forme l'angle droit est un grand bâtiment sans ouverture du côté de la place; la façade qui donne sur la rue est seule percée d'une grande porte cochère et de fenêtres aux deux étages.

A gauche, l'angle est dessiné par un mur de deux mètres et demi environ, qui ferme les deux côtés d'un jardin et laisse apercevoir les tiges de quelques arbres fruitiers enguirlandées de pampres courant de l'une à l'autre, un berceau en treillage peint en vert, et dans le fond une maison.

On comprend que ces maisons furent les premières envahies par les Autrichiens pour défendre l'entrée de la rue; aussi la lutte y fut-elle longue et sanglante. Les zouaves cependant parvinrent à escalader le mur du jardin de gauche, pénétrèrent dans la maison qui y fait suite, et de là entamèrent, avec les tirailleurs placés aux fenêtres du bâtiment de droite, un feu terrible qui les força de déloger.

La façade de cette dernière habitation était littéralement criblée de balles, particulièrement autour des fenêtres, dont les embrasures étaient elles-mêmes déchiquetées. A la hauteur du deuxième étage de cette maison, sur le mur en briques qui fait retour sur la place, est peinte une Madone tenant dans ses bras l'Enfant-Jésus; devant cette Madone pend une petite lanterne octogone, dans laquelle chaque soir, à l'heure de l'*Angélus*, on allume une bougie. Chose curieuse : les balles avaient éraillé le mur tout autour de cette fresque, détaché des briques une multitude d'éclats, et pas un projectile n'avait atteint l'image de la Vierge.

Etait-ce pur effet du hasard ou pieuse attention des assaillants? C'est ce que je ne saurais dire, et je laisse aux lecteurs le soin de prononcer; libre à eux de voir là un fait miraculeux si leur imagination les y convie. Pour moi, je n'y vois qu'une particularité assez curieuse pour la noter en passant, sans chercher à l'expliquer.

Je poursuivis ma route, regardant curieusement à droite et à gauche, et j'arrivai sur une petite place qui précède l'église, dont le clocher, percé de part en part à son sommet par nos boulets, avait dû être immédiatement réparé pour prévenir sa chute imminente.

Le combat n'avait pas été moins acharné autour de ce lieu de paix que dans les autres parties de la ville; les marches du temple avaient été ensanglantées tout autant que les seuils des maisons particulières. Mais quand la lutte eut cessé, quand nos soldats, pénétrant dans la ville par tous les côtés à la fois, eurent enfin fixé la victoire dans leurs rangs, la maison de celui qui a dit : « Aimez-vous les uns les autres, » reprit son évangélique destination et devint l'asile hospitalier où les blessés des deux armées reçurent, avec un généreux empressement, sans distinction de nationalité, les secours de la chirurgie et les consolations de la religion.

Que de scènes déchirantes ont dû se passer dans cette enceinte transformée en ambulance! Cris de douleurs, soupirs étouffés, larmes silencieuses, râle des agonisants, du sang partout, quel affreux tableau! Que de suprêmes pensées ont dû se reporter alors vers le passé! Que de regards voilés ont dû se tourner vers la patrie, vers le village, vers le foyer, points aimés momentanément effacés du souvenir par l'ivresse du combat!

Sous l'impression de ces sombres pensées, je songeai à ceux de nos soldats que la mort avait pris sur le champ de bataille, et j'éprouvai le désir de visiter le lieu de leur sépulture.

Une femme sortait en même temps que moi de l'église; je lui demandai le chemin que je devais suivre pour me rendre au *Campo-Santo di Francese*.

Elle se mit aussitôt en devoir de me satisfaire, allongeant le bras pour me montrer la route; mais réfléchissant que j'étais étranger et que les explications verbales dont elle accompagnerait nécessairement ses indications ne seraient sans doute pas comprises, elle se ravisa tout à coup, et, prenant la canne que j'avais à la main, elle traça sur le sable l'itinéraire que j'avais à suivre.

L'idée était ingénieuse, et si le tracé laissait beaucoup à désirer sous le rapport de l'exécution, la démonstration était du moins simple et claire. Je n'en demandais pas davantage.

Je remerciai mon obligeante cicerone de rencontre et me remis en marche.

Je remontai pendant quelques instants une longue rue perpendiculaire à celle que j'avais suivie pour venir de la gare, et qui, comme cette dernière, débouche sur la place; tournant ensuite à gauche, puis à droite, j'atteignis ainsi, après plusieurs crochets, un quartier écarté qui avait toutes les apparences d'un faubourg.

Plus je m'étais éloigné du centre de la ville, plus les habitations s'isolaient les unes des autres, séparées tantôt par des jardins, tantôt par des vergers; plus aussi les traces de la lutte devenaient nombreuses, larges et saisissantes. Ce n'étaient plus seulement les empreintes des balles que j'apercevais, mais les trouées et les ravages causées par les boulets : ici un pan de mur écroulé, ailleurs le toit à moitié arraché d'une maison presque en ruines, plus loin des murailles percées çà et là de trous oblongs, étroits, créneaux improvisés à coups de pioche pour une défense désespérée, ou bien encore des bâtiments dont les réparations dessinaient la largeur des brèches récemment rebouchées.

Je me trouvais dans cette partie extrême de la ville que le général Vinoy avait occupée après avoir chassé les Autrichiens de Ponte-Vecchio.

Je m'étais insensiblement rapproché du Naviglio, et j'arrivai bientôt hors de la ville; ayant à droite le canal, dont j'apercevais la levée à quelque distance.

C'est là, dans un champ entouré de haies vives, non loin du cimetière de la commune, que se trouve le *Campo-Santo di Francese*.

Une multitude de croix, ombragées par de nombreux arbustes funéraires, ifs, buis, cyprès, myrthes, saules-pleureurs, jalonnent les longues tranchées où dorment du dernier sommeil, côte à côte, par rangs serrés, comme ils sont tombés, les braves enfants de la France morts à Magenta pour la cause de l'indépendance italienne.

Pas de monuments, pas d'inscriptions, pas de noms même : rien que des croix discrètes, des arbustes muets!... Mais cette discrétion parle au cœur et ce mutisme a son éloquence!

Les habitants de Magenta n'avaient point oublié l'anniversaire de la bataille : les traces du pélerinage qu'ils avaient accompli le 4 juin au tombeau de leurs héroïques libérateurs se voyaient encore; c'étaient des bouquets, des fleurs, des images, des figurines de la Vierge, suspendus par de minces rubans aux branches des arbustes; des couronnes de buis, d'immortelles, de laurier, se croisant dans les bras des croix; des cierges consumés autour de ces emblèmes religieux; pieux témoignages d'un pieux souvenir, touchantes expressions de la reconnaissance de toute une population.

Ce spectacle m'émut profondément, plus profondément que ne l'avait fait l'aspect du champ de bataille lui-même. J'étais heureux de trouver là, dans cet hommage public rendu à la mémoire de nos soldats, un éclatant démenti donné à ces pessimistes qui regardent l'ingratitude comme une loi fatale du cœur humain; j'étais heureux d'avoir à opposer une réponse éloquente et victorieuse à ceux qui, au jour où notre armée franchissait les Alpes, prétendaient que l'Italie se montrerait bientôt oublieuse du service immense que la France allait lui rendre.

Non, l'Italie n'est pas oublieuse, elle n'est pas ingrate. Le souvenir de notre glorieuse expédition est toujours vivant au cœur de la nation, et quand chaque année, aux jours anniversaires où le sang français a généreusement coulé pour l'affranchissement du pays, les habitants de Magenta ou de Malegnano vont s'agenouiller pieusement sur les tombes des victimes, ils sont les délégués du peuple entier, les interprètes fidèles de ses sentiments; ce n'est pas une vaine cérémonie qu'ils accomplissent, c'est la dette de la reconnaissance nationale qu'ils acquittent.

Je m'éloignai lentement, songeant aux familles de ceux dont je venais de saluer la dernière demeure, et remerciant pour elles, du fond du cœur, les habitants de Magenta qui honorent avec un soin si respectueux la mémoire de leurs vaillants enfants.

Arrivé près du Naviglio, dont les eaux profondes roulaient tranquilles et silencieuses, j'escaladai la levée qui borde la rive gauche, et, remontant son cours, j'atteignis successivement Ponte-Vecchio, le chemin de fer et Ponte-Nuovo.

Sur tous ces points encore je retrouvais des traces du combat acharné; traces à demi effacées pour la plupart, mais suffisantes néanmoins pour réveiller le souvenir.

A Ponte-Vecchio, le pont que les Autrichiens avaient fait sauter dès le commencement de la bataille n'était point encore reconstruit: un tablier formé de madriers et de planches mettait provisoirement en communication les deux rives du canal.

Au chemin de fer, quelques vestiges de la terrible redoute si vigoureusement enlevée par les grenadiers du 3ᵉ régiment, et, dans la maçonnerie du pont, les traces de la mine inutilement préparée par les Autrichiens.

A Ponte-Nuovo, des empreintes de balles, de mitraille et de boulets, sur la façade de toutes les maisons, sur les parapets du pont, sur les bornes qui s'y appuient, partout enfin ; empreintes éloquentes qui témoignent de la violence de l'ouragan de fer et de feu que la garde impériale affronta si héroïquement.

Je m'arrêtai longtemps sur cet étroit passage que la bravoure des deux armées a rendu désormais célèbre ; j'allais et venais d'une extrémité à l'autre, regardant curieusement les maisons, interrogeant la route tantôt du côté de Milan, tantôt du côté de Turin, et ne pouvant me décider à m'éloigner.

Il fallut bien m'y résoudre pourtant. La nuit s'avançait, et avec elle l'heure du convoi que je devais prendre pour rentrer à Vercelli. Il était trop tard déjà pour que je pusse, suivant mon dessein, aller jusqu'à Buffalora en longeant le canal ; je dus me résigner à descendre la grande route pour gagner la station à San-Martino.

En cheminant ainsi, seul, à la nuit tombante, sur cette large voie, silencieuse et déserte à cette heure, que nos soldats avaient bruyamment suivie trois ans auparavant, où l'Empereur s'était tenu pendant la journée du 4 juin, les divers épisodes du drame formidable se représentaient à mon imagination vivement surexcitée par ma rapide visite aux lieux mêmes où il s'étaient accomplis.

La valeur de nos intrépides soldats grandissait à mes yeux de toute la bravoure déployée dans l'énergique résistance des vaincus si manifestement écrite sur les murs de Magenta, et mon admiration allait jusqu'à me porter à l'injustice en me faisant trouver tièdes les ovations si chaleureuses pourtant qui saluèrent l'armée d'Italie à son retour en France.

Toutefois, je dois l'avouer, un sentiment pénible se mêlait à ces élans d'enthousiasme et jetait un voile sombre sur les brillants tableaux que mon imagination se complaisait à évoquer. Mon admiration n'étouffait point ma pitié pour les victimes; elle n'effaçait pas l'impression douloureuse ressentie à la vue du Campo-Santo : l'humanité ne cédait point le pas à la gloire.

Sans doute il est beau de vaincre, il est beau pour un peuple d'ajouter à ses glorieuses annales une nouvelle page glorieuse; mais à quel prix s'achètent ces triomphes et se paient ces joies nationales?

La victoire est une brillante déesse, mais superbe et farouche, dont on ne gagne les faveurs qu'en échange de sacrifices terribles, qu'au prix d'holocaustes humains. Le manteau dans lequel elle se drape avec tant d'orgueil et de majesté, ce manteau de pourpre, qui nous séduit et nous fascine, est teint du sang le plus pur et le plus généreux; le char doré de la triomphante déesse roule sur un terrain inondé de larmes; les acclamations qui la saluent à son passage absorbent les soupirs, les sanglots, les cris de désespoir.

Guerre! mot terrible, chose affreuse! Puissance aveugle, toujours ruineuse et sanglante, souvent inique, quand donc ton règne finira-t-il?

Suprême argument des rois, la raison n'imposera-t-elle donc jamais silence à ta voix sinistre!

XX.

Il était dix heures environ, lorsque le convoi s'arrêta dans la gare de Vercelli.

Les omnibus des hôtels ne se trouvant plus à l'arrivée de ce train, je dus gagner pédestrement l'*Albergo dei tre Re*.

Bien que je fusse fatigué de ma course de la journée et que la faim commençât à m'aiguillonner vivement, je pris gaiement mon parti de ce mince contre-temps et n'eus pas lieu de le regretter.

La soirée était splendide; un clair de lune magnifique éclairait la campagne et projetait sa lumière argentée sur les clochers, les édifices et les maisons de la ville que le matin même le soleil dorait de ses plus chauds rayons.

Le contraste était frappant: le décor nocturne semblait avoir quelque chose de féerique.

A l'intérieur, la ville elle-même avait pris un aspect nouveau; les rues que j'avais laissées à peu près désertes au départ, je les retrouvais animées, remplies de monde. Je rencontrais ou devançais à chaque pas quelques groupes causant bruyamment ou quelque couple aux allures mystérieuses, bras dessus, bras dessous, cherchant l'ombre, tantôt babillant à voix basse, tantôt riant aux éclats.

Jeunes et vieux, hommes et femmes, tout ce monde-là se promenait, allant et venant par les rues et les boulevards qui entourent la ville, et respirant, après les ardeurs torrides de la journée, l'air pur et frais que le voisinage des Alpes ramène chaque nuit dans les plaines lombardes.

Je pus remarquer, chemin faisant, que les femmes, même à cette heure avancée, n'avaient, presque toutes, d'autre coiffure que leurs cheveux qu'elles disposent avec un art tout particulier et dont elles ont le plus grand soin. Il est vrai que leur chevelure est généralement magnifique : elles ont bien raison de ne point la dissimuler, et je les approuve fort de s'en faire une parure.

Les seules boutiques qui fussent encore éclairées étaient celles des coiffeurs; j'en comptai un assez grand nombre pour en conclure qu'à Vercelli les *artistes capillaires* ont le pas sur les modistes et doivent faire plus rapidement fortune.

Mon respectable compagnon de voyage, assis sur un banc de pierre à la porte de l'hôtel, m'attendait avec une certaine impatience.

Il avait revu dans l'après-dînée notre procuratore, et de la réponse qui lui avait été donnée il résultait que nous devions aller chercher à Novi la solution de l'affaire qui nous avait amenés en Italie.

La pensée de cette nouvelle pérégrination contrariait visiblement mon vieil ami; mais je dois avouer que j'étais loin de partager sa contrariété : j'étais, tout au contraire, enchanté de trouver l'occasion de voir un autre coin de l'Italie, et je n'aurais même pas fait la plus petite grimace s'il m'eût fallu aller plus loin encore, à Florence, à Rome et même à Naples.

Nous décidâmes que nous partirions dès le lendemain matin pour Turin, où nous avions laissé nos malles; que nous y passerions la journée, pour de là prendre le chemin de fer de Gênes, sur le parcours duquel se trouve Novi.

Je soupai tant bien que mal, et nous nous fîmes ensuite conduire aux chambres qui nous étaient destinées.

Les chambres à coucher, en Italie, et particulièrement les lits, diffèrent quelque peu des nôtres : les chambres sont spacieuses, hautes de plafond, bien aérées; c'est assez dire qu'elles ne ressemblent point à celles de Paris. Les lits, au lieu d'être poussés contre la cloison dans le sens de leur longueur, ne touchent au mur que par la tête; ils sont d'ailleurs plus larges que les nôtres, et de la façon dont ils sont placés dans la pièce, on peut en descendre à droite ou à gauche, à son gré.

Quant à la literie, elle se compose d'une paillasse de maïs et d'un ou deux matelas. Le traversin est formé de laine piquée; au lieu d'être arrondi, il est aplati et offre exactement la forme que donnent à leurs manteaux d'ordonnance, pour les fixer derrière la selle, sur la croupe de leurs chevaux, les cavaliers en général et les gendarmes en particulier.

Un carré, pas plus grand qu'une page de journal, également en laine piquée, remplit l'office d'oreiller.

Pas de plume, pas d'édredon ; aussi, si au lieu de se passer à Saint-Florent, en plein Berry, la scène d'*Un Monsieur et Une Dame* avait lieu dans un bourg d'Italie, Arnal ne pourrait certes pas placer le couplet qu'il chante si plaisamment en tâtant le lit de l'auberge berrichonne :

> Il est vraiment de la plus triste mine,
> Gudin, je crois, en deviendrait jaloux,
> On croirait voir un tableau de marine :
> Il est houleux de vagues et de trous ;
> C'est le portrait de la mer en courroux !
> Et cependant c'est un vrai lit de plume,
> La plume en sort, oui, je le reconnais ;
> Mais les coquins, pour grossir le volume,
> Ont négligé d'en ôter les poulets !

Le lit de l'*Albergo dei tre Re* n'avait point l'aspect de la mer en courroux, mais bien celui de la mer calme, tranquille, unie... comme une planche. Ainsi rassuré complétement à l'endroit d'un naufrage, je m'endormis d'un profond sommeil.

Malheureusement ce sommeil ne se prolongea pas aussi longtemps que je l'aurais bien voulu : dès cinq heures du matin le carillon tapageur d'une église voisine et le bruit confus de conversations qui s'échangeaient dans la rue en abrégèrent brusquement la durée.

Ma première pensée fut qu'un incendie s'était déclaré dans le quartier. Je sautai hors du lit et courus à la fenêtre, que j'ouvris précipitamment.

Des femmes, réunies par groupes plus ou moins nombreux, devisaient au-devant des portes, en costume matinal et dans l'attitude des braves commères de tous les pays qui guettent le passage d'un cortége quelconque.

Il n'était point question d'incendie, Dieu merci, dans ces clubs féminins.

Il s'agissait tout simplement d'une noce qui se dirigeait sans bruit vers l'église, où le carillon l'invitait à se rendre.

Le cortége n'avait rien d'extraordinaire pour justifier cette curiosité matinale, et je dus naturellement conclure que les femmes ne sont pas moins curieuses en Italie qu'ailleurs. Ne sont-elles pas toutes les descendantes d'Eve?

Les deux époux marchaient en tête, se donnant le bras, suivis de cinq ou six personnes seulement, parents ou amis, tous proprement, mais modestement vêtus. C'était évidemment une noce d'artisans ou de petits commerçants.

La mariée portait une robe de soie gris perle; un long voile blanc, d'étoffe assez épaisse, l'enveloppait de la tête aux pieds. La couronne et le bouquet de fleurs d'oranger brillaient par leur absence. Mais je me hâte d'ajouter, pour prévenir toute médisance, que j'ignore absolument si ces emblèmes sont de rigueur en Italie aussi bien qu'en France. Je me plais à penser, par respect pour la mariée, que cette coutume n'a pas franchi les Alpes : chaque pays a ses habitudes.

Quoi qu'il en soit, cette mariée était bien la plus jolie petite personne qui se pût voir, ainsi que le hasard me fournit l'occasion de le reconnaître deux heures plus tard, en me faisant rencontrer dans l'embarcadère du chemin de fer le couple si récemment uni qui attendait, comme nous, le départ du train pour Turin. La curiosité des femmes du voisinage m'était par cela seul expliquée, et je la trouvai dès lors parfaitement légitime : la mariée était, à n'en pas douter, la perle du quartier, sinon de la ville elle-même.

Elle n'avait pas plus de quinze ans assurément : elle n'était qu'une jeune fille, quant à l'âge; mais, grâce à la précocité naturelle sous les latitudes méridionales, son buste avait atteint le gracieux développement qui révèle la femme accomplie, sans rompre l'heureuse harmonie des proportions de ce corps juvénile; une luxuriante chevelure, d'un noir de jais, aux reflets brillants, couronnait son front, et, comprimant les tempes sous ses nattes artistement tressées, faisait resplendir la fraîcheur du visage et la pureté du teint, dont, par une rare exception, le climat italien n'avait point altéré la blancheur éclatante; de ses yeux bleus s'échappait, tamisé par les cils longs et soyeux, un regard limpide dont l'expression, pleine de douceur et de pénétrante sympathie, se réflétait sur les lèvres roses et souriantes de sa bouche mignonne.

C'était une ravissante miniature; aussi voyageurs et voyageuses l'enveloppaient-ils de leurs regards curieux avec une persistance qui eût assurément fini par l'embarrasser, si une voix glapissante n'était venue mettre un terme à l'extase générale en annonçant l'arrivée du train par le cri de : *Torino! Torino!*

Chacun se précipita vers les wagons sans plus

songer, pour le moment du moins, à la jolie mariée de Vercelli.

Une heure et demie après nous arrivions à Turin, où nous attendait un spectacle d'un autre genre et d'autant plus agréable qu'il avait pour nous l'attrait de la nouveauté et le charme de l'imprévu.

XXI.

Une grande animation régnait dans l'intérieur et aux abords de la gare ; un flot de curieux se pressait aux portes de sortie, guettant l'arrivée des voyageurs pour saisir au passage les parents ou les amis impatiemment attendus, leur donner une fraternelle accolade et s'éloigner avec eux ; une multitude de véhicules, de toutes formes et de toutes couleurs, élégants et rustiques, antiques et modernes, encombrait la vaste place qui s'étend devant les bâtiments de la station, et qui, pour cette circonstance, était ornée d'une ceinture de mâts pavoisés aux couleurs nationales, reliés entre eux par des guirlandes de feuillages et de verres de couleurs ; les nombreuses fenêtres de l'embarcadère étaient elles-mêmes garnies de drapeaux.

Tout nous annonçait une réjouissance publique, une grande fête ; mais pour quel sujet, à quelle occasion ? C'est ce que nous ignorions complétement.

Le cocher d'une voiture de place dans laquelle nous montâmes pour nous rendre à l'hôtel nous l'apprit chemin faisant : c'était la fête nationale du Statut, autrement dit de la Constitution.

Le programme comprenait une grande revue de

la garde civique et de l'armée, passée par le roi en personne, divers jeux publics, illuminations *à giorno*, avec accompagnement de pièces d'artifice et de feux de Bengale, etc., etc.; tout le programme ordinaire, en un mot, uniformément adopté dans les diverses capitales de l'Europe pour les réjouissances officielles.

Nous rencontrions à chaque instant des régiments entiers, infanterie, cavalerie, artillerie, ou déjà rangés en bataille sur les places, ou se rendant, tambours ou musique en tête, sur le terrain qui leur était assigné; ce qui mettait chaque fois notre automédon dans la nécessité de s'arrêter ou de faire certains détours.

La revue était annoncée pour midi et il était déjà onze heures. Comme nous ne connaissions, mon compagnon de route et moi, le roi Victor-Emmanuel que par les portraits étalés aux vitrines des marchands d'estampes des boulevards Montmartre et Poissonnière, nous ne voulûmes point laisser échapper l'occasion qui s'offrait à nous de le voir en personne, si faire se pouvait.

Nous nous hâtâmes donc de déjeuner, et, sur les indications du gérant de l'hôtel, nous nous dirigeâmes vers la place du Château, où Sa Majesté devait venir prendre position pour le défilé.

Y arriver n'était pas chose facile : il nous fallait remonter une partie de la rue du Pô, que les troupes remontaient déjà elles-mêmes, et les arcades qui la bordent des deux côtés, aussi bien que la place, étaient depuis longtemps envahies par la population Turinoise qui formait sur le passage des troupes une haie double des plus compactes. Nous y parvînmes pourtant, à force de patience et aussi, il faut bien le dire, en jouant des coudes de temps à autre.

La rue du Pô et la place du Château offraient un coup d'œil véritablement magnifique. A tous les balcons, à toutes les fenêtres, sous des stores aux couleurs éclatantes, se pressaient des femmes en toilettes élégantes, agitant leurs éventails dorés ou leurs légers mouchoirs pour saluer au passage chacun de ces jeunes et vaillants régiments, dont les armes étincelaient au loin sous les rayons d'un soleil splendide.

L'enthousiasme était grand, mais il atteignit son paroxysme quand parurent les *Bersaglieri :* les bravos, les applaudissements éclatèrent alors de toutes parts, passionnés, frénétiques; le bruit des tambours et des fanfares fut littéralement dominé par les cris et les acclamations patriotiques : *Evviva l'Italia! Evviva Vittorio Emmanuele!* qui ne cessèrent qu'après le passage du dernier homme de cette troupe d'élite.

On sait que les bersaglieri jouissent en Italie de la même popularité que les zouaves et les chasseurs de Vincennes en France. Les uns et les autres l'ont vaillamment conquise sur les champs de bataille de Crimée et de Lombardie, où ils ont rivalisé de bravoure et d'intrépidité. Leur organisation, leurs exercices, leurs armes sont les mêmes; l'uniforme seul diffère.

Les bersaglieri, comme nos bataillons de chasseurs, composent l'infanterie légère de l'armée italienne. Recrutés dans les cantons abruptes des Alpes et des Apennins, leur vigueur, leur agilité, leur adresse, en font des soldats précieux dont l'ensemble forme un corps redoutable de tirailleurs habiles.

Somme toute, l'armée d'Italie est constituée sur des bases solides; sa tenue, son esprit et son instruction sont de nature à rassurer complétement les nombreux amis de ce royaume naissant. Les officiers qui la commandent, jeunes pour la plupart et issus des meilleures familles, réunissent le savoir à la bravoure, le sang-froid au sentiment de l'abnégation, qualités éminentes qui, à un moment donné, transforment le soldat en héros. A les voir marcher fièrement à la tête de leurs colonnes, de leurs régiments ou de leurs compagnies, on reconnaît les enfants résolus d'un peuple libre et digne de sa liberté; on sent qu'ils ont foi dans les destinées de leur patrie, qu'ils sont prêts à tous les sacrifices pour affirmer son indépendance et lui rendre son antique splendeur.

Cependant nous nous étions peu à peu rapprochés du Palais-Madame, qui occupe le centre de la place du Château.

Le roi Victor-Emmanuel, entouré d'un nombreux et brillant état-major, était venu se placer sur le côté nord de ce palais, faisant face au long bâtiment occupé par les ministères de la guerre et de la marine, à l'une des fenêtres duquel se tenait la princesse Pie, aujourd'hui reine de Portugal.

La foule, — notre propre curiosité aidant, — nous entraîna de ce côté, et nous fûmes tout étonnés de nous trouver, mon compagnon et moi, au milieu des cavaliers de l'état-major royal.

Le défilé finissait.

Victor-Emmanuel, saluant courtoisement le flot populaire qui l'entourait et les dames penchées aux balcons des hôtels voisins, tourna bride et se dirigea, au bruit d'une immense acclamation, vers le *Palazzo Reale*, dont la cour d'honneur, ainsi que j'ai eu l'occasion de le dire précédemment, est séparée de la place même par une grille dorée.

Cette évolution, pour nous inattendue, nous mit subitement en face de Sa Majesté.

Je ne crois pas nécessaire d'esquisser ici le portrait du monarque italien; la gravure et la lithographie ont tellement vulgarisé en France cette royale figure qu'un dessin littéraire semblerait leur être emprunté et deviendrait d'ailleurs une banalité.

Mais ce que le burin et le crayon ont été impuissants à rendre exactement, c'est l'expression de loyale franchise et de chevaleresque énergie qui rayonne de cette physionomie vigoureusement accentuée et se révèle par un regard limpide dont, à l'heure suprême du combat et du péril, l'étincelle magnétique suffit pour électriser toute une armée, enthousiasmer tout un peuple.

Victor-Emmanuel est né en 1820; d'une constitution des plus robustes, rompu à tous les exercices du corps, passionné pour la chasse et pour les chevaux, il est aussi l'un des plus intrépides et des plus habiles écuyers de son royaume. Il montait ce jour-là un magnifique cheval gris-blanc dont mon ignorance en science hippique ne me permit point de distinguer la race. L'animal semblait fier de porter un tel maître : il s'avança lentement, se cabrant et caracolant gracieusement, agitant coquettement sa tête intelligente et sa crinière flottante, jusqu'au moment où, franchissant la grille du palais, il disparut aux yeux de la foule qui continuait d'acclamer son royal cavalier.

La partie militaire du programme était accomplie.

La multitude qui encombrait la place du Château se dispersa lentement, bruyamment, s'éloignant en flots serrés par les trois grandes artères qui rayonnent de ce centre aux points extrêmes de la ville.

Comme nous n'avions aucun but de promenade arrêté, nous abandonnâmes au hasard le soin de nous conduire selon son caprice, et nous nous laissâmes complaisamment aller au courant qui nous entraînait vers la longue et belle rue de la *Dora grossa*.

Le hasard, en cicerone courtois, nous conduisit sur le passage d'une procession qui descendait la rue même que nous remontions pour se diriger ensuite, par une voie transversale, vers l'église cathédrale de San-Giovianni (Saint-Jean-Baptiste), contigüe au Palais du Roi.

J'avais vu à Paris et ailleurs un certain nombre de cérémonies religieuses, dont quelques-unes sont même restées des solennités historiques, et je me figurais n'avoir rien de mieux à voir désormais en ce genre. Je m'étais trompé, et je me hâte de reconnaître que jamais procession ne m'apparut plus imposante par le nombre des prêtres qui la composaient, plus magnifique quant à la richesse des ornements dont ces prêtres étaient couverts.

Je n'exagère point en disant qu'il y avait bien quatre ou cinq cents ecclésiastiques de tout rang et de tous grades, partagés en deux longues files suivant chacune un des côtés de la voie publique. Les uns étaient vêtus de surplis de la plus fine batiste, les autres d'aubes en superbe guipure ou en dentelles précieuses, assurément sorties des ateliers les plus renommés d'Angleterre ou d'Alençon; les chapes en damas, les chasubles en brocard étincelaient de broderies et de galons d'or ou d'argent mêlés harmonieusement aux couleurs éclatantes des merveilleux tissus.

C'était splendide de luxe et de richesse; un tableau véritablement éblouissant qu'encadrait pieusement la foule recueillie, entassée sur les trottoirs et se pressant aux fenêtres ou sur les balcons des hautes maisons de la rue.

Après avoir curieusement regardé défiler ce cortége, dont la splendeur contrastait singulièrement avec la pauvreté de l'Eglise primitive, nous continuâmes notre promenade sans but.

Boileau a dit que l'ennui naquit un jour de l'uniformité; on peut ajouter avec autant de raison que la monotonie engendre la lassitude. Au fur et à mesure que nous avancions, nous trouvions les boutiques fermées, les rues désertes ou à peu près; notre curiosité ne trouvait plus d'aliment et notre promenade devenait une fatigue inutile.

Nous rétrogradâmes pour regagner l'hôtel et nous reposer.

Là, comme nous cherchions à nous renseigner sur les heures de départ de la ligne de Gênes pour le lendemain matin, on nous apprit qu'il y avait le soir même encore un train, et que nous pouvions en le prenant arriver à Novi avant la nuit.

Nous nous interrogeâmes du regard à cette nouvelle, mon ami et moi. Nous avions deux heures environ devant nous ; c'était plus qu'il n'en fallait pour nous préparer au départ, et comme, en définitive, Paris depuis vingt ans nous avait suffisamment édifiés sur les effets de la pyrotechnie officielle, des verres de couleurs et des lampions, nous nous décidâmes à laisser la population turinoise s'ébaudir patriotiquement à la lueur des illuminations et au bruit des pétards, et nous nous mîmes en route pour Novi.

XXII.

Un instant nous regrettâmes presque notre précipitation.

La gare était envahie par un régiment entier qui regagnait la garnison d'Alexandrie, d'où il était venu le matin pour prendre part à la revue.

Là, comme partout ailleurs à pareille fête, la discipline s'était tant soit peu relâchée de sa sévérité : les rangs étaient rompus, des parents, des amis s'étaient mêlés aux soldats dispersés çà et là par groupes bruyants, causant, riant, chantant, criant surtout ; c'était une cohue, un tohu-bohu indescriptible, un tapage assourdissant.

Cependant l'ordre se rétablit peu à peu ; les

troupes disparurent pour aller s'entasser dans les wagons, où les cris et les chants reprirent de plus belle, tandis que les visiteurs, hommes, femmes et enfants s'éloignaient de leur côté.

Nous pûmes enfin gagner un compartiment où nous fûmes fort aises de nous trouver seuls.

Au sortir de l'embarcadère de Turin, la ligne de Gênes, s'avançant parallèlement à l'ancienne route de terre, longe la rive gauche du Pô, qu'elle franchit ensuite avant d'arriver à la station de *Moncalieri*.

Ce parcours de 8 kilomètres environ n'est pas sans charme : de fraîches vallées, de vertes collines émaillées de jardins et de villas, offrent au voyageur un charmant tableau qui n'est pas sans une certaine analogie avec quelques-uns des sites qu'on remarque sur les voies ferrées de Versailles et de Saint-Germain.

Moncalieri est une ville de 7 à 8,000 habitants; bâtie sur le versant d'une colline, elle occupe l'emplacement d'une antique cité appelée *Testonna*, qui fut détruite vers le XIIIe siècle.

Elle renferme un château construit par Iolande, femme d'Amédée de Savoie, et qui a été sensiblement augmenté et embelli par les propriétaires successifs.

Victor-Emmanuel II affectionne tout particulièrement cette résidence royale, qui eut avant lui les préférences de Victor-Amédée II et surtout de Victor-Emmanuel Ier, qui y avait fixé son séjour habituel et qui y mourut au mois de février 1823.

Au delà de Moncalieri, la voie ferrée rencontre

successivement, à droite ou à gauche, les villages ou bourgs de *Truffarello*, d'où part un embranchement pour Coni ; — *Cambiano*, bâti sur un coteau dont les pentes sont couvertes de châlets et de villas ; — *Pessione* ; — *Villanuova* ; — *Villafranca*, premier port d'embarcation sur le Pô, qu'il ne faut pas confondre avec la ville du même nom située entre Vérone et Mantoue, où eut lieu entre les empereurs Napoléon III et François-Joseph II, après la bataille de Solférino, l'entrevue qui mit fin à la guerre d'Italie ; — *Baldichierri* ; — *S. Damiano*, bourg autrefois fortifié, où le maréchal de Brissac se défendit pendant trois mois en 1553 ; — elle franchit deux fois le Borbore pour arriver ensuite à *Asti*, grande et ancienne ville qui ne compte pas moins de 25,000 habitants.

Elevée au confluent du Borbore et du Tanaro, Asti était autrefois défendue par cent tours, dont quelques-unes subsistent encore et tombent en ruines, ainsi que les murs de son antique enceinte. Ces hautes murailles de briques rouges, rongées par le temps et dominant le verdoyant paysage que traverse les deux rivières, offrent un aspect des plus pittoresques.

Asti a subi de nombreuses vicissitudes et appartenu à bien des princes avant d'être définitivement incorporée au duché de Savoie. Ce fut d'abord une colonie de Liguriens, qui devint plus tard une possession romaine. Les Lombards l'érigèrent ensuite en duché ; puis Charlemagne en fit présent au comte Lorico, et Bérengère au marquis Alevano.

Asti, comme la plupart de ses sœurs d'Italie au

moyen-âge, se constitua en république, et elle figure à ce titre dans l'histoire Lombarde, jusqu'au jour où l'empereur Barberousse s'en empara.

Après quelques années de liberté, elle tomba au pouvoir de Visconti et devint bientôt la dot de Valentine, que Jean Galéas, son père, donna en mariage au duc d'Orléans. Elle appartint ainsi à la France jusqu'au traité de Cambrai, aux termes duquel elle passa sous la domination de Charles V, qui l'offrit à Béatrix, femme de Charles III, duc de Savoie.

Asti, qui est aujourd'hui le siége d'une préfecture et d'un évêché, possède des églises et des palais très-remarquables. Dans l'un de ces derniers, bâti par le comte Alfieri, auquel la ville de Turin doit quelques-uns de ses plus beaux monuments, on montre encore la chambre où naquit, le 17 janvier 1749, le poète tragique Victor Alfieri.

Qu'il me soit permis d'esquisser rapidement la biographie romanesque de cet écrivain, dont l'Italie se glorifie à juste titre.

Libre et maître de sa fortune à seize ans, le comte Victor Alfieri s'affranchit de l'étude, qu'il avait toujours eue en horreur. Il se jeta avec emportement dans une vie de plaisir et de dissipation, et se mit à parcourir l'Europe sans autre but, comme il le dit lui-même dans ses mémoires, que de se donner du mouvement.

Une tragédie française de *Cléopâtre*, que le hasard mit sous ses yeux, lui révéla sa vocation. Il traita le même sujet dans une pièce jouée à Turin et dont le succès décida de son avenir. Le comte Alfieri composa successivement vingt tragédies, dont les plus remarquables sont : *Antigone, Philippe II, Oreste, Virginie, la Conjuration des Pazzi, Saül, Mérope* et *Marie Stuart*.

Pour aborder le théâtre, Alfieri avait dû recommencer son éducation et apprendre non-seulement le latin, mais encore l'italien classique, dont il ignorait les préceptes. Son ardeur au travail était telle qu'arrivé à sa cinquantième année, il se mit à apprendre le grec; dans son enthousiasme pour la langue de Sophocle et d'Euripide, il se créa pour lui-même un ordre d'Homère, dont il se fit l'unique chevalier.

Au début de sa carrière, Alfieri avait rencontré une femme pleine de charme et de distinction, la comtesse d'Albany, épouse du dernier des Stuarts; ce fut son influence qui le fixa pour toujours au travail. Séparé d'elle plusieurs fois par diverses circonstances, il la retrouva veuve à Paris, où il était venu faire imprimer ses œuvres et où il l'épousa en 1788.

Le poète tragique italien se trouvait encore en France en 1789 quand éclata la révolution; il la salua à son aurore par une ode dans laquelle il appelait notre pays *la terre de la liberté*. Mais après le 10 août, le noble italien s'effraya du caractère démocratique de notre révolution, et il repassa les Alpes. Il fut dès lors traité en émigré; ses livres et ses meubles furent confisqués; sa fortune, qu'il avait placée sur les fonds français, fut en grande partie perdue. L'enthousiasme qu'il avait montré pour la France et la révolution se changea dès lors en une haine implacable qu'il ne cessa plus d'exhaler en de violents pamphlets.

Alfieri mourut à Florence, le 8 octobre 1803. La comtesse d'Albany lui a fait élever dans l'église Santa-Croce, de cette ville, un monument en marbre qui est l'un des chefs-d'œuvre de Casanova, et qui se trouve entre les tombeaux de Machiavel et de Michel-Ange.

La comtesse d'Albany mourut elle-même à Florence, en 1824.

Je ne saurais m'éloigner de la station d'Asti sans signaler aux gourmets les truffes blanches qu'on trouve en abondance dans la contrée environnante et les vins blancs mousseux que produisent les ceps vigoureux dont les coteaux voisins sont magnifiquement parés.

Le chemin de fer suit alors la vallée du Tanaro, dépasse le bourg d'*Annone*, qu'on aperçoit sur la rive gauche de la rivière, le village de *Cerno*, le bourg de *Felizzano*, dont les maisons, toutes uniformément construites en briques rouges, d'un assez triste aspect, sont en partie renfermées dans les murs d'un château, en partie groupées au pied du château même, et le bourg de *Solero*, souvent exposé aux ravages du Tanaro.

A quelques kilomètres au delà du Solero, on laisse à droite la ligne d'Alexandrie à Novarre, bien connue de nos soldats; puis, franchissant le Tanaro, sur un pont magnifique, qui n'a pas moins de quinze arches, le convoi entre dans la gare d'*Alessandria della Paglia*, autrement dit *Alexandrie de la Paille*.

Alexandrie est une des villes les plus importantes et les plus commerçantes de l'Italie septentrionale;

mais quoique ses rues soient généralement larges et droites, que son enceinte embrasse une vaste superficie, elle n'offre point l'aspect d'une grande ville et n'a point l'animation, le mouvement qui font de Turin un séjour agréable. A part une seule rue, celle qui débouche sur la vaste place en face de la station du chemin de fer, et où se trouvent quelques magasins élégamment décorés, toutes les autres voies, dont les maisons sont construites en briques, sont tristes et monotones.

C'est d'ailleurs une ville relativement moderne. Elle fut élevée, en 1178, sous le nom de *Cezarée*, par les républiques de Milan et de Crémone, pour défendre le passage du Tanaro et de la Bormida contre les troupes de l'empereur Frédéric Ier et du marquis de Montferrat.

Le pape Alexandre III, qui protégeait les Guelfes, l'érigea en évêché et lui donna son nom, et comme les premières maisons bâties par les Milanais avaient été couvertes en paille, les Gibelins lui donnèrent, par dérision, le nom d'Alessandria della Paglia, qui lui est resté.

Mais, en dépit de cette épithète dérisoire, Alexandrie est devenue non-seulement le point stratégique le plus important pour la défense de l'Italie septentrionale, mais encore l'une des places les plus fortes de l'Europe.

Sa situation dans une plaine immense, au confluent de la Bormida et du Tanaro et au centre des grandes voies qui mettent le bassin supérieur du Pô en communication avec l'Italie centrale, en fait un camp formidable, un vaste boulevard qui protége, en les reliant, les places de Turin, de Milan et de Mantoue.

Sa magnifique citadelle a été bâtie, en 1728, par Victor-Amédée II. Couverte par des forts et par divers ouvrages avancés qui l'entourent, protégée d'ailleurs par les deux rivières et surtout par l'éclusement du Tanaro, qui permet, de l'intérieur même de la place, d'inonder la plaine environnante, l'approche de cette citadelle est extrêmement difficile, pour ne pas dire impossible. Un pont de 200 mètres au moins la sépare de la ville; ses bastions et ses courtines renferment d'immenses magasins et des casernes voûtées qui peuvent recevoir une grande quantité de troupes et d'approvisionnements, à l'abri des bombes et des boulets.

Les fortifications d'Alexandrie, laissées inachevées par l'empereur Napoléon Ier, qui y avait dépensé 25 millions de francs, furent détruites en 1814 par les Autrichiens; mais elles ont été relevées depuis, et cette fois ce n'est pas un général étranger; c'est l'Italie elle-même qui, dans un superbe élan de patriotisme, a contribué à leur entier rétablissement.

Mêlée à presque toutes les guerres dont l'Italie a été le théâtre, Alexandrie est surtout célèbre par les nombreux assauts qu'elle a dû soutenir. Pendant près de trois siècles, de 1238 à 1413, elle appartint alternativement au pouvoir des Guelfes et des Gibelins, passant successivement des mains de Frédéric II à celles de Manfredi, Lancia, aux marquis de Monferrat, à Guillaume VII, à Robert de Provence, à Lucchino Visconti, à Fascino Cane et à Théodose II.

Le duc d'Orléans tenta vainement de s'en emparer en 1447.

Elle fut gouvernée par les Sforza jusqu'en 1495, époque à laquelle les Français s'en emparèrent pour la conserver jusqu'à la paix de Cambrai, en 1521.

Les Sforza étant morts, Charles V donna Alexandrie à son fils Philippe, qui devint roi d'Espagne.

Philippe V la remit, en 1705, au duc de Savoie.

Les Français s'en emparèrent en 1798; reprise par les armées coalisées en 1799, elle rentra au pouvoir des Français le 15 juin 1800, c'est-à-dire le lendemain de la bataille de Marengo, aux termes de la fameuse convention, signée dans ses murs mêmes, qui obligeait les Autrichiens en se retirant derrière la ligne du Mincio, à remettre aux Français toutes les places fortes qu'ils occupaient, telles que Gênes, Coni, Milan, Tortone, Plaisance, Arona, Savone, etc., etc.

Lors de la création du royaume d'Italie par Napoléon I*er*, Alexandrie devint le chef-lieu du département de Marengo.

Elle rentra en la possession du duc de Savoie en 1814.

On sait qu'en 1859, au début de la campagne d'Italie, l'empereur Napoléon III y établit son quartier-général.

Cependant le convoi s'était allégé des dix ou douze wagons dans lesquels avait pris place le régiment qui revenait de Turin. Le sifflet de la locomotive fit retentir son bruyant signal et le train se mit en mouvement pour s'éloigner de la gare d'Alexandrie, l'une des plus vastes et des plus belles de tout le réseau italien.

Franchissant la Bormida à peu de distance de la ville, la voie ferrée entre dans une plaine immense qu'elle traverse dans toute son étendue, au milieu des plus riches moissons, laissant à droite et à gauche quelques petits villages entourés de bouquets de mûriers ou de vergers d'oliviers, dépasse le bourg de *Frugarolo* et arrive enfin à la station de Novi.

Cette plaine, dont je me borne à signaler ici la merveilleuse fécondité, rappelle un des plus glorieux épisodes de nos annales militaires.

C'est la plaine de *Marengo!*

Lorsqu'au retour de Novi, je raconterai mon excursion au village même qui a donné son nom à la brillante victoire remportée par le premier consul, le 14 juin 1800, je me réserve de mettre sous les yeux du lecteur la description aussi brillante qu'exacte que M. Thiers a donnée de ce vaste champ de bataille dans son *Histoire de la révolution française*.

Et le lecteur ne regrettera certainement pas de me voir céder la place à l'illustre académicien.

XXIII.

Il était presque nuit quand nous mîmes les pieds sur le quai de la station de Novi. Cette circonstance ajoutait à l'embarras que nous éprouvions déjà depuis un instant de ne savoir à quel hôtel descendre, car dans notre précipitation à quitter Turin nous avions complétement omis de nous renseigner sur ce point intéressant, puisqu'il est toujours vrai

> Qu'on est heureux de trouver en voyage,
> Un bon souper, mais surtout un bon lit.

J'allai droit au chef de la station et le priai de vouloir bien nous faire conduire à l'un des bons hôtels de la ville. Sur un signe de lui, deux facteurs, ou, pour parler la langue du pays, *due facchini*, accoururent; ils échangèrent quelques mots, et les deux hommes, chargeant prestement nos malles sur leurs épaules, sortirent de la gare d'un pas tellement pressé que nous avions peine à les suivre; j'ajoute même que les rues par lesquelles il nous conduisaient étaient tellement étroites, désertes et sombres à cette heure crépusculaire, que nous n'étions pas parfaitement rassurés sur la destination de nos bagages. Ce n'était, Dieu merci, qu'une appréhension chimérique, un jugement téméraire, dont, pour mon compte personnel, je n'hésite pas aujourd'hui à demander humblement pardon à ces honnêtes, mais très-alertes, *facchini*.

Après un certain nombre de détours, nous arrivâmes enfin devant une grande porte cochère au haut de laquelle pendait, retenue par une potence en fer, une large enseigne représentant un monstre moitié poisson, moitié femme, qui prenait ses ébats au milieu de flots impossibles, car ils avaient plus d'analogie avec des pains de sucre et des bornes de granit qu'avec les vagues blondes et caressantes du vieil océan. Par bonheur, l'artiste avait pris la précaution d'expliquer lui-même son hiéroglyphe, et nous pûmes lire, tracée en lettres jaunes sur une bande noire qui simulait le rivage, ces trois mots : *Albergo della Sirena*, ce qui veut dire : *hôtel de la Sirène*.

Ce monstre-là était donc une sirène; on ne s'en serait jamais douté, et ce n'est assurément pas cette grossière image qui eût inspiré à Fontenelle les quatre vers qu'il composa en l'honneur de ces singuliers êtres mythologiques qui hantaient les côtes de la Sicile et des îles Éoliennes au grand péril des navigateurs :

> Nos traits harmonieux forcent tout à se rendre,
> Nous disposons des cœurs à notre gré;
> Dès que nos voix se font entendre,
> Notre triomphe est assuré.

Pendant que nous regardions cette enseigne, nos conducteurs avaient franchi la porte et s'étaient débarrassés de leurs fardeaux; c'était là bien évidemment que le chef de la station nous avait fait conduire : nous entrâmes.

Je dois à la vérité de dire que si l'enseigne m'avait prévenu défavorablement, l'aisance et la propreté qui se manifestèrent au premier coup d'œil jeté dans l'intérieur de l'établissement auraient seules suffi pour dissiper mes préventions, si la physionomie avenante du maître et de la maîtresse d'hôtel, aussi bien que les beaux yeux noirs de leur jolie fille ne m'eussent tout d'abord complétement rassuré.

Le *cameriere*, un grand et vigoureux garçon aux

cheveux roux, à la mine fûtée, souriante, s'empressa de transporter nos malles et de nous conduire nous-mêmes aux chambres qui nous étaient destinées. L'hôtesse donna ses ordres pour nous préparer un succulent souper.

Le couvert, promptement dressé dans une petite salle à manger très-fraîchement décorée et toute garnie de tableaux, dont quelques-uns n'étaient pas sans mérite et n'avaient rien de commun avec l'enseigne de l'établissement, nous nous mîmes à table.

Mais, ô fatal retour des choses d'ici-bas, nous avions, en passant par Turin et l'hôtel Feder, oublié la cuisine de Vercelli, et nous la retrouvions à Novi! A l'*albergo della Sirena*, comme à l'*Albergo dei tre Re*, il me fut impossible d'avaler une seule bouchée des mets qu'on nous servit, tant les monstrueuses alliances du vinaigre et de la fleur d'oranger, des confitures et du safran, du sucre et du fromage râpé, leur communiquaient une saveur étrange et révoltaient mon estomac. Fort heureusement que la Scrivia, qui coule dans les environs, nourrit d'excellentes truites et que les écrevisses abondent dans les ruisseaux qui gazouillent aux pieds des Apennins, sans quoi je courais risque d'être réduit aux œufs et aux côtelettes à chacun des cinq ou six repas que nous fîmes à Novi.

Nous voulûmes prendre l'air de la ville après le repas; mais notre promenade fut de courte durée. C'était le dimanche, les boutiques étaient fermées, les rues désertes et, pour comble, éclairées par de rares réverbères et par quelques petites lanternes allumées devant les madones, suivant l'usage italien.

Le gaz n'était pas encore arrivé jusqu'à Novi, mais on était en train de l'y établir, et nous pûmes le lendemain voir l'usine en construction et les tranchées ouvertes pour recevoir les conduits. Nous rentrâmes à l'hôtel et regagnâmes nos chambres respectives.

J'étais couché depuis quelque temps déjà, lisant tranquillement au milieu du plus profond silence, quand un bruit de voix, vraisemblablement avinées, se fit entendre à l'extrémité de la rue sur laquelle donnait l'unique fenêtre de ma chambre. Je dressai la tête et prêtai l'oreille; mais le bruit se rapprochant et la discussion paraissant devenir de plus en plus vive, je sautai du lit et courus à la fenêtre, que j'entrouvris discrètement, poussé par la curiosité d'assister à une scène populaire et nocturne au pied des Apennins. Ma curiosité fut trompée : je ne vis rien; mais j'entendis.... Un mot, un seul, nettement articulé par une voix formidable, retentit dans tout le quartier environnant, et ce mot était français; il n'y avait pas à s'y méprendre : c'était le mot en cinq lettres que l'héroïque Cambronne répondit à Waterloo au général anglais qui le sommait de se rendre, et qu'on a traduit plus tard par cette phrase aussi impossible que superbe : « La Garde meurt et ne se rend pas! »

C'était le premier mot français que j'entendais à Novi, et j'avoue que je ne pus m'empêcher de le saluer d'un bruyant éclat de rire. Qu'on dise donc après cela, pensai-je en refermant ma fenêtre, que la langue française n'est pas appelée à devenir la langue universelle.

M. de Châteaubriand, dans son *Génie du Christianisme*, a fait le plus pompeux éloge des cloches des églises de la chrétienté ; il y a consacré tout un chapitre : c'est magnifique de poésie et de style. Mais malgré toute mon admiration pour l'illustre écrivain, je n'ai jamais pu partager son sentiment en pareille matière : mon imagination, anti poétique sans doute, s'est toujours refusée à trouver dans le bruit assourdissant des cloches l'enivrante harmonie qui enthousiasme le chantre *des Martyrs*. Sous ce rapport, je suis tout à fait de l'avis de Gœthe, qui disait que les cloches et les punaises étaient les deux choses qu'il détestait le plus au monde.

Avec une pareille antipathie, j'étais mal venu dans les villes d'Italie, où les églises, fort rapprochées les unes des autres, sont armées de formidables sonneries qui, du matin au soir, font entendre leur énervante musique.

Mon séjour à Novi ne m'a point réconcilié avec ces terribles instruments que je persiste à trouver plus bavards qu'éloquents. Là, comme à Vercelli, je fus encore, et deux jours de suite, réveillé par eux, avec cette circonstance, éminemment aggravante, qu'à Novi les cloches tintaient un glas funèbre, tandis qu'à Vercelli elles babillaient un carillon nuptial.

De même qu'à Vercelli j'avais vu la noce s'avancer vers l'église au milieu d'une double haie de commères, de même je voulus voir le convoi funèbre se diriger vers le Campo-Santo.

Le hasard me servit à souhait : le cortège passait sous ma fenêtre. Il se composait de deux ou trois prêtres, d'un porte-bannière, d'un porte-croix, de trois ou quatre enfants de chœur et d'une douzaine environ de pénitents ou membres d'une confrérie.

Tous ces personnages, à ma grande surprise, étaient vêtus de longues tuniques en lustrine rouge, avec capuchon rabattu jusque sur les yeux. Le drap mortuaire lui-même, d'une ampleur extraordinaire, était de même étoffe et de même couleur, coupé transversalement par deux larges bandes blanches formant la croix sur le cercueil

Les coins de ce drap étaient tenus par quatre membres de la confrérie, et la bière portée par quatre autres, que le drap mortuaire recouvrait eux-mêmes et dérobait ainsi complétement à la vue.

Tout d'abord, et du premier étage où j'étais placé, ne voyant que le vaste drap et les confrères qui en tenaient les coins, je ne me rendais pas compte de la manière dont le corps était porté; j'avoue même que, surpris par l'étrangeté de ces costumes nouveaux pour moi, à peine éveillé d'ailleurs, je me crus un instant le jouet d'une vision singulière, d'une apparition fantastique. Je ne trouvai le mot de l'énigme qu'au moment où, le cortége passant sous ma fenêtre, je pus apercevoir sous le drap l'extrémité des jambes des porteurs.

C'est une rude mission qu'ils accomplissent-là, ces porteurs, et qui mérite, en bonne conscience, d'être portée au crédit de leur compte au Grand-Livre des actions humaines, dont la balance s'établira un jour, en assemblée générale, dans la vallée de Josaphat. Traverser la ville et les faubourgs pour se rendre au Campo-Santo, sous un soleil torride, le corps enveloppé dans leur longue tunique de lustrine, que recouvre encore le drap mortuaire, non-seulement ils doivent manquer d'air et étouffer de chaleur, mais ils ont encore à aspirer et la poussière du chemin que soulèvent les pas des prêtres qui les précèdent, et les émanations cadavéreuses, putrides, qui s'échappent du cercueil, auquel touche leur visage. Ah! vraiment, la tâche des employés subalternes des pompes funèbres de Paris est de beaucoup moins pénible! On les plaint souvent, ces pauvres croque-morts, comme on les appelle vulgairement; mais, comparés aux pénitents de Novi, ils ne connaissent véritablement que le côté le moins dur de leur dure profession, et si leurs confrères de là-bas les voyaient un seul jour dans l'exercice de leurs funèbres fonctions, ils ne manqueraient pas, en exhalant un profond soupir, d'envoyer aux échos des Apennins la fameuse exclamation virgilienne :

O Fortunatos nimium, sua si bona norint!

Tandis que mon imagination un peu assombrie se livrait à cette comparaison, aussi bizarre que peu gaie, en somme, j'avais fait ma toilette et j'étais sorti de l'hôtel pour prendre l'air de la ville, laissant dormir à l'aise mon vieil ami, que le son des cloches et la psalmodie du cortége funèbre n'avaient point réveillé.

Novi n'est point une grande ville, il s'en faut; elle ne renferme guère plus de 6 à 7,000 habitants, qui se livrent presque exclusivement à la culture du *bombyx* et à la filature de la soie grége, laquelle a, dans ce pays, la propriété particulière d'être très-blanche et l'avantage d'être très-estimée et très-recherchée par le commerce.

Elle n'est pas davantage une belle ville; ses rues sont généralement étroites, tortueuses et assez mal bâties; on y chercherait vainement un magasin élégant ou un monument remarquable. La façade de l'église principale est seule digne d'attirer l'attention du voyageur, et, par malheur, l'intérieur de l'édifice ne répond nullement à l'extérieur.

Mais sa situation au pied des Apennins, à 50 kilomètres de Gênes, la richesse et la beauté de la plaine qui l'environne, y attirent chaque année un certain nombre de riches Génois qui viennent y passer la saison d'automne. Des hauteurs qui couronnent la ville à l'ouest et au midi, on découvre un immense panorama, dont le dernier plan est formé par la chaîne des Alpes, depuis le Mont-Rose jusqu'au Mont-Blanc. Presque chaque jour, tantôt le matin, tantôt le soir, nous avons, mon ami et moi, gravi péniblement les sentiers étroits, roides et sinueux qui conduisent à ces hauteurs, pour jouir de ce coup d'œil féerique, dont nous ne sommes point parvenus à nous rassasier.

J'ai dit que Novi ne possédait point de monuments remarquables; il en est un cependant que j'ai à cœur de signaler ici, non comme une œuvre d'art, mais parce qu'il est l'expression du patriotisme des habitants de la ville, le témoignage pieux de l'affection et de la reconnaissance de la cité pour ses courageux enfants.

C'est une simple et modeste pierre, de forme pyramidale, élevée en dehors de la ville, en face de la porte orientale et à l'entrée d'une petite promenade, plantée d'arbres touffus et verdoyants, qui conduit à un faubourg.

Sur le côté de cette pyramide qui regarde la ville sont gravés vingt à vingt-cinq noms environ, au-dessous desquels on lit, non sans quelque émotion, la mention suivante :

NOVI

AI

PRODI SUOI FIGLI.

1848, 1849, 1859.

Ce qui veut dire :

NOVI

A

SES VAILLANTS ENFANTS.

Quant aux millésimes 1848, 1849, 1859, ils n'ont pas besoin de traduction et peuvent se passer de commentaires.

Ils parlent suffisamment d'eux-mêmes et disent assez éloquemment que les braves jeunes gens en l'honneur desquels est élevé ce monument civique sont morts glorieusement à Goito, à Novarre, à Palestro, à Solferino, en combattant pour l'indépendance de l'Italie.

Novi était jadis une ville fortifiée; mais à l'exception de ses quatre portes, qui subsistent encore dans leur intégralité, il ne reste plus que des fragments en ruine de son enceinte et les débris d'une vieille tour en brique qui s'élevait au midi, sur une petite éminence dominée elle-même par un contrefort de l'Apennin.

Au point de vue stratégique, la position de Novi, entre Gênes et Alexandrie, au débouché des Apennins dans les plaines du Piémont, est d'une grande importance. Aussi, cette petite ville, aujourd'hui si calme, a-t-elle, dans les guerres de la République et du Consulat, joué un rôle considérable qu'elle a failli reprendre lors de la dernière campagne d'Italie.

Si, en 1859, le général Giulay qui avait déjà commis la faute irréparable de ne pas marcher sur Turin avant que l'armée française, débouchant des Alpes en toute hâte, ait eu le temps de s'organiser complétement, si le général Giulay, dis-je, avait occupé Novi avec les forces considérables dont il disposait, il eut ainsi coupé toutes communications entre Gênes et Alexandrie, empêché les corps d'armée qui arrivaient par mer de se joindre à ceux qui descendaient des Alpes, et mis toute l'armée française dans une position extrêmement critique.

C'est sous les murs même de Novi que fut livrée, le 15 août 1799, la sanglante bataille où périt le jeune et intrépide général Joubert.

Appelé au commandement de l'armée d'Italie, en remplacement de Moreau, par le Directoire reconstitué à la suite de la révolution du 30 prairial (18 juin), Joubert exerçait pour la première fois les fonctions de général en chef. Il avait trente ans ; sa nomination était venue le surprendre au lendemain de ses noces, et en s'arrachant des bras de sa jeune épouse pour se rendre à son poste, il avait juré de ne la revoir que *mort ou victorieux*. En apprenant ces détails, le général russe Souwarow s'était écrié : *C'est un jouvenceau qui vient à l'école : eh bien! nous lui donnerons une leçon!*

A son arrivée, Joubert trouva son armée, forte de 45,000 hommes, rangée en demi-cercle sur les hauteurs du *Monte-Rotondo* qui dominent toute la plaine de Novi ; elle avait devant elle 70,000 Autrichiens et Russes, commandés par les généraux de Mélas, Kray et Souwarow.

Quoi qu'il eut déjà donné de nombreuses preuves de sa bravoure et de ses talents militaires, Joubert se défiait de ses propres forces. Il pria Moreau de partager avec lui le commandement et même de l'exercer seul pendant la bataille qui allait se livrer ; mais celui-ci s'y refusa généreusement, en lui disant qu'il se ferait toutefois un devoir et un honneur de combattre à ses côtés avant de quitter l'armée d'Italie pour se rendre au nouveau poste que lui assignait le Directoire.

Le 15 août, à cinq heures du matin, le général Kray commença l'attaque Ses efforts furent dirigés principalement contre la gauche des Français. C'était là où se trouvait Joubert en personne. Aimé et estimé de ses troupes, le jeune général avait parcouru les rangs en disant : Camarades, la République nous ordonne de vaincre! Les cris de vive la République! vive le brave Joubert! répétés sur toute la ligne, avaient répondu à cet énergique appel et retenti dans les Apennins.

Cependant l'attaque du général Kray avait été si inopinée, si vive, qu'avant que deux des divisions de l'armée française eussent pu se former sur sa gauche menacée, les Autrichiens avaient accablé tout un régiment et pris pied sur le plateau qu'il devait défendre. Joubert était accouru au galop pour animer, par sa présence, une charge à la baïonnette ; il se précipita à la tête d'une colonne de grenadiers, en criant : en avant! en avant! lorsqu'une balle l'atteignit au flanc droit et pénétra jusqu'au cœur. Il tomba de cheval, agitant la main et criant encore : marchez, marchez toujours !

Joubert ne survécut que peu de temps à sa chute. Relevé du champ de bataille, il fut transporté à Novi, près de la porte Saint-André, qu'on appelait à cette époque porte de Gênes, où il expira avant même que la bataille fût engagée sur toute la ligne.

Je tiens ces derniers détails d'un honorable habitant de Novi, dont j'aurai bientôt l'occasion de parler plus longuement, et qui m'a montré l'endroit où, tout jeune encore, il avait lui-même vu le corps inanimé du vaillant général.

La mort de Joubert jeta quelque désordre dans les rangs de la gauche de l'armée. Mais Moreau, prenant promptement le commandement, que tous les généraux s'empressèrent de lui déférer, recommença la lutte avec une nouvelle vigueur. Et, comme s'il eut voulu partager le sort de Joubert, il s'exposa avec tant de témérité que les soldats, effrayés des dangers qu'il courait, lui crièrent plusieurs fois de s'arrêter. Il eut deux chevaux tués sous lui ; une balle lui déchira son habit et lui laboura le flanc.

Mais l'audace et la bravoure ne purent, cette fois, triompher du nombre. Entourée par les masses austro-russes qui débouchaient de tous les côtés à la fois, accablée par une grêle d'obus et de boulets lancés par une artillerie formidable, l'armée française dut battre en retraite et se retirer sur Gavi dans le plus affreux désordre.

Jamais, depuis le commencement des guerres de la révolution, bataille n'avait été aussi sanglante, aussi meurtrière que celle de Novi. On évalue à plus de vingt-cinq mille le nombre des morts et des blessés dans les deux armées. Le mot courage ne saurait rendre le sentiment qui animait tous les combattants arrivés au paroxysme de l'énergie et de l'exaltation. Les attaques à la baïonnette y furent si fréquentes et si acharnées que plusieurs corps du même parti, aveuglés par la fureur, se chargèrent diverses fois entre eux. Quand les armes venaient à se briser, les soldats se saisissaient corps à corps, luttaient ensemble et cherchaient à s'étouffer ou à se déchirer.

Ce délire, cette rage de destruction avaient été provoqués chez les soldats par l'exemple des généraux eux-mêmes. Joubert avait été tué au premier rang de ses grenadiers ; Moreau, Souwarow, chargeant à la tête de leurs troupes, avaient, pour ainsi dire, ordonné la victoire ou la mort.

Un dernier trait achèvera de montrer combien la victoire fut longtemps et chèrement disputée. Le russe Souwarow qui avait assisté à tant de combats sanglants, qui avait commandé le massacre d'Ismaïlow et celui plus affreux encore du faubourg de Praga, à Varsovie, Souwarow déclara, le soir même de la bataille, qu'il n'en avait jamais vu de plus terrible et de plus opiniâtre. Le général de Mélas écrivit lui-même à son gouvernement que cette victoire avait coûté cher à l'armée alliée.

Cependant, la nouvelle de ce terrible désastre parvenue à Paris n'y répandit ni l'alarme ni la terreur. Tel avait été l'héroïsme de l'armée, que sa défaite devint pour la France entière un motif d'émulation et de dévouement. Le gouvernement décerna [des ré]compenses aux soldats qui avaient combattu à [No]vi et qui n'avaient succombé que devant le nombre de leurs ennemis ; le Corps législatif décréta, par acclamation, que l'armée d'Italie n'avait pas cessé de mériter de la patrie.

Dans un éloquent discours où il fit un éloge pompeux de Joubert et de l'armée d'Italie, Joseph Chénier proposa qu'une fête funèbre fût célébrée en l'honneur de l'infortuné général, et que les députés portassent le deuil pendant cinq jours.

Cette proposition fut adoptée avec enthousiasme : la fête funèbre fut célébrée le 11 septembre avec toute la solennité qui distingua les cérémonies républicaines.

Les consuls ordonnèrent l'érection d'un monument en l'honneur de Joubert; mais ce projet ne reçut point son exécution. Seulement, au commencement du règne impérial, le Sénat fit placer dans son palais le buste du vainqueur du Tyrol ; ce buste qui décorait naguère encore le grand escalier de la chambre des pairs, en a été retiré depuis.

Il est curieux de relire, après soixante-trois ans, la lettre qu'écrivait à l'armée d'Italie, pour exciter son enthousiasme, le ministre de la guerre d'alors, le général Bernadotte, qui devait, quelques années plus tard, monter sur le trône de Suède :

« Joubert, disait le ministre, vous criait en expi-
« rant : Camarades, c'est aux ennemis qu'il faut
« marcher ; vous avez entendu sa voix mourante,
« jurez donc sur sa tombe de le venger ; que vos
« regrets et vos larmes ne soient point inutiles à la
« patrie. Si dans ce combat fatal qui n'est point une
« défaite, il s'est commis une faute, c'est celle de la
« vaillance immodérée. Je n'ai qu'un conseil à vous
« donner : de la sagesse dans le courage ; ralliez-
« vous autour du principe éternel des victoires, la
« discipline ; elle vous rendra tous les avantages qui
« ne sont que différés. Des renforts nombreux de
« toutes armes vont vous seconder ; que les vieux
« soldats donnent aux conscrits l'exemple de l'ordre
« et du devoir. Braves amis, avancez, la patrie vous
« appelle. Non, quoique fasse la coalition, la source
« des généraux n'est point tarie. On a pu dire sous
« les rois : la nature se repose quand elle a produit
« un grand homme ; je vois parmi vous plus d'un
« Bonaparte et d'un Joubert : la liberté a changé la
« nature. »

Bernadotte ne prévoyait pas alors que parmi les généraux qu'il signalait à l'admiration de l'armée se trouvait un empereur futur dont la main serait assez puissante pour poser sur sa propre tête la couronne royale de Suède. Napoléon ne perçait point encore sous Bonaparte.

Moins d'une année plus tard, les combinaisons stratégiques de Bonaparte avaient conduit Desaix à Novi, où il attendait le passage de l'armée autric'ienne tandis qu'elle se déployait dans la plaine d'Alexandrie. C'est de Novi qu'il accourut, au bruit de la canonnade, sur le champ de bataille de Marengo, où lui aussi devait trouver la mort. Plus heureux que Joubert, il eut du moins la suprême consolation de voir la victoire couronner nos armes après avoir eu la gloire de la préparer.

Je sais bien qu'il se chante, de temps à autre, un vieux refrain où se trouve ce vers :

A Marengo, Bonaparte est vainqueur,

mais l'Histoire ajoute que Desaix contribua puissamment à cette victoire. Lorsqu'il arriva sur le champ de bataille tout couvert de poussière, la bataille allait finir : elle était perdue. Le général Bonaparte lui demanda son avis. Desaix tira sa montre, et, jetant autour de lui un regard interrogateur, il répondit : «Oui, « la bataille est perdue ; mais il n'est que trois heures « et on a le temps d'en gagner une autre. »

L'événement justifia ses prévisions : la bataille de Marengo fut gagnée par les Français, tandis que le général Mélas, comme plus tard, à Magenta, le général Giulay, écrivait à son gouvernement qu'il avait remporté la victoire.

Le territoire de Novi n'a été le théâtre d'aucun engagement sanglant pendant la campagne de 1859 ; il a seulement été traversé par les troupes françaises qui, débarquées à Gênes, se rendaient à Alexandrie, lieu désigné pour la concentration de l'armée. La garde impériale et une division du 2º corps se sont seules successivement arrêtées pendant quelques jours à Novi, et les habitants ont conservé le meilleur souvenir de leur passage.

Tout en m'abandonnant à ces réminiscences historiques, j'avais, sans m'en apercevoir, parcouru la plupart des rues de la ville et je m'étais insensiblement rapproché de mon point de départ. La vue de l'enseigne de l'*Albergo della Sirena* me rappela que mon vieil ami m'attendait et je me hâtai d'aller le rejoindre.

Il m'attendait en effet, mais avec patience, car il avait trouvé un passe-temps des plus agréables dans l'examen d'un certain nombre de tableaux qui décoraient la pièce où je le rencontrai, une sorte de galerie sur laquelle ouvraient plusieurs chambres et qui recevait la lumière par de larges baies vitrées donnant sur une cour commune à plusieurs habitations. Ces tableaux, œuvre du frère du maître de l'hôtel, n'étaient pas sans mérite ; deux têtes d'étude, entre autres, une de vieillard et une de jeune femme, révélaient un talent incontestable, le pinceau d'un artiste distingué. La tête de femme captiva tout particulièrement mon attention ; elle avait une expression si touchante de grâce mélancolique, et dans le regard une douceur si pénétrante, que je demeurai longtemps sans pouvoir me résoudre à cesser de la contempler. Il ne fallut rien moins pour rompre le charme dont j'étais le jouet, qu'un rappel de mon ami au but de notre voyage. Mais si je m'éloignai cette fois, ce fut pour revenir le lendemain et les jours suivants admirer cette angélique figure, qui depuis lors n'a pas manqué de se représenter souvent à mes yeux, vision délicieuse, aux heures de tristesse et de rêverie.

Je suivis donc mon Mentor, et nous nous rendîmes chez le procuratore dont on nous avait donné le nom et l'adresse. Nous le trouvâmes au second étage d'une maison triste et sombre, dans une pièce longue, froide et nue, occupé à feuilleter quelques dossiers poudreux, en compagnie d'un clerc d'une douzaine d'années au plus qui griffonnait quelqu'acte de procédure.

Nous commençâmes à lui exposer notre affaire; mais il nous interrompit dès les premiers mots en nous faisant comprendre qu'il ne savait pas suffisamment le français pour se rendre un compte exact des questions que nous allions lui soumettre et pour nous donner un avis consciencieux.

Nous nous regardâmes, mon ami et moi, comme pour nous demander de quelle manière nous allions sortir de cet embarras inattendu. Mais le procuratore trancha tout aussitôt la difficulté en nous disant qu'il allait envoyer chercher un de ses amis qui parlait parfaitement notre langue et ne refuserait pas de servir d'interprète.

Nous acceptâmes, bien entendu, et, sur un mot du maître, le jeune clerc s'élança d'un bond dans l'escalier.

Quelques instants après, pendant lesquels le Procuratore n'avait cessé de compulser les pièces que nous lui avions présentées, le clerc rentra accompagné de l'officieux interprète.

C'était un bon vieillard, alerte et dispos, malgré ses soixante-dix ans; sa figure épanouie, souriante, sous ses cheveux presque entièrement blancs, annonçait la franchise et la bonté, en même temps que sa tenue et ses bonnes manières révélaient l'homme du monde.

Le Procuratore nous le présenta en disant qu'il était l'un des syndics de la municipalité de Novi et se nommait M. Bendinelli Castiglione.

Nous exposâmes notre affaire, ce qui ne fut pas long; car si elle avait une certaine importance, elle était d'ailleurs fort peu compliquée. M. Bendinelli Castiglione nous écouta attentivement, et à notre grande surprise, lorsque nous eûmes fini, il nous offrit, dans les termes les plus aimables, de se charger lui-même de notre affaire, nous donnant à entendre qu'il entrevoyait la possibilité d'obtenir par une transaction la solution que nous étions venus chercher et que nous ne comptions guère trouver qu'à la suite d'un procès assurément long et très-probablement dispendieux.

Nous nous gardâmes bien, comme on pense, de refuser une proposition si obligeante et si gracieusement faite; nous n'eûmes qu'à nous en applaudir, car trois jours après la transaction était signée et notre mission accomplie.

Nous eûmes tout naturellement, pendant ces trois jours, plusieurs entrevues avec M. Bendinelli Castiglione, qui nous accueillit chaque fois avec une extrême bienveillance. La conversation ne se bornait pas seulement à l'affaire qui nous avait mis en rapport avec lui; nous parlions souvent de Paris, qu'il avait visité une ou deux fois, à des époques déjà éloignées, et chaque fois il nous vantait les merveilles du Palais-Royal, dont il avait gardé un très-vif et très-exact souvenir. Son étonnement fut grand quand nous lui apprîmes que le Palais-Royal avait beaucoup perdu dans la faveur publique et n'était plus, comme au temps dont il parlait, le rendez-vous exclusif des Parisiens. Il ne pouvait croire à un pareil abandon et blâmait fort la mode capricieuse qui attire aujourd'hui la foule sur les boulevards, dont nous faisions ressortir le luxe et l'élégance.

Plusieurs fois il nous accompagna dans nos promenades à travers la ville, et ce fut dans l'une de ces excursions qu'il nous montra, près de la porte Saint-André, l'endroit où Joubert avait rendu le dernier soupir.

Comme beaucoup de riches Italiens, M. Bendinelli Castiglione possède une galerie de tableaux et d'objets d'art; il nous en fit les honneurs avec une grâce charmante, et nous pûmes ainsi nous convaincre qu'il était l'heureux possesseur de quelques toiles précieuses. Nous remarquâmes, entre autres, une *Sainte-Famille* et une *sainte Catherine*, de Luca Cambiaz; une *Adoration des Mages*, de l'école de Van-Dick; le croquis d'un tableau de Rubens, un *Satyre*; le *Portrait de Rubens et de sa femme*, dont on a offert à M. Bendinelli Castiglione un prix excessif qui ne l'a point décidé à s'en séparer; un *Adam et Eve*, d'Albert Durer. L'école bolonaise était représentée dans cette galerie par un *David recevant d'en haut la voix lui annonçant la peste*, un *Joseph vendu par ses frères*, un *Astronome*.

M. Bendinelli Castiglione éprouvait une grande satisfaction à nous montrer ainsi les perles les plus brillantes de son écrin artistique; mais ce fut avec une joie réelle, avec un véritable bonheur qu'il nous désigna quelques toiles signées *Benedetto Castiglione.*

« A celles-là, nous dit-il, j'ai réservé la place d'honneur!

— Le nom du peintre nous en dit la raison, lui répondis-je, et c'est justice : à tout parent, tout honneur.

— Oh! reprit-il, ce n'est pas seulement parce qu'il est de la famille, mais c'est aussi par qu'il a été surnommé le *Greghetto,* c'est-à-dire le Raphaël de Gênes.

— C'est un surnom, ajoutai-je, qui vaut un titre de noblesse, et l'on s'expliquerait difficilement que vous n'en fussiez pas fier.

— N'est-ce pas, fit-il en me remerciant par une cordiale poignée de main.

Nous le quittâmes alors en lui annonçant que n'ayant plus, grâce à lui, rien à faire à Novi, nous nous proposions de partir le lendemain, et nous voulûmes lui faire immédiatement nos adieux; mais il refusa net de les entendre et nous fit lui promettre de revenir avant notre départ.

Le lendemain, en effet, nous lui rendîmes notre dernière visite. C'était l'heure du déjeuner, et nous le trouvâmes à table en tête à tête avec un père capucin.

Tous deux se levèrent, et M. Bendinelli Castiglione nous présenta le moine, en nous disant : « C'est mon directeur. » Mais le bon moine n'avait pas attendu la fin de la présentation; il avait repris sa place à table et il jouait de la fourchette avec une vigueur et une dextérité vraiment merveilleuses. Il était visible qu'il ne se trouvait pas tous les jours à pareille fête et qu'il mettait l'occasion à profit.

« Vous arrivez bien, nous dit M. Bendinelli Castiglione, je suis très-aise que vous nous trouviez à table. J'ai là un certain vin auquel je désire que vous goûtiez : c'est moi qui le récolte et qui le fais. Je doute fort que vous en rencontriez de semblable à Paris.

Et il donna l'ordre à son domestique de descendre à la cave.

— Je dois vous dire, ajouta-t-il, que vous ne serez pas les premiers Français qui en aurez bu. Il y a trois ans, à l'époque de la guerre, j'ai eu l'honneur d'en offrir quelques bouteilles à M. le maréchal Vaillant, et il l'a trouvé assez peu détestable pour me proposer d'acheter ce qui m'en restait alors.

— C'est fort heureux pour nous, répondit mon vieil ami, que vous n'ayez point accepté le marché, et c'est un véritable honneur que vous nous faites.

— J'espère du moins que ce sera un plaisir, ajouta notre amphytrion en débouchant avec soin la respectable bouteille que le domestique venait de lui remettre; goûtez-y, messieurs, et à vos santés.

Nous obéîmes.

L'éloge n'avait rien d'exagéré : il était parfaitement légitime.

Je n'ai jamais rien bu d'aussi agréable pour ma part.

C'était un vin un peu chargé en couleur, un peu

épais, mais possédant un bouquet délicieux : on eût dit en le buvant qu'on mordait dans une grappe de muscat parfumé.

— Eh bien, qu'en dites-vous?

— Ma foi, répondis-je, en posant mon verre sur la table, M. le maréchal Vaillant avait cent fois raison de vouloir acheter votre récolte.

— N'est-ce pas?

— Oui, mais je trouve aussi que vous n'aviez pas tort de ne vouloir pas la vendre.

— C'est de l'ambroisie, disait mon vieil ami, et s'il est vrai que le vin est le lait des vieillards, c'est assurément celui-là.

Le père capucin ne disait rien, lui, sans doute parce qu'il n'entendait pas le français, mais il savourait la précieuse liqueur, et le scintillement de ses yeux exprimait éloquemment l'exquise sensation que ressentait son palais peu habitué à de pareilles douceurs.

Il nous fallut vider entièrement la bouteille : ce ne fut qu'à cette condition que notre hôte consentit à nous laisser partir; après quoi nous prîmes congé de lui en le remerciant non moins de son obligeante intervention que de son cordial accueil, et nous regagnâmes l'hôtel, où nous attendait une voiture qui devait nous conduire à Bosco.

XXIV.

J'avais pris, en quittant Paris, la résolution de n'y point revenir sans avoir visité Bosco, où je savais que depuis plus de vingt-un ans dormait du dernier sommeil un de mes concitoyens, un ami, allié de ma famille. C'était une sorte de devoir que je m'étais imposé tant en mon nom personnel qu'au nom de ceux que des liens de parenté ou d'affection unissaient à l'homme et à l'artiste, mort sitôt et si loin de son pays natal après avoir revêtu la robe de bure du Dominicain.

Pour rien au monde je n'aurais voulu manquer à l'accomplissement de cette pieuse promesse, et je bénis le hasard qui m'en a si heureusement facilité les moyens.

Quand le procuratore que nous avions consulté à Vercelli, il signor Campacci, nous avait engagé à nous rendre à Novi, notre premier soin avait été de jeter les yeux sur la carte d'Italie pour reconnaître la situation exacte de cette dernière ville et pouvoir nous diriger en conséquence par la ligne la plus directe. Grande fut ma satisfaction de rencontrer alors le nom du village de Bosco, gravé en lettres microscopiques, entre ceux de Novi et d'Alexandrie, à égale distance à peu près de l'une et de l'autre de ces deux villes. L'exécution de ma promesse fut aussitôt réglée : ne pouvant passer à Bosco sans retarder d'autant notre arrivée à Novi, je résolus de m'y arrêter au retour, ce qui me permettait d'ailleurs de prolonger ma visite aussi longtemps que je le désirerais.

Notre départ de Novi définitivement fixé, j'avais chargé le maître de l'hôtel de nous louer pour la journée une voiture qui nous conduisit de Novi à Bosco et de Bosco à Alexandrie.

Signor Angelo Rabagliati s'était acquitté consciencieusement de sa mission, et la voiture était arrivée à l'heure convenue, pendant que nous étions allés prendre congé de M. Bendinelli Castiglione. C'était une petite voiture basse, à quatre roues, assez semblable aux *mylords* de la Compagnie impériale de Paris quant à la forme, mais qui en différait essentiellement sous le rapport de la solidité et surtout de la propreté, soit dit à l'honneur de la Compagnie.

Le cocher était sur le siége; nos malles solidement attachées derrière la caisse, nos comptes d'hôtel réglés, il ne nous restait plus qu'à prendre place dans le véhicule, — le *vetturino*, pour parler le langage du pays, — lorsque le maître d'hôtel, sans doute satisfait de notre séjour chez lui, nous pria d'accepter, comme coup de l'étrier, un tout petit verre de liqueur rouge qu'il nous présentait sur un plateau.

Nous refusâmes tout d'abord, mais il revint à la charge avec tant d'insistance et en répétant si vivement : *alkermès, alkermès di Napoli*, que nous dûmes céder.

L'alkermès est la liqueur favorite des Italiens, j'ai presque dit la liqueur nationale; aussi l'exaltent-ils comme un elixir de longue vie.

Nous acceptâmes donc pour ne pas faire à ce brave homme un affront qu'il n'avait point mérité, et pour apprécier aussi cette liqueur si vantée, à laquelle nous allions goûter pour la première fois.

Nous la trouvâmes très-agréable au goût, mais en revanche très-chaude et par trop excitante, et l'on n'en sera pas surpris quand j'aurai ajouté qu'elle se prépare avec des feuilles de laurier, de la muscade, de la cannelle, du macis et du girofle, mis en infusion dans l'alcool auquel on ajoute du kermès végétal, qui n'a d'autre utilité que de donner la couleur rouge qui distingue cette liqueur, ce qui ne l'a pas empêché toutefois de lui donner son nom, absolument comme Americo Vespucci donna le sien au Nouveau-Monde si péniblement découvert par Colomb.

Cette dernière libation consommée, nous partîmes enfin, au trot très-modéré d'une longue cavale, dont l'âge, plus que l'embonpoint, paralysait les moyens.

Au bout d'un quart d'heure, néanmoins, nous avions dépassé les faubourgs de Novi, quelques fermes avoisinantes, et nous nous trouvions en pleine campagne. Le temps était magnifique, la plaine immense et d'une merveilleuse richesse, le soleil splendide; une légère brise rafraîchissait l'atmosphère et nous apportait de temps à autre, en plein visage, de grosses bouffées parfumées des douces senteurs empruntées aux champs de lupin blanc qui bordaient la route. Ce n'était plus un voyage que nous accomplissions là, c'était une agréable promenade; aussi m'applaudissais-je intérieurement d'avoir choisi la route de terre de préférence à la voie ferrée.

Je ne pouvais me lasser d'admirer ces vastes champs de lupin, et je me demandais pour quel usage on cultivait en grand cette plante qu'on n'utilise en France que pour l'ornement des squarres et des jardins.

Je l'appris bientôt, ou plutôt je parvins à le comprendre à travers les explications, panachées d'italien et de français, que s'efforça de me donner notre automédon. Le lupin est employé dans le Piémont soit comme engrais, soit comme aliment. Semé après les récoltes d'été, il croît à la hauteur de 50 à 60 centimètres et fleurit sur place. On le retourne alors au moyen d'un labour à la charrue, on l'enterre pour fertiliser le sol et le mettre en état de produire de nouvelles récoltes au printemps suivant. C'est, assure-t-on, un très-bon engrais, et il faut bien le croire, puisqu'il est d'un usage général dans les campagnes piémontaises; mais ce qui est incontestable, c'est que, sous le rapport du parfum, il est supérieur à tous les autres.

Pour manger les graines de lupin, les Italiens leur font subir une préparation très-simple, dont je puis offrir la recette à mes lecteurs, pour le cas où le caprice leur viendrait d'essayer de ce mets, nouveau pour eux vraisemblablement. La voici : on met les graines de lupin tremper dans l'eau pendant douze ou quinze heures; puis, on les fait cuire en échauffant cette eau par degrés jusqu'à l'ébullition. Quand la graine s'amollit sous les doigts, on remplace l'eau bouillante par de l'eau tiède; on renouvelle deux ou trois fois l'opération, après laquelle la graine a perdu son amertume originelle et peut être mangée.

Si je m'applaudissais d'avoir choisi de préférence, pour faire le voyage de Bosco, la route de terre à la voie ferrée, je dois ajouter que mon compagnon était bien loin de partager ma satisfaction. Plus nous avancions dans la campagne, plus elle s'élargissait et devenait déserte, plus aussi la figure de mon vieil ami s'assombrissait. Je cherchais à deviner la cause de cette taciturnité subite, à laquelle il ne m'avait point accoutumé depuis le commencement du voyage, et je n'y pouvais parvenir. Je m'arrêtai un moment à l'idée d'un assoupissement provoqué par la chaleur; mais les regards inquiets, presque effarés, que je le vis promener à droite et à gauche de la voiture me révélèrent bientôt que je faisais fausse route dans le champ des suppositions, et je me décidai alors à lui demander une explication.

— Qu'avez-vous donc, lui dis-je, vous ne me parlez pas, vous avez l'air tout bouleversé ; êtes-vous indisposé ?

— Non, Dieu merci.

— Mais enfin votre silence, votre air, ne sont pas naturels; il y a quelque chose qui vous offusque ou qui vous contrarie : qu'est-ce donc?

— Eh bien, il y a qu'il faut que vous soyez vraiment fou pour avoir eu l'idée de nous amener par ici!.

— Par exemple!... Et pourquoi donc?

— Pourquoi? parce que c'est un hasard si nous ne sommes pas arrêtés en chemin et volés....

— Pourquoi donc pas assassinés tout de suite, repris-je en riant.

— Il n'y aurait rien d'étonnant, dit-il assez sèchement.

— Et par qui donc, bon Dieu!... Il n'y a pas âme qui vive dans les champs, vous voyez bien!

— Et lui, fit-il en me montrant de la main le

cocher, tranquillement assis sur le siége, devant nous.

— Lui? répondis-je, en ne pouvant retenir un éclat de rire, ah! c'est trop fort!

En ce même moment, par une bizarre coïncidence, le cocher se retourna en nous adressant quelques paroles. Je me levai en m'appuyant sur le dossier du siége pour mieux entendre ce qu'il voulait dire, tandis que mon compagnon, véritablement effrayé, lui saisissait vivement le bras en criant d'une voix tonnante : « Arrêtez, arrêtez! » Le cocher, surpris et intrigué, arrêta court.

— Calmez-vous donc, dis-je alors à mon ami, et attendez au moins que je sache ce que veut cet homme.

Mais ce ne fut pas sans peine que je parvins à obtenir qu'il lachât le bras du cocher et reprît sa place dans la voiture. La demande de ce brave homme n'avait rien que de naturel et de pacifique : il voulait tout simplement savoir si nous désirions nous rendre à Bosco même ou seulement au couvent, qui se trouve à l'une des extrémités du village, parce que, dans ce dernier cas, il devait prendre un chemin de traverse qui abrégeait la distance.

Sur la réponse que je n'avais point besoin dans le village et que je désirais aller droit au couvent, il cingla son cheval et s'engagea dans le chemin de traverse qui débouchait sur la route à quelques pas plus loin, sur la gauche.

— Eh bien! dis-je alors à mon compagnon, vous voyez : ce pauvre homme ne pensait point à mal, comme vous le supposiez; soyez donc sans inquiétude.

Mais comme il arrive toujours lorsqu'on est sous le coup d'une idée fixe et irréfléchie, les circonstances les plus simples, les plus ordinaires, semblaient se réunir pour donner à ses préoccupations chimériques une apparence de raison.

Nous avions à peine fait quelques centaines de pas dans le chemin de traverse, lorsque, du fossé profond qui bordait la chaussée à notre gauche et qu'ombrageait un épais bouquet d'arbres, s'élevèrent deux têtes coiffées de larges chapeaux et quatre mains qui cherchaient à se cramponner aux aspérités de la route.

— Voyez donc, s'écria de nouveau mon voisin; tenez, vous dites qu'il n'y a personne dans les champs!

Il n'avait pas fini son exclamation que nous passions devant les deux têtes curieuses; c'étaient celles de deux enfants de dix à douze ans au plus, deux petits paysans qui gardaient une vache paisiblement occupée à brouter l'herbe dans le fond du fossé.

— Voilà deux brigands qui ne sont guère redoutables, dis-je en me renfonçant dans le coin de la voiture; il serait à désirer qu'il n'y en eût pas de plus terribles dans les campagnes de Rome et de Naples.

J'avoue que l'impatience commençait à me gagner et que je n'étais pas sans quelque inquiétude au sujet de mon vieil ami, qui, depuis ce moment jusqu'à notre arrivée à Alexandrie, ne m'adressa plus la parole.

Ce silence n'empêchant pas les roues du véhicule de tourner, nous arrivâmes néanmoins, et sans encombre, au point désigné pour notre première halte, c'est-à-dire au couvent de Bosco.

Une large avenue de marronniers magnifiques conduit à l'église du couvent. Le cocher ayant soigneusement rangé sa voiture à l'ombre de ces arbres séculaires, je sautai prestement à terre en invitant mon vieil ami à m'accompagner. Il s'y refusa net par un signe de tête suffisamment expressif pour me dispenser d'insister.

Je me dirigeai donc seul vers l'église dont les portes, grandes ouvertes, laissaient le regard pénétrer jusqu'au fond du sanctuaire. J'entrai respectueusement, et tout en examinant avec curiosité la riche décoration de ce bel édifice, je cherchai une communication avec l'intérieur du couvent, ou tout au moins quelqu'un qui pût me l'indiquer.

Mais l'église était déserte; une grille élevée défendait l'entrée du sanctuaire, et je dus me résigner à sortir pour me mettre en quête d'un guide ou d'un renseignement.

Un gamin de huit à dix ans, tout déguenillé, que la curiosité avait attiré à proximité de notre humble équipage, devint mon cicerone. Il me fit suivre, pendant une centaine de pas environ, une route qui longe le côté droit de l'église et il s'arrêta devant une petite porte bâtarde, en m'indiquant du doigt le cordon de la sonnette qui pendait dans l'embrasure.

Je ne pouvais croire que ce fût là l'entrée du couvent de Bosco, que je savais avoir été bâti, en 1567, par le pape Pie V, originaire du village même.

Je m'étais figuré un monastère dans toute l'étendue et la sincérité du mot, c'est-à-dire un édifice considérable, flanqué de vastes dépendances, avec portes hautes et basses, bardées de fer, de serrures, de verrous, garnies surtout des guichets traditionnels, et je me trouvais en face d'une porte étroite et mesquine, qui semblait plutôt l'issue dérobée d'une maison bourgeoise que l'entrée principale d'une austère abbaye. Aussi, tout en agitant la sonnette, soupçonnais-je sinon une espiéglerie, du moins une erreur de mon guide en haillons. L'apparition soudaine, sur le seuil de la porte entre-baillée, d'un moine en robe blanche et noire dissipa instantanément mes suppositions à peine nées. C'était bien là en effet la résidence actuelle des Dominicains auxquels je désirais rendre visite, mais ce n'était pas le couvent que je croyais trouver : le monastère de Pie V avait complétement changé de destination depuis la guerre de 1859.

Conduit dans une pièce au rez-de-chaussée, spacieuse et froide, garnie seulement d'une table et de quelques chaises, je me trouvai en présence de deux révérends pères que s'était empressé d'aller prévenir, sans même avoir échangé un seul mot avec moi, celui qui m'avait introduit.

Ces trois moines composaient à eux seuls tout le personnel de la communauté, si tant est qu'on puisse encore donner ce nom à une si minime réunion de religieux qui n'avaient évidemment d'autre mission que celle de desservir l'église.

De l'un d'eux, celui qui me reçut à la porte, je ne saurais rien dire, sinon qu'il était jeune, grand et vigoureux; car il disparut tout aussitôt, et je ne le revis plus.

Quant aux deux autres, ils offraient physiquement le plus complet contraste; ce qui ne les empêcha pas de m'accueillir avec une égale bienveillance.

L'un, grand et maigre, pouvait avoir soixante ans; son œil terne, son teint jaune, sa figure osseuse, attestaient une longue pratique des austérités et des macérations monastiques. L'autre, plus petit, d'un embonpoint naissant, au visage frais et vermeil, n'avait guère plus d'une trentaine d'années; son regard étincelant, ses gestes vifs, son langage rapide, dénotaient une nature ardente, tout italienne.

Le premier était le Père supérieur; mais s'il était le chef en titre de la petite communauté, j'ai tout lieu de penser que le second exerçait de fait l'autorité, sans qu'il cessât pour cela de témoigner au titulaire les marques d'une certaine déférence hiérarchique.

Ce fut le second, en effet, qui s'offrit pour me faire les honneurs de la maison, en me demandant gracieusement ce que je désirais.

La volubilité avec laquelle il m'adressa cette première phrase me fit comprendre la nécessité de confesser de suite mon peu d'expérience de la langue italienne, et ma réponse fut de lui demander s'il parlait français.

Un franc éclat de rire accueillit tout d'abord cette réponse-question, à laquelle il répliqua :

— *Lo capisco un poco, ma non lo parlo!* (Je le comprends un peu, mais je ne le parle pas.)

Ce fut à mon tour de rire. La position était plaisante, et elle serait devenue véritablement comique si une heureuse inspiration du bon Dominicain n'eût fait cesser notre embarras réciproque.

— Vous savez le latin? s'écria-t-il vivement.

— Je l'ai appris autrefois, du moins, répondis-je; mais il y a si longtemps déjà, que....

— *Eccovi!* fit-il en battant joyeusement des mains; *eccovi! e bene trovato!*

Bien trouvé, en effet, puisque c'était le seul terrain commun sur lequel nous pussions nous rencontrer et nous entendre... à armes égales ou à peu près.

Ce fut donc en latin, — je me garde bien de dire dans la langue de Cicéron, d'Horace et de Virgile, — que nous conversâmes pendant les deux grandes heures que dura ma visite.

Je lui dis alors qu'amené en Italie par une affaire importante, je n'avais pas voulu retourner en France sans avoir visité le couvent où était venu mourir, le 19 novembre 1841, un de mes concitoyens qui était aussi un allié de ma famille, et sans m'être agenouillé sur sa tombe.

— Qui donc? dit-il avec une vive curiosité.

— Nous, ses parents et ses amis, nous le nommions Alexandre Piel! répondis-je.

— Piel! frère Pius! s'écria-t-il.

— Lui-même, mon révérend, ajoutai-je; c'est en effet le nom qui lui échut lorsqu'il prit l'habit ici même, le 28 mai 1841, et qu'il ne signa que deux fois après l'avoir reçu!

— Frère Pius! interrompit alors le Père supérieur, je l'ai connu, moi; j'étais déjà au couvent lorsqu'il y arriva, venant de Sainte-Sabine de Rome, et j'ai même eu la douloureuse mission de signer, comme témoin, l'acte de son décès sur le livre de la communauté.

— Est-il possible? repris-je avec étonnement.

— Assurément! ajouta vivement le plus jeune moine, et vous n'en pourrez douter tout à l'heure.

Puis, se levant aussitôt, il courut ouvrir une petite armoire de laquelle il retira un cahier moitié imprimé, moitié manuscrit, qu'il posa sur la table et ouvrit sous mes yeux.

— Voyez, fit-il en posant le doigt sur la première page du cahier, c'est l'acte de décès de frère Pius; il est signé Raimondo Garabelli et P. Vincenzo Butteri : le P. Vincenzo Butteri n'est autre que mon révérend supérieur.

— Je n'ai pu rendre que ce léger service à ce cher frère Piel, ajouta le R. P. Vincenzo; mais il m'en a rendu, lui, un bien grand en me donnant pour modèle sa mort édifiante.

— Je sais, répondis-je avec une certaine émotion, que notre pauvre ami est mort saintement. Le R. P. Lacordaire, dont il était le second disciple, a raconté ses derniers moments dans une lettre émouvante que j'ai là, dans ce livre.

Et je tendis aux deux frères la Notice biographique écrite sur Alexandre Piel, par M. Am. Teyssier, l'un de ses bons et fidèles amis.

Le plus jeune prit le livre de mes mains et traduisit à haute voix, en italien, la lettre du P. Lacordaire, que le P. Vincenzo écoutait pieusement.

Cette lettre, adressée à M. Am. Teyssier, la voici :

« Monsieur et cher ami,

« Frère Besson m'a communiqué votre lettre, « dans laquelle vous demandez des nouvelles exactes « de notre pauvre frère Piel. Je me suis chargé de « vous les donner pour lui. Ce pauvre frère est « dans un état qui ne laisse plus aucune espérance « humaine. La maladie a fait en quatre mois des « progrès affreux, et je n'ai plus retrouvé de lui « que son âme encore toute vivante, calme, sereine, « résignée et même d'une inconcevable gaieté. « Frère Pierre (Requedat, le plus intime ami de « Piel, mort au couvent de Sainte-Sabine, à Rome) « était résigné comme lui ; il avait fait, comme lui, « le sacrifice de sa vie ; mais sa paix avait quelque « chose d'austère, tandis que Piel semble jouer avec « la mort et n'éprouver pas plus de regrets que de « tentations. Il semble qu'il se soit attendu toute « sa vie à mourir comme il meurt et à l'âge précis « où il meurt. Pour nous, monsieur et cher ami, « qui assistons à ce triste et touchant spectacle « après avoir souffert pendant quatorze mois de « l'agonie de frère Pierre, nous n'avons d'autre « consolation que la pensée de la volonté de Dieu, « et l'espérance que ces deux âmes, sitôt perdues « en ce monde, avaient été prédestinées à devenir « dans le ciel nos meilleurs protecteurs. Nous « voyons dans tant de malheurs et de contradictions « de toute nature la main de Dieu étendue sur « nous ; elle nous prépare à son œuvre par la même « préparation, qui a été celle de tous ses serviteurs. « Nous sommes destinés sans doute à souffrir bien « davantage encore. »

Les yeux du P. Vincenzo s'étaient remplis de larmes pendant cette lecture; lorsqu'elle fut terminée, il fit le signe de la croix; puis, passant lentement son mouchoir sur sa figure :

— Pauvre frère Piel, dit-il d'une voix émue, il a eu une étrange destinée : il fut le premier qui prit ici l'habit des Frères Prêcheurs après l'entrée en possession du R. P. Lacordaire; il fut aussi le premier qui y mourut. Il avait été le second disciple du restaurateur de notre ordre en France; c'est aussi le second qu'il est allé au séjour des bienheureux : le frère Pierre, qui l'avait précédé dans le noviciat, l'avait aussi précédé dans la tombe; Dieu n'a pas voulu dans ces deux circonstances les tenir séparés plus d'une année : il les a maintenant réunis pour toujours.

Après quelques instants de silence, pendant lesquels le P. Vincenzo semblait prier, tandis que l'autre frère continuait de feuilleter le livre que je lui avais remis, je demandai à ces religieux s'il leur serait possible de me donner une copie de l'acte de décès d'Alexandre Piel.

— Certainement, répondit le plus jeune moine en fermant promptement le livre.

— Je vous remercie cordialement, lui dis-je; c'est une pièce que nous serons heureux de posséder et que j'éprouverai une vive satisfaction à rapporter moi-même en France.

Il prit alors le cahier nécrologique et s'éloigna un moment dans l'intérieur de la maison.

— Vous aurez cette copie dans un instant, me dit-il à son retour; en attendant, voulez-vous visiter notre église et notre ancien couvent? Je vous montrerai l'endroit où repose votre ami et la cellule où il a rendu le dernier soupir.

— Très-volontiers, mon père, répondis-je en me levant.

Après quelques mots en italien échangés entre lui et le Père supérieur, nous nous dirigeâmes tous les deux vers l'église en passant par les couloirs intérieurs de la maison.

L'église du couvent de Bosco est belle et spacieuse; l'architecture est d'un excellent style, la décoration intérieure simple, riche et de bon goût, triples conditions qui ne se trouvent pas toujours réunies dans les églises d'Italie, où la profusion des ornements nuit le plus souvent à l'harmonie de l'ensemble et contraste désagréablement parfois avec la sévérité du lieu.

Le chœur surtout est somptueux; il est entouré de boiseries magnifiques, parfaitement conservées et soigneusement entretenues. Sur l'un des panneaux est sculptée la légende *de saint Michel terrassant le dragon :* c'est un véritable chef-d'œuvre. Il a fallu tous les loisirs du couvent, toute la foi d'un moine et toute la patience d'un artiste pour fouiller avec tant de délicatesse et mener à fin un travail aussi compliqué.

Plusieurs tableaux de grande dimension, suspendus au-dessus de ces boiseries, complètent la décoration de ce sanctuaire, qu'envieraient plusieurs de nos cathédrales. Celui qui domine le maître-autel représente la *Séparation des bons et des méchants;* c'est une toile magnifique de couleur et de dessin ;

elle est signée *Vassari* : c'est assez dire son mérite et son prix.

Le bon Frère Prêcheur me faisait remarquer tous ces objets d'art avec une infatigable complaisance : il était heureux de me signaler tous les détails qui lui paraissaient mériter plus particulièrement l'attention.

Nous fîmes ainsi le tour de l'église, après quoi, revenant au chœur, il me montra une large pierre blanche encadrée dans les dalles de marbre rouge et blanc qui pavent le sanctuaire :

— Cette pierre, me dit-il, couvre l'entrée des caveaux où sont inhumés les Dominicains qui meurent au couvent ; c'est là que repose, pour la plus grande gloire de Dieu, le frère Piel, votre pauvre ami.

Puis, prenant le chapelet qui pendait à sa ceinture, il fit avec la croix qui le terminait le signe du chrétien et s'agenouilla en priant.

Je l'imitai ; heureux de rendre un pieux et suprême hommage à la mémoire de l'homme qui, en embrassant la vie monastique, où il ne devait rencontrer que l'humilité et de la pauvreté, faisait généreusement le sacrifice de la gloire et de la fortune qui l'attendaient dans le monde pour concourir, avec le R. P. Lacordaire, à l'œuvre grande et noble de la sanctification de l'art et des artistes par la foi catholique, et à la propagation de la foi catholique par l'art et les artistes.

. . . .

Nous sortîmes de l'église et rentrâmes dans la pièce où les deux religieux m'avaient reçu à l'arrivée.

Là, le frère *cicerone*, dont le nom, à mon grand

regret, s'est échappé de ma mémoire, prit son chapeau à larges ailes légèrement recourbées, et un solide bâton qu'il fit adroitement tournoyer dans sa main.

— Voulez-vous venir, me dit-il ; je vais vous conduire au couvent.

— Volontiers, répondis-je ; mais il y a donc loin pour que vous vous armiez ainsi d'un bâton de voyage ?

— Non, répliqua-t-il gaiement, nous n'avons pas plus d'une centaine de pas à faire ; mais je ne sors jamais dans le village sans mon compagnon ; il est, du reste, très-inoffensif.

— Cela ne l'empêche pas de commander le respect.

Et nous nous mîmes en route en causant.

— Ce n'est plus un couvent que vous allez voir, dit le révérend.

— Qu'est-ce donc alors ?

— C'est un magasin de l'Etat !

— Vraiment ?

— Oui. Les bâtiments élevés par le pape Pie V ayant cessé d'être occupés par les Frères Prêcheurs, dont le couvent principal est aujourd'hui à la Quercia, le gouvernement actuel en a pris possession et en a fait un magasin immense où sont entassés les armes, les effets d'habillement et d'équipement trouvés et pris par les Piémontais à Naples, à Parme, à Modène, et destinés aux troupes de ces Etats, aujourd'hui supprimés.

— Mais alors, c'est le temple des dépouilles opimes !

— Dépouilles, oui ; opimes, je ne sais trop. Vous en jugerez vous-même.

Nous arrivions précisément à la porte du couvent.

L'aspect grandiose de la façade et le développement considérable des bâtiments me frappèrent vivement : je trouvais enfin, tel du moins, ou à peu près, que mon imagination l'avait édifié, le monastère que j'avais cherché en arrivant.

Entièrement construits en pierre de taille et hauts de deux étages fort élevés, les bâtiments du couvent forment un vaste et imposant parallélogramme, à l'intérieur duquel se trouve une cour spacieuse dont chacun des quatre côtés est longé par une galerie à arcades cintrées.

De la porte d'entrée le regard pénètre dans l'une de ces galeries et peut en mesurer toute la longueur; quelques employés, des soldats en tenue de caserne, allaient et venaient alors, alertes et insouciants, frédonnant, sifflant, sous ces arcades où naguère encore les moines silencieux se promenaient gravement en lisant leur bréviaire ou en récitant leur chapelet. Des affûts, des caisses, des tonneaux, des épaves enfin de toutes sortes encombraient la cour et ne laissaient aucun doute sur le parfait accomplissement de la transformation du couvent.

Nous montâmes au premier étage par un grand escalier ouvert sous le vaste péristyle d'entrée, et au haut duquel nous rencontrâmes le fonctionnaire chargé de la garde de cet important dépôt. C'était un homme jeune encore, affable et distingué, qui nous accueillit de la façon la plus courtoise.

Le révérend père lui serra familièrement la main et lui dit en quelques mots italiens l'objet de notre visite.

Ce fut à moi qu'il répondit et en très-bon français, à ma grande satisfaction ; car les barbarismes, que nous échangions depuis une heure, le bon frère Prêcheur et moi, commençaient à devenir monotones.

— Vous n'allez pas, me dit-il, retrouver la cellule autrefois occupée par votre ami dans l'état où il l'a laissée.

— Je m'en doute bien, répondis-je, puisque le couvent lui-même a subi depuis cette époque une métamorphose complète ; mais, que voulez-vous, les hommes disparaissent et les monuments changent de destination ; le souvenir seul reste intact, pour ceux du moins qui ont la mémoire du cœur.

— Et votre démarche prouve que vous avez cette mémoire-là.

— Je ne saurais le nier, et j'avoue même qu'en ce moment elle me rend bien heureux, car elle reporte ma pensée vers un passé bien doux et cher à plus d'un titre.

Tout en causant ainsi, nous avions franchi la moitié à peu près d'un long corridor, sur lequel ouvraient, à droite et à gauche, les portes des anciennes cellules, lorsque le P. Dominicain nous arrêta en disant au fonctionnaire :

— *Quattordici!* — *Ecco la cellula!* (Quatorze ! — Voilà la cellule !)

Le fonctionnaire ouvrit la porte, au-dessus de laquelle était peint, en chiffres romains, le n° XIV, et, d'un geste gracieux, il m'invita à entrer.

J'obéis et me trouvai dans une pièce spacieuse, éclairée par deux grandes fenêtres à petits carreaux donnant sur la cour intérieure.

Ce n'était plus une cellule, c'était un magasin.

Sur des tablettes disposées le long des murs, et sur des étagères élevées parallèlement et partageant la pièce en trois compartiments, était rangée symétriquement, par ordre de taille, une innombrable quantité de pantalons d'uniforme, rouges ici, bleus là, blancs plus loin. On eût dit l'arrière boutique d'un marchand d'habits de la Rotonde du Temple.

Je ne savais trop si je devais avancer ou reculer, car il n'y avait là pour moi rien de curieux à observer, surtout dans la disposition d'esprit où je me trouvais alors. Mais le révérend Père, me prenant par le bras, m'entraîna derrière une des étagères, et me montrant l'angle de la pièce à droite de la porte d'entrée :

— Là était le lit de frère Piel, me dit-il, c'est là qu'il a rendu le dernier soupir, le 19 décembre 1841, à quatre heures du matin.

Puis, se retirant discrètement, il me laissa seul à cette place, où je restai quelques instants immobile, absorbé dans mes vieux souvenirs, évoquant tour à tour, avec une douce et pieuse émotion, la franche et spirituelle figure d'Alexandre, le suave et angélique visage de son excellente sœur Joséphine, les traits mélancoliques de leur respectable père, et demandant à ces trois élus du Seigneur, sanctifiés par tant de vertus et tant de cruelles épreuves, grâce et protection pour ceux qui leur ont survécu sans cesser de chérir et d'honorer leur mémoire.

. . . .

Je rejoignis mes deux complaisants cicérones, qui m'attendaient à la porte de la cellule.

— C'est à mon tour de vous guider, me dit alors le fonctionnaire; vous êtes ici dans mes domaines, et je serai flatté de vous faire voir mes richesses.

— Je vous suis très-reconnaissant de votre obligeance, mais je ne saurais vraiment accepter, lui répondis-je; je ne suis pas seul : j'ai un compagnon de voyage qui m'attend dans une voiture, près de l'église, et il doit s'impatienter de ne pas me voir revenir.

— Pourquoi ne vous a-t-il pas accompagné?

— Je n'en sais trop rien, en vérité; mais quelque capricieuse que soit la vieillesse, elle a toujours droit à nos respects, et, franchement, je croirais manquer à mon ami si je tardais plus longtemps à l'aller rejoindre.

— Je regrette sincèrement que vous ne puissiez prolonger votre visite; j'aurais eu un véritable plaisir à vous montrer mes magasins; voyez-en du moins quelques-uns.

Et, joignant l'acte à la parole, il ouvrit successivement plusieurs portes à droite et à gauche. Chacune des cellules regorgeait d'objets : dans les unes étaient rangés des vestes, des habits, des capotes; dans les autres des schackos, des casques, des chapeaux; ailleurs, des sabres, des pistolets; plus loin, des selles, des brides, des harnais. L'ensemble, en un mot, formait une collection complète, extrêmement variée et très-originale de tous les objets d'habillement et d'équipement en usage dans les duchés aujourd'hui rayés de la carte.

Dans tout autre moment ma curiosité aurait certainement été vivement excitée et j'aurais pris plaisir à examiner ces dépouilles; mais dans la disposition d'esprit où je me trouvais, sous l'impression mélancolique que me causaient les souvenirs si fraîchement évoqués, je n'éprouvais que de l'indifférence pour cette singulière exhibition.

Le fonctionnaire s'en aperçut bien vite et n'insista plus.

Je le remerciai de son excellent accueil, et, prenant congé de lui, nous regagnâmes, le moine et moi, la route du couvent.

Chemin faisant, je demandai au frère Dominicain, je ne sais trop à quel propos, s'il recevait souvent la visite de voyageurs français.

— Rarement, répondit-il; nous n'avons guère vu ici que M. de Falloux.

— Et y a-t-il longtemps?

— Oui, c'était en 1850, je crois.

— Douze ans!

Et le bon moine me fit alors, dans l'étrange langage que l'on sait, un long panégyrique de M. de Falloux, que je ne crus devoir ni interrompre, ni contredire.

A ce propos, je retrouve précisément dans mes notes un échantillon de notre singulier idiome, et je le transcris par curiosité :

« Signor de Falloux, dit le Dominicain, *venit
« cum mulierem suam; voluit visitare cellulas mo-
« nasterii, sepulturas monacorum defunctorum,
« atque se ostendit multo religioso.* »

L'italien figurait, comme on voit, en tête et à la fin de chaque période : la langue maternelle reprenait le dessus. C'est dans ce langage, non-seulement dépourvu de fleurs de rhétorique, mais horriblement panaché de mots latins, italiens, français, et saupoudré de barbarismes, que nous avions conversé : j'avais bien raison de dire, n'est-il pas vrai, que ce n'était pas la langue de Cicéron, d'Horace et de Virgile.

Nous retrouvâmes au couvent le Père supérieur. Pendant notre absence, il avait fait dresser une petite table, sur laquelle étaient quelques fruits, des gâteaux, des verres et du vin.

Il tenait à la main la copie de l'acte de décès d'Alexandre Piel, dûment scellé du sceau du monastère, et il me le présenta tout aussitôt.

Je le remerciai sincèrement en recevant cette pièce, que j'étais heureux de posséder, et je me disposais à faire mes adieux aux deux RR. PP. quand le plus jeune me prévint :

— Avant de partir, dit-il gaiement, vous allez bien accepter un gâteau et prendre avec nous un verre de vin.

— Mais je n'ai besoin de rien, lui dis-je; je vous sais bon gré de votre gracieuseté, et en vérité....

Je n'avais pas fini ma phrase que les trois verres étaient déjà pleins et que le moine *cicerone* avançait le sien comme pour m'inviter à trinquer.

Je ne pouvais plus refuser; nous choquâmes donc nos verres et nous bûmes à nos santés respectives.

Puis, je serrai dans mon portefeuille la copie qui m'avait été délivrée, et je fis mes adieux au Père supérieur. Je tendis également la main pour serrer celle de mon obligeant cicerone.

— Dans un moment, dit-il en reprenant prestement son chapeau et son bâton, je ne vous quitte pas encore, moi.

Et en effet il m'accompagna jusqu'à la voiture, où nous trouvâmes mon compagnon de voyage endormi. Ce fut là seulement qu'il voulut recevoir mes adieux, auxquels il répondit par une cordiale accolade :

— *Vale! vale!* ajouta-t-il en me voyant prendre place dans le véhicule, *et Dominus vobiscum.*

Le cocher donna un coup de fouet à son cheval et tourna bride pour gagner la route d'Alexandrie, sur laquelle nous devions rencontrer le village de Marengo.

Mais je m'aperçois en terminant ce chapitre que si j'ai parlé longuement des derniers moments d'Alexandre Piel, je n'ai rien dit de sa vie et de ses travaux.

Qu'il me soit donc permis de revenir un instant en arrière pour réparer cette omission.

Ce n'est d'ailleurs ni une biographie complète de l'homme, ni une appréciation des travaux de l'artiste que je me propose d'écrire. Cette double tâche a été remplie, avec autant de talent que de cœur, par deux hommes qui ont beaucoup connu et tendrement aimé Piel, M. le docteur Am. Teyssier et M. Trébutien, conservateur-adjoint à la bibliothèque de Caen. Plus favorisés que moi, qui étais alors trop jeune encore pour pouvoir l'apprécier, ils ont pu admirer son savoir artistique, et le privilége de l'âge leur a procuré le bonheur, suivant la touchante expression de l'un d'eux, de déposer sur le front de notre ami commun une couronne et un laurier.

Je ne puis que déposer une modeste fleur sur cette tombe si prématurément creusée à l'ombre d'un cloître : je ne veux qu'esquisser en quelques traits rapides cette existence si laborieuse.

Piel (Louis-Alexandre), naquit à Lisieux, le 20 août 1808. Il fit ses premières études au collége de cette ville, et il y remporta quelques prix; mais il n'y attachait aucune importance et se montrait d'ailleurs peu appliqué à l'étude, ce qui ne l'empêchait pas cependant d'observer déjà et de savoir une foule de choses qu'il semblait n'avoir jamais apprises. Son caractère se révélait et donnait les signes d'une virilité précoce : l'ombre d'une injustice le révoltait, et il était difficile de lui faire faire ce qu'il croyait n'être pas juste ou indispensable.

Des revers commerciaux étant venus anéantir la prospérité de sa famille, en 1826, alors qu'il était en troisième, Piel renonça aux études du collége, malgré les observations paternelles. Il entra dans une maison de droguerie de Paris, où il resta quatre années.

Mais Piel n'avait ni l'esprit, ni le goût du commerce. Il avait déjà d'autres préoccupations qui attestent qu'il était en quête de la voie qu'il devait suivre. Il la demanda tout d'abord à la poésie. Celui qui devait plus tard revêtir l'habit dominicain composa une chanson et l'adressa à Béranger, qui lui répondit, le 24 septembre 1830, par la lettre suivante :

« *A Monsieur Alexandre Piel, commis négociant,*

« Je vous remercie beaucoup, Monsieur, de la

« jolie chanson que vous avez bien voulu m'adres-
« ser. Les éloges que vous me donnez sont de na-
« ture à flatter vivement mon amour-propre. Je ne
« les mérite pas tous, sans doute ; mais il en est
« qui s'adressent à mes sentiments dont je ne crois
« pas être indigne. Après ces remercîments, par-
« donnez-moi, Monsieur, quelques remarques pé-
« dantesques. Vos rimes de *malheur* avec *flatteur*,
« et de *souffrance* avec *espérance*, devraient être
« corrigées. Ce vers : la patrie *accablée de souf-*
« *france*, doit être refait comme faux. Ces critiques
« vous prouvent le prix que j'attache à votre pro-
« duction ; recevez-en le témoignage de ma recon-
« naissance et l'assurance de ma considération dis-
« tinguée.

« BÉRANGER. »

Dégoûté du commerce de droguerie et probablement aussi de la poésie, Piel retourna à Lisieux.

Il entra alors dans l'étude de son oncle, Me Piel, notaire à Orbec ; mais il n'y resta que quelques mois et revint près de son père, auquel cette fois il déclara formellement qu'il voulait être architecte. Aux observations qui lui furent faites touchant son âge — il avait vingt-quatre ans — et la longueur des études qu'il lui fallait entreprendre, il répondit qu'il serait architecte ou qu'il ne serait rien.

Cela se passait au mois de juillet 1832 ; en 1833, Piel était à Paris, dans les ateliers de M. Debret, architecte, où il demeura quinze ou dix-huit mois.

L'élève de M. Debret fréquentait peu ses camarades d'atelier ; il vivait plus particulièrement avec les élèves de M. Ingres et pressentit même la réputation de plusieurs d'entre eux. Ce fut au milieu de ces jeunes hommes, pleins de respect pour les anciens maîtres, qui bafouaient l'impuissance de l'art moderne, que Piel entrevit la voie nouvelle qu'il fallait ouvrir à l'art et pour laquelle il entreprit de si grands travaux.

Sa vocation était enfin révélée.

Ce fut alors qu'il conçut le projet d'un voyage en Allemagne et qu'il s'y prépara, sans songer qu'il allait épuiser ses dernières ressources.

Il accomplit ce voyage en 1835.

Il visita successivement Strasbourg, Fribourg, Constance, Schaffhausen, Munich, Ausbourg, Donawerth, Weissembourg, Nuremberg, Furth, Vursbourg et Schaffembourg.

Le *Voyage en Allemagne*, publié en 1836 dans le journal l'*Européen*, fixa l'attention publique sur Piel. Dans son ouvrage *Du vandalisme et du christianisme dans l'art*, M. le comte de Montalembert signala son nom aux amis de l'art catholique, et l'*Européen* fut noté, par le même écrivain, comme un recueil dont plusieurs articles, en matière d'art, étaient dictés par une science profonde et le sentiment le plus pur des exigences de la pensée chrétienne.

Piel donna encore au même journal une revue critique de l'église de la Madelaine et deux articles sur le salon de 1837.

En 1836, il fut chargé de la restauration de la préfecture d'Auxerre, travail important qu'il avait obtenu par l'entremise de M. Leblanc, architecte.

A la fin de 1837, Piel était à Nantes.

Le curé de la paroisse Saint-Nicolas de cette ville

avait le désir de faire élever une église plus vaste et dans un style du moyen âge : il avait jeté les yeux sur Alexandre Piel et lui avait demandé des plans, que celui-ci s'était empressé d'aller porter lui-même.

Le projet dut être soumis au conseil municipal, et ce fut une rude affaire pour l'artiste que de le faire accepter. Il avait un concurrent qui avait sur lui l'avantage d'être Nantais, et le conseil penchait d'autant plus volontiers de ce côté que le projet de l'enfant de la cité n'était pas gothique.

Piel, néanmoins, défendit son projet avec tant de science et de talent qu'il remporta la victoire.

Ce fut à Nantes que Piel rencontra des amis et des conversations qui jetèrent les premiers doutes dans sa conscience. L'orthodoxie de ses opinions religieuses avait été très-contestable jusqu'alors, car bien qu'il s'affirmât hardiment chrétien et catholique, son scepticisme à l'égard du culte le plaçait réellement en dehors de l'Église.

C'est là qu'il se lia d'une amitié profonde avec M. Hy. Requedat, M. Aubert et M. Thomasseo, réfugié italien. Les quatre amis se réunissaient fréquemment, et leurs conversations roulaient incessamment sur la religion, le salut de la France et du monde. On y discutait les opinions de saint Thomas sur le progrès, sur le droit naturel, sur la propriété, sur l'esclavage, sur les droits et les devoirs des révolutions; les solutions sur toutes ces questions, puisées dans les ouvrages du docteur dominicain et écrites de la main de Piel et de Requedat, sont précieusement conservées par le docteur Teyssier.

Les discussions commencées à Nantes se continuèrent après la séparation des quatre amis, et quand Piel revint à Paris, en 1838, les sentiments religieux étaient entrés dans son cœur pour n'en plus sortir. Sa sœur Joséphine, qui vint demeurer avec lui, acheva sa conversion en lui offrant l'exemple de toutes les vertus chrétiennes.

Piel demeurait alors rue du Cloître-Notre-Dame, dans une grande maison qui existe encore et qui porte aujourd'hui le n° 22. Des fenêtres de son appartement, situé au quatrième étage, il voyait l'église Notre-Dame, qu'il aimait affectueusement et dont il comprenait toutes les beautés; aussi s'en fit-il en quelque sorte le conservateur officieux, signalant au préfet de police, au comité historique les dégradations journellement commises par les enfants des écoles voisines, par l'administration des pompes funèbres, etc.

Sans cesser de poursuivre ses travaux pour l'église Saint-Nicolas de Nantes, Piel fit encore cette même année le plan, qui lui avait été demandé, d'une petite église gothique pour une commune des environs de Pontarlier, et traça le dessin d'une chaire destinée à la cathédrale de Sens.

L'année suivante, c'est-à-dire en 1839, tandis qu'il crayonnait les premières esquisses d'une église pour Byans-lès-Uziers (Doubs), travail qui lui avait été procuré par M. le comte de Montalembert, on apprit que le R. P. Lacordaire avait formé le projet de rétablir en France l'ordre de saint Dominique.

Le but clairement exprimé que se proposait le R. P. Lacordaire en rétablissant les Frères-Prêcheurs répondait aux aspirations de Piel et de ses amis ; c'était en quelque sorte la réalisation de leurs espérances si souvent formulées dans les conversations de Nantes.

H. Requedat fut trouver le P. Lacordaire ; il devint le premier disciple du nouvel apôtre et quitta Paris, pour se rendre à Rome, le 7 mars 1839, en disant à Piel : *A un an, frère Piel ; je vous attends comme novice.*

L'exemple de Requedat n'eût peut-être pas suffi néanmoins pour entraîner Piel, bien qu'il fût déjà imbu de toutes les vertus qui font le moine, si un événement cruel n'était venu briser, cette même année, les derniers liens qui l'attachaient encore au monde. Sa sœur Joséphine mourut, et en recevant le dernier soupir de cette angélique créature, Piel sentit s'éteindre les dernières lueurs du rationalisme qu'il avait professé.

Pendant le séjour qu'il fit à Lisieux auprès de sa sœur mourante, il avait levé le plan de l'église Saint-Pierre, dont l'un des premiers il avait signalé les beautés. Son travail non-seulement le fit recevoir membre de la *Société pour la conservation des monuments historiques de France*, mais contribua puissamment à faire classer cet édifice remarquable au nombre de ceux dont la conservation intéresse tout le pays et incombe à l'Etat.

Revenu à Paris, Piel acheva le projet de l'église de Byans-lès-Uziers ; il retourna à Lisieux dans les premiers mois de 1840, après avoir chargé le docteur Teyssier de vendre son mobilier. Il allait annoncer à sa famille son intention irrévocable de se consacrer à Dieu. Remontrances, observations, promesses, prières, il ne voulut rien écouter, heureux, répondait-il, de faire au Dieu qu'il voulait servir le sacrifice de la gloire et de la fortune qu'on lui offrait l'occasion d'acquérir.

Il quitta Paris le lundi de Pâques de l'année 1840, se dirigeant vers Rome, au rendez-vous qui lui avait été donné par son ami Requedat.

Piel avait eu pour compagnon de voyage pendant le trajet de Paris à Marseille M. Alphonse Royer, alors rédacteur du *Siècle*, l'auteur de la *Favorite*, devenu plus tard directeur de l'Opéra, qui se rendait à Constantinople et de là à Jérusalem ; il rencontra à Marseille le poëte Méry, qui se fit le cicerone des deux voyageurs dans la cité phocéenne et servit même de témoin à Piel pour une procuration notariée que ce dernier envoyait à son père.

Arrivé au couvent de Sainte-Sabine, sur le Mont-Aventin, Piel retrouva, sous le nom de frère Pierre, son ami Requedat. Ce fut une grande joie pour les deux amis, dont la seule crainte, en entrant dans un même couvent, était de s'aimer trop.

Mais cette joie fut de courte durée. Frère Pierre était déjà atteint du mal qui devait l'emporter quelques mois plus tard : il mourut le 2 septembre 1840. Il semble que les deux amis ne devaient jamais se rencontrer que pour se séparer de nouveau et mettre sans cesse à l'épreuve leur courage et leur résignation.

Le décès de Requedat attacha plus que jamais Piel à l'œuvre pour laquelle était mort son ami.

Les Dominicains français avaient obtenu l'église

et le couvent de Saint-Clément, à Rome, et Piel s'occupait activement de le mettre en état de recevoir les religieux, quand un ordre, qui dut être pour lui un coup terrible, vint le séparer du tombeau de son ami et l'éloigner de Rome.

Les Dominicains de Sainte-Sabine durent se disperser : les uns furent envoyés à la Quercia; les autres, au nombre de six, parmi lesquels se trouvait Piel, se dirigèrent vers le couvent de Bosco, où, comme je l'ai dit, ce dernier prit l'habit, le 28 mai 1841, et mourut le 19 décembre suivant, âgé de trente-trois ans.

Telle a été la vie d'Alexandre Piel.

J'ai trop le respect des convictions, quelles qu'elles soient, pour qu'il puisse entrer dans ma pensée de critiquer la détermination qui entraîna Piel sur les pas du R. P. Lacordaire au moment même où, après tant d'efforts laborieux, tant de luttes pénibles, tant d'épreuves cruelles, il lui était donné de mettre en pleine lumière sa science et ses talents. Mais quand je parcours les quartiers nouvellement ouverts dans la capitale, lorsque j'aperçois les nombreuses églises qu'on élève de tous côtés, ma pensée se reporte tout naturellement sur mon savant ami, mon cœur se serre, et je ne puis me défendre de déplorer cette détermination fatale; je songe à l'artiste éminent qui eût pu affirmer sa foi religieuse en édifiant un monument imposant et durable, et je me demande si cette œuvre éloquente et pieuse, élevée à la commune gloire de la religion et de l'art, n'eût pas été aussi agréable à Dieu que cette mort obscure dans le silence du cloître de Bosco!

XXV

Il était cinq heures environ lorsque nous quittâmes Bosco. Le chemin que prit notre automédon gravissait les pentes d'une petite colline en serpentant entre deux haies vives, dont l'ombrage nous protégeait contre les rayons encore tièdes du soleil déclinant à l'horizon; le cheval, reposé par la longue station qu'il venait de faire, semblait avoir retrouvé certaines allures de sa jeunesse et marchait assez allègrement.

Peu à peu les haies s'effacèrent et disparurent; la colline s'abaissa, et nous nous retrouvâmes dans l'immense plaine que nous avions dû quitter pour descendre à Bosco.

Laissant à droite le bourg de *Frugarolo*, station du chemin de fer qui dessert Bosco et les villages voisins, nous voyions se dérouler diagonalement devant nous, à travers les moissons dorées, le large ruban blanchâtre de la route de Plaisance à Alexandrie. Quelques instants après, nous traversions le village de *Spinetta*; puis, tournant brusquement à gauche, nous débouchions sur la route même, apercevant à peu de distance les quelques maisons d'un autre village devenu, celui-là, plus célèbre, depuis soixante-deux ans, que ne le fut jamais le fameux promontoire d'Actium : c'était le village de *Marengo* !

> A table, un jour, jour de grande richesse,
> De mes amis les voix brillaient en chœur,
> Quand jusqu'à nous monte un cri d'allégresse :
> A Marengo Bonaparte est vainqueur !
> Le canon gronde, un autre chant commence :
> Nous célébrons tant de faits éclatants.
> . . . .

Marengo! quels souvenirs glorieux ce simple nom réveille! Ce n'est pas seulement une bataille, une victoire qu'il exprime, c'est toute une suite de prodiges qu'il raconte, une véritable épopée, épopée gigantesque, écrite au frontispice de l'histoire de notre dix-neuvième siècle avec l'épée du plus grand capitaine des temps modernes!

C'est toute une campagne que ce mot résume, campagne miraculeuse qui commence au passage du mont Saint-Bernard et se termine par l'élévation au trône impérial du général Bonaparte, de celui qui, suivant l'expression de M. Thiers, maîtrisa la fortune par ses combinaisons profondes, admirables, sans égales dans l'histoire des grands capitaines.

Un étranger, un militaire distingué, qui fut lui-même appelé à jouer un rôle important dans les dernières campagnes de l'empire, à Waterloo notamment, M. de Bulow, a écrit :

« Toute cette campagne de 1800 est une suite de prodiges; elle offre dans son ensemble le résultat de causes inconnues, j'oserai même dire surnaturelles.... Je ne puis m'en retracer les merveilleuses circonstances sans me sentir ramené à une réflexion que j'ai déjà essayé d'exprimer. La superstition et l'enthousiasme n'égarent point ma plume; mais il m'est impossible d'arrêter ma pensée sur un tel concours d'événements extraordinaires sans me persuader qu'il est des époques marquées par une providence impénétrable pour opérer de grands changements sur la terre. Cette campagne miraculeuse, que j'appellerai la campagne de Marengo, me semble devoir être mise au rang de ces immortelles époques. »

C'est qu'en effet on ne saurait trouver ailleurs l'exemple d'une expédition militaire dans laquelle fut plus ponctuellement exécuté tout ce qui avait été résolu dans le cabinet, et que la célérité avec laquelle furent opérées de si grandes choses tient véritablement du merveilleux : commencées le 18 mai, les opérations du premier consul furent terminées le 15 juin, à l'endroit précis qu'il avait fixé sur la carte, et en moins de temps qu'il ne semblait donné à un homme de le faire ; tant était grand chez lui le sentiment de ses forces, tant était puissant l'ascendant de son génie.

Je n'ai pas l'intention de raconter ici les surprenantes péripéties de ce drame immense et d'esquisser le tableau de la sanglante bataille qui en fut le glorieux dénouement. Cette tâche serait au-dessus de mes forces, et d'ailleurs elle a été magistralement remplie par l'illustre historien du *Consulat et de l'Empire*, dont le récit éloquent est ineffaçablement gravé dans la mémoire de tous.

Humble écrivain, voyageur obscur, je n'ai d'autre désir, d'autre but, que de saluer à mon passage la mémoire des braves qui ont si généreusement arrosé de leur sang le champ de bataille que je traverse, la plaine, aujourd'hui silencieuse, dont les riches moissons couvrent leurs ossements blanchis. Qu'ils reçoivent donc le patriotique hommage de mon admiration sans bornes et pour leur vaillance et pour le noble exemple qu'ils ont donné à la jeune armée de 1859 !

Avant le 14 juin 1800, Marengo était le plus triste et le plus obscur village de tout le pays alexandrin.

Bien qu'immortalisé par l'éclatante victoire du général Bonaparte et qu'il ait depuis lors donné son nom à l'immense plaine environnante, ce village n'a, pour ainsi dire, pas changé d'aspect : ce n'est toujours qu'une modeste agglomération de quelques maisons.

Seulement, sur l'emplacement du bâtiment où le général Bonaparte passa la nuit, un riche propriétaire d'Alexandrie, M. Delavo, a fait élever une maison de campagne en conservant intacte la pièce qu'occupa le premier consul, et dans laquelle on a déposé les divers objets militaires trouvés sur le vaste champ de bataille.

Une grille entoure cette maison, sorte de musée que les voyageurs sont admis à visiter.

Le cocher nous conduisit droit à cette maison et s'arrêta devant la grille. Nous descendîmes, et un gardien attitré nous introduisit dans l'intérieur de cet étrange musée.

Le brave général Cler, qui, peu de jours avant d'aller mourir à Magenta, avait parcouru le champ de bataille de Marengo, a donné de ce monument une description aussi spirituelle qu'exacte, et je ne saurais mieux faire que de la reproduire ici :

« Rien de plus ridicule, dit-il, que ce château ou plutôt cette ferme moderne, œuvre d'un cerveau malade ou d'un spéculateur de mauvais goût. Les murs extérieurs, badigeonnés en rouge sale, représentent des inscriptions romaines, des machicoulis et des créneaux du moyen âge. Ceux de l'intérieur, vus de loin, offrent des perspectives à fresques figurant des péristyles, des temples antiques et des terrasses babyloniennes. Au centre de la cour principale, ouverte de deux côtés, s'élève la statue du général Bonaparte, œuvre du sculpteur *Cacciatori* (de Milan), et sur les murs, dans des niches, toujours en peinture à fresques, sont les statues des généraux qui ont assisté à la bataille de Marengo.

« L'intérieur du château répond par le mauvais goût à l'extérieur. Les murs, les plafonds des grandes chambres sont couverts de peintures dignes de figurer dans la collection d'un barbouilleur d'enseignes, représentant, dans les grands appartements, des batailles et des allégories du premier empire.

« Dans le boudoir, des amours sous toutes les formes, et, dans la chambre à coucher, l'histoire très-moderne de l'hymen.

« Une salle basse renferme de vieilles armes, une autre un vieux carrosse rococo, style du premier empire, et enfin une écurie voûtée, appartenant au vieux château, a servi le soir à recevoir les blessés des deux armées.

« Dans le jardin, dessiné à l'anglaise, se trouve un grand tombeau de forme antique, renfermant les ossements trouvés dans les champs de Marengo, et, sur un tertre élevé sur l'emplacement où tomba Desaix, le buste en marbre du général.

« Les visiteurs ont inscrit leurs noms jusque sur la figure du héros, et nos soldats, en les imitant, ont cherché à se faire pardonner cet acte de vandalisme en couvrant de fleurs et de feuillage l'image du jeune général républicain. »

Rien de curieux, en effet, dans cette collection de débris informes : quelques balles aplaties, des biscaïens brisés, des tronçons de sabres et de baïonnettes, des étriers, des éperons, des morceaux de casques rongés par la rouille, des fragments d'épaulettes, de gibernes et de baudriers tombant en poussière, tels sont les objets réunis dans cette salle basse qui fut la chambre occupée par le premier consul. Un vieux chapeau affectant la forme du petit chapeau devenu si populaire, une chaise grossière et boiteuse; dans l'embrasure de l'étroite et unique fenêtre qui éclaire cette pièce, une table ou plutôt une planche vermoulue sur laquelle, dit-on, fut signée la célèbre convention d'Alexandrie, sont les seules traces qui subsistent du séjour en ce lieu du vainqueur de Marengo.

En dehors et un peu en arrière du jardin s'élève, sur une petite éminence, un moulin à vent, d'où l'œil peut embrasser toute l'étendue du champ de bataille. Le guide offrit de nous y conduire : j'acceptai avec empressement, et nous grimpâmes tous deux jusqu'au sommet de cet observatoire d'un nouveau genre.

Quel coup d'œil! quel admirable tableau! quel splendide panorama!

« En cet endroit, dit M. Thiers, le Pô s'est éloigné de l'Apennin et a laissé de vastes espaces, à travers lesquels la Bormida et le Tanaro roulent leurs eaux devenues moins rapides, les confondent près d'Alexandrie, et vont les jeter ensuite dans le lit du Pô. La route, longeant le pied de l'Apennin jusqu'à Tortone, s'en sépare à la hauteur de cette place, se détourne à droite, passe la Scrivia et débouche dans la vaste plaine. Elle la traverse à un premier village appelé San-Giuliano, passe à un second appelé Marengo; enfin, elle franchit la Bormida et aboutit à la célèbre forteresse d'Alexandrie. »

Voilà le champ de bataille de Marengo.

Devant nous, au nord, Alexandrie et sa formidable citadelle, couvrant de ses murs de briques, de ses arsénaux et de ses maisons aux toits rouges, un espace immense qu'entourent, avant de se réunir, les eaux blafardes de la Bormida et du Tanaro; plus près de nous le ruisseau de Fontanone, dont le passage fut si longtemps et si opiniâtrement disputé au début de la bataille; à droite, le village de la Barbotta et le bourg de Castel-Ceriolo, si vaillamment défendu par le général Carra-Saint-Cyr contre le corps d'armée du général Elsnitz; en arrière, la route de Plaisance à Alexandrie, où le brave Lannes disputa pied à pied, avec une intrépidité sans égale, un terrain qu'il lui fallut céder au nombre; San-Giuliano, où déboucha l'infortuné Desaix, accourant de Novi au bruit de la canonnade pour jeter au milieu de la bataille, aux trois quarts perdue, le poids de sa vaillante épée; à gauche, le chemin de Novi, puis le chemin de Bosco, que nous venions de quitter et par lequel la division Bellegarde arriva sur le théâtre de la lutte pour écarter nos troupes de la Bormida; et entre ces points divers, immortalisés par tant d'héroïsme, des vignes superbes, des moissons splendides, une végétation luxuriante!

Le calme et le silence règnent aujourd'hui dans cette plaine où, le 14 juin 1800, plus de trois cents bouches à feu firent entendre les terribles éclats de leurs voix formidables; à peine ce silence est-il interrompu par le mugissement des grands bœufs gris qui paissent à l'ombre des bouquets d'arbres et par le sifflet des locomotives annonçant le passage, sur les voies ferrées qui traversent ces champs célèbres, des convois descendant vers Gênes ou Plaisance ou remontant vers Alexandrie et Turin.

Emerveillé de ce spectacle grandiose, assailli par le souvenir des glorieux épisodes de cette mémorable campagne de Marengo, je descendis lentement l'escalier du moulin et regagnai notre modeste équipage.

Nous continuâmes notre route en traversant le village; puis, franchissant successivement le Fontanone et la Bormida, dont les eaux, au jour du combat, engloutirent tant de cadavres, nous arrivâmes à la gare d'Alexandrie, où nous congédiâmes notre cocher et son équipage.

Trois heures après nous étions à Turin et nous soupions confortablement à l'hôtel Feder.

XXVI

Nous passâmes à Turin la journée du lendemain, et le soir même nous reprimes la route de France par le Mont-Cenis, que nous avions déjà traversé pour venir en Piémont.

Partis de Paris le 4 juin, nous y étions rentrés le 19 : notre voyage avait duré quinze jours.

C'était trop peu sans doute pour connaître à fond l'Italie; c'était assez du moins pour apprendre à l'aimer, et j'ai rapporté de cette rapide excursion une vive et sincère affection pour cette jeune sœur de notre chère France; aussi, en m'éloignant, ne lui ai-je point dit adieu, mais seulement au revoir!

FIN.

TABLE

I. — Controverse des vaudevillistes en matière de voyage. — Les pourvoyeurs des chemins de fer. — Rome et Londres. — *Non licet omnibus adire Corinthum* — Les Alpes et les martyrs du Japon. — Le calendrier romain et le martyrologe de la gloire nationale. 1-6

II. — Départ de Paris. — L'intérieur du compartiment. — Insomnie. — Evocations historiques. — Charenton : le marquis de Sade, M. Marty. — Maisons-Alfort. — Villeneuve-Saint-Georges. — Montgeron. — Crosne. — Yères. — Brunoy. — Lieusaint. — Melun. — L'anguille de Melun. 7-15

III. — Fontainebleau. — La Forêt. — Thomery. — Le chasselas. — Moret. — Montereau. . 15-21

IV. — Villeneuve-la-Guyard. — Pont-sur-Yonne. — Sens. — Jacques Clément. — L'ermite saint Bond. — Etigny : Catherine de Médicis. — Villeneuve-sur-Yonne. — L'homme au masque de fer. — Joigny : la côte Saint-Jacques. — Querelle de Joigny et d'Auxerre. — Le résinet et le cidre de Cérisiers. — La Roche. — Brienon. — Saint-Florentin : sa forteresse et la reine Brunehaut. — L'abbaye de Pontigny. — Flogny : un camp romain. — Tonnerre : le chevalier d'Eon. — Tanlay. — Les tunnels de Lezinnes et de Pacy. — Ancy-le-Franc. — Nuits-Ravières. — Perigny et ses forges. — Le village de Buffon. — Rougemont. — La Bourgogne. — Montbard. — Buffon et Daubenton. — L'abbaye de Fontenay. — La Brenne, Brennus et Béranger. — La vallée des Laumes : Vercingétorix. — Flavigny. — Carmélites et Dominicains. — Le Père Lacordaire. — Bussy le Grand. — Junot, duc d'Abrantès. — Roger de Bussy de Rabutin. — Son exil. — Darcy. — Le château de Salmaises. — Verney. — Le tunnel de Blaisy. — Malain : le château d'Urfy et M. de Lamartine. — Velars. — Plombières. — Dijon. — Saint-Benigne. 21-44

V. — La Côte-d'Or. — Pierre Dupont. — Réveil de ma voisine. — Chenove et les clos du roi et du chapitre. — Fixey et les Arvelets et la Mazière. — Fixin et la statue de Napoléon 1er. — Brochon : Crébillon. — Givrey-Chambertin. — Saint-Philibert et sa fontaine. — Chambolle — Vougeot et son fameux clos. — Bonaparte et Dom Goblez. — L'abbaye de Cîteaux. — Le Lutrin et la demeure de la *Mollesse*. — Boileau. — Vosne et les clos de Romané, de Conti et de Richebourg. — Nuits. — Les clos de Saint-Georges et de Château-Latour. — Prémeaux. — Corgalin. — Aloxe et la côte de Beaune. — Savigny et ses vignobles. — La chanson de La Monnoye. — Mathieu Molay. Monge. — Pomard. — Volnay. — Les Sautenots et le Montrachet. — Chagny. — Les Ecorcheurs et Duguesclin. — Le bourg de Nolay : Carnot. — Chalons-sur-Saône. — L'abbaye de Saint-Marcel. — Lux : *in hoc signo vinces*. — Varennes le Grand. — Paysage. — Saint-Ambreuil. — Sennecey le Grand. — Tournus. — Greuze. — Mâcon. — M. de Lamartine. — La côte mâconnaise. — Milly-Saint-Point. — L'abbaye de Cluny.   44-48

VI et VII. — Temps d'arrêt. — Disparition de nos voisines. — Panorama. — La Bresse. — Aspect du pays. — Les maisons. — La coiffure des femmes. — Pont de Veyle. — Vonnas. — Mezeriat. — Polliat. — Bourg : Lalande et Xavier-Bichat. — Le faubourg de Brou. — La forêt de Seillon. — Pont d'Ain. — Ambronnay. — Ambérieux. — Situation pittoresque de la gare. — Correspondance des trains. — Changement à vue. — Le Jura. — Le désert après l'oasis. — Les sermons et le livre de la nature. — La vallée de l'Albarine. — Saint-Rambert de Joux. — Tenay. — Cascades de l'Albarine. — Rossillon. — La vallée du Surand. — Les lacs de Pugieu. — Virieu le Grand. — Artemart : la cascade de Cerveyrieu, la source du Groin, le Colombier. — Les marais de Lavours. — La vallée du Rhône. 58-79

VIII. — La Savoie. — Culoz. — Sa situation. — Le Rhône. — Le lac du Bourget. — Le *Raphaël* de M. de Lamartine. — Le mont du Chat. — L'abbaye de Haute-Combe. — Le phare Gessens. — Montaigne. — Le tunnel Saint-Innocent. — Aix-les-Bains. — Choudy. — Viviers. — Voglans. — Servolex. — Le château de Costa. — Chambéry. — La vallée. — La ville. — Le saint suaire. — Le couvent de Sainte-Marie transformé en caserne de cavalerie. — Les Charmettes : J. J. Rousseau et Mme de Warens. — Hérault de Séchelles. — — Inscription attribuée à Mme d'Epinay. 79-96

IX. — Le chemin de fer au sortir de Chambéry. — La montagne de Lemenc. — La Dent de Nivolet. — Le mont Saint-Jean. — Le Granier. — La chaîne des Alpes. — La vallée. — Les montagnes. — La Vierge et les abîmes de Myans. — La Thuile. — Montmélian. — La culture aux environs de Montmélian. — L'Isère et la combe de

— 354 —

Savoie. — Saint-Jean de la Porte. — Bourg-Evescal. — Saint-Pierre d'Albigny. — Le château de Miolans. — Chamousset. — La vallée de l'Arc. — La Maurienne. — Le pays, les maisons, les habitants. — Les ramoneurs et les commissionnaires de Paris. — Le hameau de Bonvillaret. — — Souvenir de la *Grâce de Dieu*. — Aiguebelle. — Randens. — Arc de triomphe. — Le fort des Charbonnières. — Champ de bataille. — La vallée du mont Sapey. — Epierre. — Cascade de Grivoley. — Le Grand-Minceau et le Pique du Frêne. — La Chambre. — La vallée entre La Chambre et Saint-Jean-de-Maurienne. — La Tour de Saint-André. — Le torrent de Pontamafray. — Les rochers de Chapeys. — La tour des Sarrazins. — Anne Radcliffe. — Hermillon. — Le mont Rocheny. — Saint-Jean de Maurienne. — Les eaux thermales de l'Echaillon. — L'Arvent. — Saint-Julien. — Le roc des Encombres. — Saint-Martin-de-la-Porte et Saint-Martin-d'Outre-Arc. — Saint-Michel. 97-114

X. — Changement de mode de transport. — Les diligences. — Transbordement des bagages. — Départ de Saint-Michel. — L'Arc. — Ferney. — Saint-André. — Modane. — Le roc de l'Aiguille, le Poleset. — Développement de Modane. — La place Sainte-Barbe. — Le percement du Mont-Cenis. — La population de Modane. — Les goîtreux et les crétins. — Le Sosie de Quasimodo. — Villarodin. — Arvieux : Charles le Chauve. — Cascade. — Le fort de l'Esseillon. — Le 11e de ligne. — Le restaurant champêtre. — Le pont du Diable. — Bramans. — La Combe et le Verney. — Encore les goîtreux. — Termignon. — Les Champernerettes. — La chapelle de la Visitation. — Un mot sur les croix ou chapelles destinées à rappeler le souvenir des accidents ou des victimes. 114-140

XI. — Lanslebourg. — Saint-Antoine. — La procession de l'Ane. — La route du Mont-Cenis. — Industrie des habitants de Lanslebourg avant la construction de la route. — Cabarets. — Absence de boulangers. — Variations de la température. — Population de Lanslebourg. — Les bergères des Alpes. — Le prix d'un bouillon. — Attelage des diligences pour l'ascension du Mont-Cenis. — Le Le Mont-Cenis. — Les maisons de refuge. — Le chemin des Canons. — La Ramasse. — Le lac du Mont-Cenis. — L'hospice. — Les glaciers de Rochemelon. — La Cenise. — La descente du Mont-Cenis. — La Grand'Croix. — Cascade. — Les lacs Blanc et Noir. — La Novalaise. — Panorama. — Molaret et Jaillon. 114-154

XII. — Suze. — Le Piémont. — Transbordement des voyageurs et des colis. — Abandon des diligences. — Les Doganieri. — La ville de Suze. — La vallée de la Doria. — Annibal et le général Bonaparte. — Bussoleno. — Fenestrella et Xavier de Maistre. — Condove. — Les Portes lombardes. — San Ambrogio. — Avigliana. — Rosta. — Rivoli. — Il y a Rivoli et Rivoli. — Alpignano. — Approche d'une grande ville. 155-164

XIII. — Arrivée à Turin. — Les cochers de Turin et les cochers de Paris. — L'hôtel Feder. — Turin. — Les rues. — Les maisons. — Le pavage. — La rue du Pô. — J. J. Rousseau. — La place Victor-Emmanuel. — Le Pô. — L'église de la *Madre di Dio*. — Le couvent del Monte. — La Superga. — Charles-Albert. — Salut de Xavier de Maistre à la colline de Turin. — La Via Cavour. — L'anniversaire de la mort de M. de Cavour. — Les Procuratori et les Causidici. — Une Etude de procureur à Turin. — La place du Château. — Le Palais-Madame. — Le Palais du Roi. — Les omnibus de

Turin. — La *Via Nuova*. — J. J. Rousseau et Mme Bazile. — La place Saint-Charles. — Le jardin dei Ripari. — Manin. — La place Carignan. — Le théâtre Carignan : *Philiberte* et la *Corde sensible*. — Le clerc d'avoué. 164-190

XIV. — Départ pour Vercelli. — L'homme rouge. — Settimo. — Brandizzo. — Les mûriers. — Chivasso. — Les femmes aux champs. — Torazza. — Saluggia. — Changement de paysage. — Livorno, Bianze, Tronzano. — Santhia. — Charlemagne et Haroun-al-Raschid. — La Gare de Santhia. — Les femmes aux pieds nus. — San-Germano. — Les Rizières. — Entre San-Germano et Vercelli. 190-200

XV. — Vercelli. — Bayard. — Le Livre des Evangiles. — L'Imitation de Jésus-Christ. — Le Déjeuner à l'albergo dei tre Re. — Le café de la Piazza Grande. — La Sesia. — L'usine à Gaz. — Départ pour Magenta. 200-208

XVI. — La campagne au delà de Vercelli. — Borgo-Vercelli. — Le général Fanti. — Novarre. — La Trémoille. — Charles-Albert. — L'Empereur Napoléon III. — Coup d'œil sur le pays aux environs de Novarre. — Trécate. — Les généraux Espinasse. — Mellinet. — Niel et Canrobert. — San-Martino. — Le cabaret quartier-général de l'Empereur après la bataille de Magenta. 208-215

XVII. — Le Tessin. — Le pont de San-Martino. — L'ancien bac. — La Commission du Directoire en 1796. — Catastrophe racontée par M. Thouin. — Le Naviglio-Grande. — Buffalora. — Magenta. — Ponte-Nuovo. — Ponte-Vecchio. — Le pont du chemin de fer. 215-222

XVIII. — La Bataille de Magenta. — Panorama du champ de Bataille. — La route de Milan. — L'Empereur. — Le Naviglio. — Buffalora. — Ponte-Nuovo. — Le chemin de fer. — Le Terrain. — Marche de l'armée après les combats de Palestro et de Montebello. — Passage du Tessin à Turbigo. — Le général Mac-Mahon. — L'armée sarde. — Le général Camou. — Passage du Tessin à San-Martino. — Les généraux Niel et Canrobert. — — Marche de l'armée autrichienne. — La brigade Wimpfen. — Le 2e grenadiers au pont de Buffalora. — La division Lamotterouge. — Le général Mac-Mahon à Cugione. — Son impatience. — Il galope à la recherche du général Espinasse. — L'Empereur donne le signal de l'attaque à Ponte-Nuovo. — Le 3e grenadiers s'empare de la redoute du chemin de fer. — Le général Cler et les zouaves de la Garde. — Le 1er grenadiers. — Lutte sanglante et vains efforts. — Le général Mellinet. — — Mort du général Cler. — Sa Biographie. — Horrible mêlée. — Les artilleurs tués sur leurs pièces. — Le canon de Mac-Mahon. — La division Vinoy arrive à San-Martino et marche sur Ponte-Vecchio. — Le général Picard. — Plan de l'ennemi. — Le colonel Charlier et le 90e de ligne. — Le maréchal Canrobert. — Le général Charrière et le 85e. — Le général Renault et le 41e. — Le colonel de Senneville. — Le général Trochu et le 43e de ligne. — Marche du général de Mac-Mahon. — Le général Espinasse à Marcallo. — La brigade Castagny. — Jonction des divisions Espinasse et Lamotterouge. — Retraite des Autrichiens sur Magenta. — L'artillerie du général Auger. — La gare de Magenta et la chaussée du chemin de fer. — Le général Espinasse pénètre dans Magenta. — Sa mort et celle du lieutenant Froidefond, son aide-de-camp. — Les Autrichiens chassés de l'église de Magenta. — Ils abandonnent

— 358 —

Magenta. — Le général Auger les poursuit de ses boulets sur la route de Robecco. . . . 222-251

XIX. — Souvenir d'une rencontre sur le chemin de fer de Versailles. — Les maisons de Magenta. — La Madone — L'église. — Le Campo-Santo di Francese. — L'anniversaire de la bataille et les habitants de Magenta. — L'Italie n'est pas ingrate. — Les traces de la lutte à Ponte-Vecchio, au chemin de fer, à Ponte-Nuovo. 252-264

XX. — Retour à Vercelli. — Transformation de la ville. — La population en promenade. — Mode de coiffure des femmes. — Les artistes capillaires. — Les lits italiens et celui de l'Albergo dei Tre Re. — Sommeil interrompu. — La Noce. — La Mariée. — Retour à Turin. 264-270

XXI. — La Fête du Statut. — La Revue. — La rue du Pô. — Les Balcons. — Les Bersaglieri. — L'armée italienne. — Victor-Emmanuel. — La Procession. — Départ pour Novi. . . 270-277

XXII. — La gare du chemin de fer de Gênes. — Moncalieri. — Trufarello. — Cambiano. — Pessione, Villanuova. — Villafranca. — San-Damiano. — Asti. — Victor Alfieri. — La comtesse d'Albany. — Les truffes blanches. — Annone. — Cerno-Felizzano. — Solero. — Alexandrie. — La vallée du Tanaro. — La plaine de la Bormida. — Frugarolo. 277-286

XXIII. — Arrivée à Novi. — Les *facchins*. — L'albergo della Sirena. — La cuisine à Novi. — Le mot de Cambronne. — Les cloches et M. de Châteaubriand. — Convoi funèbre. — Novi. — Colonne commémorative. — Position de Novi au point de vue stratétique. — La Bataille de Novi.

Joubert. — Sa mort. — La Porte de Gênes ou de Saint-André. — Proclamation de Bernadotte à l'armée d'Italie. — Desaix à Novi le jour de la Bataille de Marengo. — Les Tableaux de l'Albergo della Sirena. — Le Procuratore et l'interprète. — M. Bendinelli Castiglione. — Paris et le Palais-Royal. — La Galerie de Tableaux de M. Castiglione. — Le Père capucin. — Le vin du maréchal Vaillant. — Départ pour Bosco. . . . 286-309

XXIV et XXV. — Le vetturino. — L'Alkermès. — La route de Novi à Bosco. — Les champs de lupin. — Le lupin employé comme engrais et comme nourriture. — Terreur de mon compagnon. — Arrivée à Bosco. — Les moines du couvent de Bosco. — Conversation en latin. — Le frère Vincenzo Butteri. — Le frère Piel. — Le P. Lacordaire. — L'acte de décès d'Alexandre Piel. — L'église du couvent. — Tableaux et Boiseries. — Le caveau funéraire des moines de Bosco. — L'ancien couvent de Bosco, bâti par le pape Pie V. — La cellule de frère Piel. — Les magasins de l'Etat. — M. de Falloux. — La collation. — Biographie d'Alexandre Piel. — Départ de Bosco. — Le chemin de Bosco. — Marengo. — Le village. — La maison où Bonaparte passa la nuit qui suivit la bataille décrite par le général Cler. — Le Musée des Epaves. — Le moulin à vent. — Le champ de Bataille. — Panorama de la plaine de Marengo. — Arrivée à Alexandrie. 309-350

XXVI. — Retour à Turin. — Départ pour Paris. — — Au revoir! 350-351

www.ingramcontent.com/pod-product-compliance
Lightning Source LLC
Chambersburg PA
CBHW050314170426
43202CB00011B/1897